Über die Herausgeber

Kathrin Brigl stammt aus Berlin und hat insgesamt neun Schulen besucht. Die Stammkneipe des Teenagers war in den sechziger Jahren das Jazzlokal «Eierschale» am Breitenbachplatz. Mit sechzehn moderierte sie ihre erste Sendung im RIAS, schrieb noch während der Schulzeit für Zeitungen. Ihrem Antrag im Berliner Schülerparlament entsprechend wurden die Berliner Jungs zum Handarbeitsunterricht verdonnert. Anderthalb Jahre gehörte sie zum Kabarett «Die Bedienten». Kathrin Brigl war zweimal verheiratet, Punkt. Im Fernsehen debütierte sie 1966 mit der Show «Der Zopf trägt wieder rosa Schleife» (Drehbuch und Hauptrolle K. B.). Zahlreiche Features, Shows und Serien schlossen sich an, z. B. «Motiv Liebe» im NDR-Vorabendprogramm, die ZDF-Show «Das war Ihr Leben» und für das Österreichische Fernsehen eine Caterina Valente-Show mit internationalen Stars. Über vierzehn Jahre lang machte sie Interviews und Moderation in der mit einer «Goldenen Kamera» ausgezeichneten Serie «Ehen vor Gericht». Außer Songtexten hat sie 1976 ihren ersten Roman «... nur ein bißchen Zärtlichkeit» veröffentlicht. Ihre spektakulären Talk-Shows mit Volker Elis Pilgrim im Hamburger Schauspielhaus blieben über Jahre derart in Erinnerung, daß sie 1979 ein Angebot für «Standort Funkturm» in der TV-Nordkette bekam. Mit ihrem Partner Schmidt-Joos ging sie 1980 zu dem Sender zurück, der ihr die erste Chance gegeben hatte: zum RIAS Berlin.

Siegfried Schmidt-Joos stammt aus Gotha, studierte in Halle/Saale und Frankfurt/Main Kulturwissenschaften und hätte Kathrin Brigl im Laufe seines journalistischen Berufslebens vielfach begegnen können: um 1960 beispielsweise in der «Eierschale», als er in Berlin an einem Jazz-Periodikum mitarbeitete; bis 1968 bei Radio Bremen oder im WDR, wo er als Jazz- und Pop-Redakteur wirkte und die TV-Nachmittagssendung «Swing-in» in der ARD gestaltete; nach 1968 im Hamburger Pressehaus, wo er für den «Spiegel» und sie für die «Constanze» schrieb. Oder anschließend, als Schmidt-Joos ein Jahrzehnt lang für Jazz, Rock und Musical im «Spiegel» zuständig war und Kathrin Brigl Künstler wie den Saxophonisten Dexter Gordon und den Bluespianisten Champion Jack Dupree und die Sängerin Donna Summer manchmal monatelang in ihrer Hamburger Wohnung beherbergte. Schmidt-Joos war einmal verheiratet, Punkt. Seit dem 7. 7. 1977 ist Kathrin Brigl privat und beruflich seine Partnerin. Er hat, versteht sich, in rund 30 Berufsjahren viele Texte für alle publizistischen Medien verfaßt, etwa das «rororo Rock-Lexikon» (mit Barry Graves). Gegenwärtig leitet er im RIAS die Abteilung «Leichte Musik».

Selbstredend ...

Georg Danzer, Klaus Hoffmann,
Peter Horton, Heinz Rudolf Kunze,
Reinhard Mey, Erika Pluhar,
Hans Scheibner, Stephan Sulke

Interview-Porträts von
Kathrin Brigl (Interviews) und
Siegfried Schmidt-Joos (Edition)

rororo Rowohlt

Originalausgabe
Redaktion Meike Wolff
Umschlagentwurf Werner Rebhuhn

Veröffentlicht im Rowohlt Taschenbuch Verlag GmbH,
Reinbek bei Hamburg, September 1985

Gesetzt aus der Sabon (Linotron 202)
Gesamtherstellung Clausen & Bosse, Leck
Printed in Germany
980-ISBN 3 499 15602 4

Inhalt

Siegfried Schmidt-Joos

Bericht zum Buch

13. April 1985, Heinz Rudolf Kunze ist eben raus. Er war heute morgen zwei Stunden lang in Kathrins SFB-Frühsendung «Guten Morgen, Berlin» ihr Gesprächspartner und hatte bei uns übernachtet. Es war spät, gestern abend. Heinz hatte Demo-Tonbänder von zehn neuen Stücken dabei, die erst im November auf den Markt kommen sollen, aber schon jetzt ist uns klar: Das wird für ihn ein gewaltiger Sprung nach vorn. Ich denke, daß er nun mit guten Gefühlen im Zug nach Osnabrück sitzt.

Reinhard Meys neue LP «Hergestellt in Berlin» ist da, seine dreizehnte in deutscher Sprache. In der vergangenen Woche habe ich, noch vor der Auslieferung der Platte, in einem RIAS-Studio live mit ihm darüber gesprochen und fast alle Songs vorgestellt. So haben wir es bei seinen Neuerscheinungen schon mehrfach gehalten. Mey ist – glaube ich – mit seinen letzten beiden LPs sozial bewußter, politischer geworden.

Es ist jetzt früher Nachmittag. Gegen sechs kommt Herwig Mitteregger zum Essen; später wollen wir uns das Konzert von Veronika Fischer anhören – sie singt heute im Quartier Latin. Herwig, ehemals Drummer bei Nina Hagen und Spliff, hat gerade die dritte LP von Manfred Maurenbrecher produziert; er bringt uns ein Weißmuster mit. Das Interview mit ‹Maury› dazu hat Kathrin schon vor ein paar Tagen gemacht. Nächste Woche werden wir es mit den Songs koppeln; Mitte Mai soll es im RIAS gesendet werden.
Für Freitag nächster Woche hat sich Peter Horton angesagt. Er hat

eine neue Instrumental-LP fertig, die er vorspielen möchte. Der wunderbare Mundharmonikaspieler Toots Thielemans ist dabei, vor allem aber ein amerikanischer Tonmeister, der seine Meriten hat. Ron Saint Germain hat den Super-Hit «Solid As A Rock» von Ashford & Simpson ebenso gemischt wie «Just Another Night» und «Stay With Me Tonight» auf Mick Jaggers erster Solo-LP sowie Al Jarreaus jüngstes LP-Meisterwerk «High Crime». Ich bin sehr gespannt, was Ron mit Peter Hortons Gitarrensound angestellt hat.

In diesem Moment schaut mir Kathrin über die Schulter und sagt: «Paß bloß auf, daß das Vorwort nicht eitel wird.» Bis vor zweieinhalb Jahren wäre ich nicht mal im Traum darauf gekommen, daß unser Umgang mit Liedermachern vielleicht ein besonderer sei. Ich kann das so genau datieren, weil mir die Szene noch deutlich in Erinnerung ist. Heinz Rudolf Kunze und seine Band «Verstärkung» hatten ein musikalisch und menschlich knallvolles Konzert im Berliner Quartier Latin gegeben. Kunzes Mentor, Siegfried E. Loch, war aus Hamburg angereist, um über eine Vertragsverlängerung nachzudenken und zu reden. In der Bar des Quartier hockten wir in größerer Runde; dabei auch Tom R. Schulz, der anschließend einen sehr sachlichen Kunze-Artikel für die «Zeit» und eine wohltuend wenig anbiedernde Kunze-Pressemappe für WEA schrieb.

Kathrin und ich saßen arglos am Tisch, Tom allerdings meinte, daß an der Beziehung von Heinz Rudolf Kunze zu uns etwas Guruhaftes, etwas Besonderes sei. Ich will das nicht so sehen, weil es meinem Selbstverständnis widerspricht, aber vielleicht stimmt es doch. Kathrin Brigl und ich haben auf diesen Künstler gesetzt, als noch keineswegs klar war, daß diesem zugeknöpften Gymnasiasten/Gymnasiallehrer mal die Krawatte abhanden kommen könnte, daß er mal ganz ohne Rückhalt in die Showbusiness-Schuhe schlüpft. Als er in den beiden damals tonangebenden (und noch nicht miteinander fusionierten) Popmagazinen «Sounds» und «Musik-Express» mehr oder weniger unter der Gürtellinie Dresche bezog, gab er mir in einem endlosen Telefongespräch das Privileg, ihm zu erklären, daß ihm an diesem Punkt seiner Karriere eigentlich gar nichts Besseres passieren konnte. There's no motion like promotion – Hauptsache, daß der Name richtig geschrieben ist.

Allerdings habe ich mir die aus so viel Vertrauen resultierende Verantwortung auch nicht leichtgemacht. Ein Briefwechsel:

Berlin, 23. Februar 1983

Lieber Heinz Rudolf,
Deine LP «Der schwere Mut» zu verkraften, ist schwere Arbeit. Vivi Eickelberg rief mich heute an, um mich auf die Platte aufmerksam zu machen, die ich gerade gestern abend komplett und intensiv angehört hatte. Ich stehe ihr sehr kritisch gegenüber. Du weißt, wie sehr ich Deine Intelligenz und Dein Talent bewundere, weshalb Du immer auf meinen Zuspruch, aber auch auf meine ehrliche Meinung rechnen kannst. Ich mag mich irren, weil ich einer älteren Generation als jener angehöre, die jetzt und demnächst die populäre Musik bestimmen wird. Ich glaube aber, daß es für das Machen von Songs Modelle und Maßstäbe gibt, die von Moden unabhängig sind. Zu ihrem Kern gehörten immer Bildhaftigkeit und Sinnlichkeit. Auch bei schwierigen Texten von Cole Porter, Frank Zappa, Bob Dylan oder Randy Newman ist es immer die Reduzierung der Story auf das Wesentliche, die den Song einem Archetypus in unserem Denken oder Fühlen nahebringt. Einen Ansatz dazu fand ich beispielsweise in Deinem Lied «Regen in Berlin». Ich hätte mir gewünscht, daß Du auf dem Weg der Vereinfachung Deiner Gedanken beim Liedermachen weitergehen würdest. Statt dessen empfinde ich den «Schweren Mut» nicht als Lyrik, sondern als Prosa, bei der ein Gedanke dem anderen, ein Bild dem anderen auf den Füßen steht. Auch die Musik empfinde ich als dem freien Fluß der Gedanken entsprechend, nämlich als unstrukturiert im Sinne griffiger und erinnerungsfähiger Melodien. Es ist oft so in unserem Gewerbe, daß auf eine erste, vielversprechende LP keine zweite, weiterführende folgt, sondern ein Remake der ersten oder gar ein Rückschritt. Das bedeutet wenig für den Weg eines Künstlers. Aber irgendwann muß jeder Künstler seine *zweite* Platte machen. Es wäre gut, wenn schon Deine vierte die zweite sein könnte. Von der Hülle gefällt mir übrigens nur die Rückseite. Die Frontseite ist in ihrer Schwarzweiß-Gestaltung zu schwer, zu statisch, zu unattraktiv für die Auslage im Plattengeschäft. Nichts für ungut. Vivi sagte mir, Du kämst zwischen dem 1. und 20. März wieder nach Berlin. Kathrin und ich freuen uns, Dich zu sehen.

Osnabrück, 26. Februar 1983

Lieber Sigi,
herzlichen Dank für Deinen Brief. Du bist nach wie vor der einzige Freund aus den Medien, der sich die Mühe macht, umgehend und ausführlich auf neue Dinge von mir zu reagieren. Normalerweise sind die Rauchzeichen undeutlicher. Vivi hat mich mit Deiner Analyse schon vorab vertraut gemacht, darum hat sie mich nicht umgehauen – aber getroffen dann natürlich doch. Vielleicht ist es jetzt das, was das Wort «Erwachsenwerden» etwas ungenau ausdrückt: daß man das Urteil eines Menschen, den man sehr schätzt und für ausgewiesenermaßen kompetent hält, in vollem Umfang zur Kenntnis nimmt, auszuhalten versucht und dann aber doch, nach ehrlicher Selbstprüfung im Hinblick auf ungerechtfertigte Eitelkeiten und Überempfindlichkeiten, nicht so stehen läßt: für sich selber. Nicht schuldig, lieber Sigi... Okay, es gibt Nummern, wo's grübelt: der «Schwere Mut» sicherlich, auch «Man kann doch zu sich stehen wie man will». Aber ich bin nun mal nicht unter der amerikanischen Sonne der Lakonie großgeworden, sondern unter der deutschen Abendland-Käseglocke. Und dazu muß man sich doch wohl, zumindest in einigen Liedern, irgendwie verhalten. Und es gibt Nummern, wo die Bilder nicht ruhig aufeinanderfolgen, sondern in der Tat übereinanderherstürzen. Aber kann man das denn nicht als ein bewußtes kompositorisches Blick-Mittel akzeptieren?... Ohne Zweifel gibt es fürs Songschreiben Modelle und Maßstäbe. Ohne Zweifel treiben aber all diese Modelle und Maßstäbe im Lauf der Zeit unweigerlich auf einen Punkt zu, wo ihr Weltverarbeitungsapparat den Stand der Dinge nicht mehr adäquat erfassen kann, wo neue Modelle her müssen, wo die alten nur noch in (wehmütiger) Sprengung und Brechung taugen. Wie heißt es doch bei Umberto Eco: Wenn die Welt keine erkennbare Ordnung mehr hat, dann hat es auch keinen Sinn mehr, eine literarische Ordnung vorzuspiegeln. Daher mein eher klinischer Umgang mit Melodie und Rhythmus. Du weißt aus Deiner langen Erfahrung sicher genau, wie man solche aufbrausenden Musikerreaktionen zu lesen hat. Es liegt mir fern, an Deiner Einschätzung herumzukritteln, ich wollte nur halt was loswerden. Grüß Kathrin schön, und wenn ich in Berlin bin, hast Du die Wahl der Waffen: Whisky oder Cognac oder so. Mach's gut, und schone mich nie!

Soweit die Briefe. Heinz Rudolf Kunze und ich haben diesen Dialog bei seinem nächsten Berlin-Besuch tatsächlich fortgeführt und sogar auf Kassette mitgeschnitten – bei zahlreichen Martinis nach Art des Hauses, wenn ich mich nicht irre. Vielleicht drucken wir diesen Disput mal in einem späteren Buch. Aus den oft über viele Jahre fortgesetzten Begegnungen mit den Künstlern, die wir in diesem Buch (und ein Jahr später in «Selbstredend II») zu Wort kommen lassen, haben sich nähere oder entferntere Freundschaften entwickelt. Manchen Künstler sehen wir viele Monate nicht, dann wieder mal aus Anlaß eines Konzertes, einer Platte. Manche rufen an, besuchen uns, übernachten auch schon mal hier, wann immer sie in Berlin sind. Mit allen gibt es das fortwährende Gespräch.

Fast alle diese Interviews wurden für den Rundfunk gemacht und (noch nicht alle) im RIAS gesendet. Manche Gespräche waren so intensiv und ausführlich, daß sie für die Funkform von 90 Minuten (inklusive Musik) arg zusammengestutzt werden mußten. Für das Buch sind die Interview-Tonbänder in voller Länge ausgeschrieben worden. Im Falle des Horton-Interviews merkten wir beim Abhören, daß man davon kaum etwas würde herauskürzen können; so haben wir es in zwei 90-Minuten-Terminen gesendet. Der Zeitraum dieses Buches umfaßt fünf Jahre, das ist für die Karriere und die Entwicklung eines Künstlers eine lange Zeit. In den meisten Fällen jedoch wurden die Porträts, die sich aus den Gesprächen ergaben, von uns wie auch von den Künstlern selbst trotz längeren Abstands immer noch als erschöpfend empfunden.

Das erste Gespräch in dieser Serie hat Kathrin im Oktober 1980 mit Klaus Hoffmann geführt. Seit damals hat sich gerade in seinem Leben und Denken so viel ereignet, daß Kathrin und Klaus übereinkamen, kurz vor Abschluß des Buchmanuskripts noch einmal vor dem Mikrofon miteinander zu reden. Dieses Gespräch ging, sicher auch infolge eines über Jahre entwickelten Vertrauensverhältnisses, in Feinfühligkeit, Intimität und Gedankenreichtum so weit über jenes von 1980 hinaus, daß ich mich entschloß, auf das erste ganz zu verzichten. Anders bei Georg Danzer und Heinz Rudolf Kunze: auch hier stürmische Entwicklungen, einschneidende Ereignisse. Die jeweils zwei Interviews, die wir Ihnen vorlegen, ergänzen sich, schließen trotz mehrjährigen Abstands aneinander an. Auf dem Buchumschlag nennen wir die Namen in alphabetischer Reihenfolge. Im Buch haben wir die Interviews in ihre zeitliche Abfolge gestellt, weil das jeweilige Zeitklima und die eigene Entwicklung der Interviewerin wohl auch dort von Belang sind, wo sie in der Fragestellung direkt kaum zu bemerken sind.

Wenn ich auf diesen Seiten von «wir», von «uns» spreche, muß ich die Arbeitsweise erläutern und zwischen Kathrin Brigl und Siegfried Schmidt-Joos einmal differenzieren. Ich war bei allen Gesprächen (mit einer Ausnahme: Klaus Hoffmann, 1985) dabei und habe mit dem Aussteuern der Aufnahmen für Rundfunkqualität gesorgt. Daß wir uns auch im Vorfeld von Künstlerbegegnungen zum Thema austauschen, versteht sich von selbst. Doch die eigentliche Vorbereitungarbeit – das Anhören möglichst aller Schallplatten des Künstlers, das Lesen des Archivmaterials – wird allein von Kathrin gemacht. Sie allein führt auch die Interviews. Meine Arbeit setzt erst wieder ein, wenn es um redaktionelle Bearbeitungen für den Funk oder – wie im vorliegenden Fall – für ein Buchmanuskript geht.

In den nun fast acht Jahren, die ich mit Kathrin Brigl zusammenlebe, habe ich mich manchmal gefragt, was das Besondere ihrer Interviewtechnik ausmacht. Zunächst einmal: Sie nimmt diese Arbeit und ihren Gesprächspartner ernst. Sie weiß über das Werk des Künstlers Bescheid und ermüdet ihn nicht durch oberflächliche Fragen, deren Antworten man sich auch aus Archiven beschaffen kann. Sie operiert auch nicht wie manch anderer unserer Rundfunkkollegen, mit Spickzetteln, die keinen anderen Sinn haben, als den Künstler mit seinen Aussprüchen von vorgestern zu konfrontieren und ihn so zu sich selbst in Widerspruch zu bringen. Sie ist neugierig auf diesen Menschen hier und heute und arbeitet ganz spontan.

Ich habe es immer wieder erlebt, daß Gesprächspartner vorher drängten: «Was werden Sie mich denn fragen?» Sie weiß es, in allem Ernst, vor dem Beginn eines Interviews selber noch nicht. Sie steigt ein, gibt eine Richtung vor, folgt aber dann dem Fluß des Gesprächs; und vor allem: Sie unterbricht ihre Partner nicht. Sehr oft veranlaßt ihre Fähigkeit zum Zuhören den Partner zum Finden und zur Formulierung eines Gedankens, zu einer Erkenntnis, die ihm selber bis dahin fremd war. Oft haben uns Künstler das im nachhinein bestätigt.

Daß diese Arbeitsweise auch vom Gesprächspartner Zeit und Zuwendung erfordert, liegt auf der Hand. Psychologie und Inneneinsicht gedeihen nicht zwischen mehreren anderen Interviews in irgendeiner Hotellobby ex und hopp. Deshalb laden wir die Künstler in aller Regel zu uns nach Hause und womöglich zum Essen ein. Nur zwei dieser Gespräche wurden woanders geführt: das mit Reinhard Mey auf der Terrasse seines Hauses in Berlin-Frohnau, das mit Erika Pluhar im ebenso schönen, sonnendurchfluteten Haus ihrer Promoterin Vivi Eickelberg in Berlin-Dahlem. Der sozusagen mitternächtliche Appendix des ersten bei uns geführten Gesprächs mit H. R. Kunze begab sich nach einem Live-Auftritt im Berliner Folk Pub; das wird weiter hinten ausführlicher erklärt.

Nur einmal haben wir einen Künstler unvorbereitet nach einem Konzert noch zum Interview nach Hause geschleppt: Hans Scheibner mit seinem Partner Berry Sarluis im Anschluß an eine RIAS-Produktion im Quartier Latin. Hans hatte das Gespräch als übermüdet und mehr oder weniger trunken in Erinnerung und bat, das Manuskript vor Aufnahme ins Buch noch mal lesen und überarbeiten zu dürfen. Zu seiner Überraschung mußte er kaum etwas ändern.

Hans Scheibner
Textfabrik
Stofferkamp 37b
2000 Hamburg 65
Telefon (040) 6029261

22.3.85

Liebe Kathrin, lieber Sigi,
vielen Dank für die Zusendung des Interview-Manuskriptes. Ich bin überrascht – finde es recht lebendig und aufschlußreich. Ohne mich selbst loben zu wollen. Aber Du, Kathrin, hast auch Deine Fragen so geschickt gestellt, daß ich mich bemühen mußte, halbwegs gescheite Antworten zu geben. Ich habe nun ein bißchen in dem Manuskript herumgemalt. Manches mußte etwas deutlicher gesagt werden. Ein bißchen Geschwafel habe ich gestrichen. Den Fluß und das Unmittelbare, das den Reiz eines Interviewtextes ausmacht, habe ich aber nicht beschädigt.

Bin gespannt auf das Buch. Ihr schickt mir doch eins? Viele liebe Grüße – ich hoffe, wir sehen uns bald mal wieder in Berlin – jedenfalls melde ich mich, wenn ich dort bin –

Euer Hans

Hans Scheibner war es auch, der unseren Trick, am liebsten in unseren eigenen vier Wänden Interviews zu machen, freundschaftlich-verbindlich «einen ganz perfiden Trick» nannte: «Erst gebt ihr den Leuten was zu essen und zu trinken, und dann fragt ihr sie aus.» Stimmt, aber auch das ist nicht immer ganz einfach. Stephan Sulke zum Beispiel war schwierig. Ich hatte mich bei seiner Plattenfirma und seinem damaligen Manager Alex Grob in Zürich recht lange um dieses Gespräch bemüht, aber darauf bestanden, daß es in unserer Wohnung geführt würde.

Sulke war um die Mittagszeit in Berlin eingeschwebt. Er residierte mit Manager, Frau und Schwiegermutter im Hotel Kempinski. Die Ankunft wurde von Alex Grob telefonisch gemeldet, man werde allerdings, ehe man käme, noch einen Happen essen. Nach Stunden traf das volle Quartett bei uns ein. Man hatte zur Kaffeestunde auf das Mittagessen einige Zeit warten müssen und dabei einigen Rotwein getrunken. Daß meine edelste Kreszenz, ein Château du Tertre von 1973, den ich ihm anbot, «kein großer Rotwein, aber ein sehr, sehr guter Rotwein» sei, wußte er noch zu beurteilen. Auch was die fünfstellige Summe angeht, für die er unseren 150 Jahre alten achteckigen Eichentisch sofort zu erwerben trachtete, war er noch ziemlich präzis. Beim Gespräch an jenem Tisch überließ er sich allerdings ganz ungehemmt seiner Phantasie, seinen Gedankenfluten und dem Wein: Ein richtiges Interview wurde das nicht mehr; Kathrin wandte sich zum Schluß seiner Frau zu.

Rosanna Sulke, Sie sind Italienerin, zehn Jahre mit diesem Mann verheiratet, der Lieder schreibt, von denen ich hoffe, daß sie Ihnen gefallen. Stimmt das?

Ja.

Alle?

Fast.

Welche Lieder gefallen Ihnen nicht – und warum nicht?

Diese Rocklieder. Ich finde, das ist deplaciert für seinen Stil.

Sie sind zehn Jahre mit einem Mann verheiratet, der viel über sich nachdenkt, offensichtlich auch viele Probleme mit sich hat. Wie lebt man mit einem solchen Mann?

Sehr schwer und phantastisch im gleichen Moment.

Können Sie das erklären?

Erklären? Wenn er seine Lieder macht, ist es so, als wenn eine Mutter ihr Kind großzieht, und das ist für ihn sehr schwer. Und das gibt den Leuten, die mit ihm leben, auch schwer zu leben. Vielleicht einen Monat von zwölf Monaten könnte man wunderbar leben mit so einem Künstler.

Wie halten Sie es aus, mit dem gewissen Chaos zu leben, denn ein Mensch, der sich künstlerisch betätigt und kreativ ist, ist ja auch gleichzeitig ein Chaot. Was sind Sie für ein Mensch?

Ich bin das Gegenteil. Aber ich mag es auch, manchmal chaotisch zu sein.

In seinen Liedern kommen viele Frauen vor, viele verschiedene Frauen, erkennen Sie sich manchmal wieder in den Liedern?

Ja, ja, ich glaube, daß ich all diese Frauen ein bißchen kenne.

Sind es manchmal auch Sie, über die er schreibt?

Vielleicht.

Das sagt er Ihnen aber nie?

Nein.

Sind die Lieder manchmal für Sie eine Ohrfeige?

Das hängt immer davon ab, wie die Leute erzogen sind. Für mich – nein.

Sie leben in der Schweiz. Haben Sie Sehnsucht nach dem Land, wo so oft die Sonne scheint? Scheint die Sonne in Ihrem Haus mit diesem Mann?

Ich hab schon gesagt, einen Monat von zwölf Monaten – ja.

Und was machen Sie die übrige Zeit?

Regen, Gewitter und alles ...

Haben Sie es jemals bereut, daß Sie ihn getroffen haben?

Ach nein, nein, nein, überhaupt nicht.

Stephan Sulke, was ist das Allerwichtigste für Sie im Leben?

Zu leben.

Wovor haben Sie am meisten Angst?

Vorm Leben.

Eine Stunde, nachdem die Familie Sulke gegangen war, habe ich Alex Grob im Hotel angerufen, um einen neuen Interviewtermin irgendwo, irgendwann in absehbarer Zeit zu vereinbaren. Der Manager war mit mir der Ansicht, wir sollten diese Aufzeichnung besser nicht verwenden. Wieder begann das Terminspiel mit der Plattenfirma. Sie bot dies und das an ... in der Garderobe vor Fernsehauftritten, bei Zwischenstopps auf irgendwelchen Flughäfen. Bei der HiFi-Video-Messe im August 1982 in Düsseldorf, wo der RIAS ein live ausgestrahltes Vier-Stunden-Konzert veranstaltete (das Kathrin ko-moderierte), trat er für uns auf. Er steckte zu dieser Zeit mitten in einer Plattenproduktion, und Alex Grob meinte, nur aus einem Rest schlechten Gewissens uns gegenüber sei er überhaupt gekommen. Zum Interview war er in diesem Stress nicht bereit.

Und dann, ganz plötzlich, sagte er sich bei uns an. Er kam allein, war zunächst so widerborstig, wie man es von ihm erwartet, ging zunehmend auf Kathrins Fragen ein und blühte auf. Dieses beim Lesen des Manuskripts noch einmal nachzuempfinden – sein Erstaunen, seine Überraschungen, seine Stimmungswechsel –, fand ich sehr spannend. Die Fernsehjournalistin Marianne Heinze, die schon 1978 zusammen mit ihrem Mann, dem Regisseur Otto Draeger, ein TV-Porträt Sulkes («He du da») gedreht hatte, sagte nach ihrer Arbeit mit ihm: «Stephan Sulke ist im Gespräch einfach nicht zu fassen. Eine starke Persönlichkeit, die einem immer wieder entgleitet.» Nach unseren Erfahrungen und dem Interview, das in diesem Buch steht, gilt dieser Satz nur modifiziert: «Eine starke Persönlichkeit, um die man sich Mühe machen muß.»

Aber das gilt eigentlich für alle. Professor Herbert Kundler, der Programmdirektor des RIAS, bemängelte einmal unsere intensive Beschäftigung mit den Liedermachern mit dem Argument, im Grunde ähnelten sich deren Lebensläufe doch ziemlich, und wer gute Lieder mache, sei deshalb noch längst nicht zu programmfüllenden Äußerungen über Gott, die Welt und die Gesellschaft legitimiert. Wir sind Professor Kundler sehr dankbar, daß er uns gleichwohl immer wieder die große Sendezeit von 90 Minuten für diese Gespräche zugestanden hat.

Keine Vita gleicht der anderen. Kaum ein Gedanke über die Welt, in der wir leben, und die Branche, in der diese Künstler arbeiten, wird von auch nur zwei von ihnen in diesem Buch vergleichbar geäußert. Wir haben in Übereinstimmung mit unserer Rowohlt-Lektorin Meike Wolff den ursprünglich vorgesehenen Buchtitel «Selbstredend Liedermacher» in «Selbstredend» mit dem unmittelbaren Anschluß der Namen aller acht Künstler geändert, weil der Begriff Liedermacher (eher in der Szene als bei den diesen Beruf Ausübenden selbst) in Mißkredit geraten ist. Ich glaube aber keinen Eitkettenschwindel zu betreiben, wenn ich sie Songpoeten nenne. Denn sie sind Dichter in der Tradition Heines, Börnes, Kästners und Tucholskys, auch wenn ihnen manchmal – viel zu selten – ein Schlager, ein Hit-Erfolg, gelingt.

Wenn man wie wir das Glück hat, mit diesen Songpoeten, mit gleich so vielen von ihnen, einen über Jahre anhaltenden Dialog zu führen, bleibt manchmal Bedauern zurück, daß so viele gute Gedanken aus der Situation hinaus verhallen; im Rundfunk ist das sehr oft der Fall. Läßt man dann – wie wir jetzt von unseren hochgeschätzten Abschreib-

Damen Britta Henke und Heike Campehl – diese Interviews in Schriftform bringen, kann man auf manche Fundsache stoßen.

Klaus Hoffmann über Phantasie im ersten, hier nicht gedruckten Brigl-Interview, 1980: «Phantasie ist der Zustand, den wir jetzt gerade gemeinsam erleben. Du sagst ein Wort, und ich versuche, kreativ und ad hoc zu formulieren, welche Empfindungen mir dabei kommen. Wir hören in uns hinein, begnügen uns nicht mit den Formeln und Normen der anderen. Ich setze dich in ein Haus ohne Möbel; vielleicht hat es viele Fenster. Was du darin oder darum herum schaffst, hat deine Phantasie ausgelöst. Dieselbe Kraft kann eine Revolution verursachen oder Menschen töten. Das ist wohl die wichtigste Erkenntnis, nicht nur für Künstler, sondern für jeden Menschen: Wenn du die Phantasie in den Menschen unterdrückst, werden sie arm, werden sie entfremdet arbeiten, kalt werden und ihre Frauen unterdrücken ... und umgekehrt ebenso.»

Reinhard Mey über die Macht des gedruckten Wortes in einer RIAS-Sendung von Brigl/Schmidt-Joos 1983; Thema: Meys Lied «Was in der Zeitung steht»: «Was machst du, wenn du wegen einer Sache, die du vielleicht gar nicht angestellt hast, plötzlich in die Schlagzeilen gerätst? Ich glaube schon, daß ich inzwischen ein etwas dickeres Fell entwickelt habe, aber ich erinnere mich, daß ich sehr gelitten habe, als ich in diesem Beruf anfing und das erste Mal etwas Unerfreuliches über mich im Blatt stand. Ich habe davon weiter keinen Schaden genommen. Aber jemand, der untrainiert ist und auf Grund einer Verwechslung in die Presse-Maschinerie gerät, kommt da nicht mehr raus. Die Schlagzeile über ihn haben alle gelesen, aber das winzig kleine Dementi zwei Tage später so gut wie keiner. Man hat, das habe ich auch an mir selbst beobachtet, die Tendenz, das gedruckte Wort für wahr zu nehmen. Sogar wenn ich weiß, diese Zeitung lügt, sie dichtet zu den Fakten, die sie hat, immer noch welche hinzu, ertappe ich mich dabei, ihr zunächst mal zu glauben. Das wollte ich mit dem Lied sagen: Skepsis gegenüber dem, was man schwarz auf weiß nach Hause trägt, was in der Zeitung steht.»

Zugegeben, es hätten sich eine Menge andere Fundsachen mit anderen Aussagen finden lassen. Diese beiden passen mir aber hier ins Konzept. Mein RIAS-Kollege Olaf Leitner schreibt im Stadtmagazin «Tip» regelmäßig eine Kolumne. Vor rund zwei Jahren hat er dort den Liedermacher Peter Horton in einem gnadenlosen Knockout verbal erledigt –

als eine Art Ersatz-Goethe, der manchmal nicht mal die deutsche Syntax beherrsche. Mein erster Streitpunkt mit Olaf war: Warum suchst du dir ausgerechnet Peter Horton zum Niedermachen aus, einen Mann, der mit großem persönlichen Einsatz und nicht geringen Widerständen seitens der Redaktion in seiner ARD-NDR-TV-Show konsequent Nachwuchs und Außenseiter fördert; fehlt es dir an Feindbildern? Streitpunkt Nummer zwei, dies meinerseits allerdings ziemlich grimmig: Leitner erdreistete sich, über einen der nachgewiesen größten Gitarrenvirtuosen in unserem Land den Ausdruck zu benutzen: er pingelt. Olaf hat sich nach unserer Kontroverse vierzehn Tage später in seiner Kolumne bei den Lesern für dieses Wort entschuldigt – das immerhin in der Zeitung stand.

Sollte es denn wirklich bereits affirmativer Journalismus sein, wenn man einem Künstler im Interview gut präpariert, unaggressiv und nach Kräften gut ausgeschlafen begegnet? Was nützen denn die rhetorischen Hiebe, die Tritte ans Schienbein? Der Künstler geht in Verteidigungsposition; er muß aufpassen, was er sagt; die ehrlichen Antworten versiegen. Dies ist nach meiner Überzeugung in diesem Buch nicht der Fall. Als uns der Plattenproduzent Gerhard Kämpfe vor ein paar Wochen noch einmal zum Thema Georg Danzer Rede und Antwort stand (weiter hinten in den wichtigsten Passagen zu lesen), sagte er: «In solchen Interviews kann der Künstler nicht lügen. Im Plattenstudio kann man die Stimme veredeln, nachmischen, man hat eine Menge Mischpult-Tricks. Aber bei euch steht er wirklich auf dem Schüttelrost. Selbst wenn man sich vornehmen sollte, mit falschen Details aufzuwarten, hält man das nicht durch. Wenn man über die Formulierung der Inhalte nachdenkt, ist man nicht mehr in Kontrolle der Form. Da ist jeder Künstler mit sich identisch: *wie* er sich formuliert.»

Es ist ja nicht etwa so, daß wir das selbstgerechte und billige Melken von Pointen nicht ebenso könnten. Kathrin Brigl ist im Illustrierten-Geschäft reichlich erfahren. Ich habe bis '78 zehn Jahre in der «Spiegel»-Redaktion verbracht, war allerdings schon damals soweit für Künstler sensibilisiert, daß aus meiner eigenen Schreibe nur wenige Schlagzeilen-Geschädigte zurückgeblieben sind (Hildegard Knef und Shirley Bassey fallen mir ein, damit kann man leben). Doch Pointen mußten sein. Ein paar hat mir 1976 Hans Scheibner geliefert.

In einer trunkenen Nacht im «Onkel Pö», dann als erfolgshungriger Redakteur telefonisch nachsetzend, redete ich ihm ein, er könne sich bestens profilieren, indem er seinesgleichen mal kurz in die Suppe spuckt. Seine Kolumne über die deutschsprachigen Liedermacher war Kultur-Aufmacher im «Spiegel» 51/1976: «Das wiegt nur einen Vogelschiß».

Scheibner '76 über Klaus Hoffmann: «Das sind Verse, so kühn und so komisch wie die eines liebeskranken Abiturienten: eigentlich kein Grund zum Traurigsein. Wäre nicht diese sehr wohl kräftige Aznavour-Stimme mit dem Shakespeare-Heldenpathos! ... Ein Gummiherz! Welch erschütternder Gedanke! Und so geht es durch alle seine Dichtung.»

Scheibner '76 über Stephan Sulke: «Ach Gott, ach Gott, wie steht doch der Spießer so herrlich auf der richtigen Seite des Lebens! Das sind mir ja schöne Dichter, die den Huren ein Lesezirkel-Streuselkuchen-Glück vorhalten. Sind denn die Zeiten für immer vorbei, wo die Liedermacher noch selber Hurenböcke waren?»

Scheibner '76 über André Heller: «Wortartistik, sagt man mir. Gauklerseligkeit und stille Todesahnung. Ich weiß, ich weiß ... Wahrscheinlich rechnet er fest damit, irgendwann aus Österreich ausgewiesen zu werden.»

Scheibner '76 über Herman van Veen: «Für meinen Gaumen ist das Milchsuppe. Und ich bin Fleischesser. Diese vornehme Herablassung! Bildet sich was darauf ein, nicht gekränkt zu sein, wenn ein Mädchen den Mund hält. Wunder was, liebe Freunde, gerade der! Soll das doch für Dichtung halten, wer satt ist.»

Haben wir eigentlich heute einen Satiriker aus der Szene, der sich derart knackig über die Szene lustig machen könnte? Bei Scheibner stimmten die Pointen, aber was haben sie ihm gebracht? Er geriet in der Szene in eben jenen Fliegen-Verschiß, den ich als Titelzeile über seine «Spiegel»-Glosse geschrieben hatte, und hat sich bis heute nicht ganz davon erholt. Aufrichtig waren wir damals schon, vor allem aber ehrgeizig auf Kosten anderer. Das Schlußwort zu diesem Vorwort soll noch mal Hans Scheibner haben. Ich halte es für signifikant in erster Linie für ihn selber, das ist ja klar, darüber hinaus aber auch für die ganze Zunft. Ende 1979 erklärte er bei der Vorstellung einer neuen Platte in Hamburg auf einer Pressekonferenz:

«Ich möchte kurz auf mein Schubladen-Problem zu sprechen kommen. Für die einen bin ich bekanntlich ein linker Spinner, für die anderen ein böser Reaktionär. Und das alles nur deshalb, weil es mir beim besten Willen nicht gelingen will, an irgendwelche Patentlösungen für das Menschheitsproblem zu glauben.

Ich versuche immer wieder auszudrücken, daß mir die Zeit und die Welt, in der ich lebe, so komisch vorkommen, daß ich darüber nicht lachen kann, und so traurig, daß ich mich darüber totlachen könnte. Im übrigen erkenne ich nur ein ‹philosophisches Prinzip› an: daß jeder Mensch bereit sein muß, seine Überzeugung immer wieder zu überprüfen und in Frage zu stellen. Angst habe ich vor den Menschen, die im absoluten Besitz der Wahrheit sind.

Ich fühle mich übrigens nicht als *sogenannter* Liedermacher. Ich bin Schriftsteller und mache und singe auch Lieder. Mir ist nämlich jedes Mittel recht, mich meinem Publikum vernehmbar zu machen.

Eine andere Schublade übrigens, in die ich auch oft einsortiert wurde, ist die des Spaß- und Witzemachers. Humor zu haben – oder zumindest der Versuch, den Humor nicht zu verlieren –, ist für einen deutschen Schriftsteller ja auch nicht so ganz ohne Risiko.

Literatur ist nicht komisch! Das Leben und die Zeiten sind viel zu ernst. Deutsche Dichter schreiben Tragödien. Das leichte Zeug überlassen wir den Franzosen oder irgendwelchen anderen nicht ernst zu nehmenden Leuten. Das ist heute noch so wie zu Molières oder Lessings Zeiten: Da sitzen die Literatur-Eunuchen noch immer in den Feuilletons und sind sich vor lauter sozialkritischem Engagement viel zu fein, sich mit dem gemeinen Volk einzulassen.

Ich habe einmal eine Kritik erhalten, in der es hieß: ‹Das Publikum war begeistert und amüsierte sich herzlich. Das sollte dem Autor zu denken geben!›

Ich schreibe nicht aus irgendwelchen höheren Eingebungen oder aus der Offenbarung der Musen, sondern einfach, weil ich manchmal die Feststellung mache, daß ich lebe, und daß das doch eigentlich sensationell genug ist.

Und ich schreibe, weil ich meine unglückliche Liebe sonst nicht aushalten könnte: meine unglückliche Liebe zu *dieser* Zeit, zu *diesem* Staat, zu *diesen* Zeitgenossen und zu mir.»

S. S.-J., April 1985

Georg Danzer

Ruhe vor dem Sturm

GEORG DANZER, am 7. Oktober 1946 als Sohn eines Schriftsetzers und späteren Beamten in Wien geboren, galt Ende der siebziger Jahre in Deutschland und Österreich als Barde der Alternativkultur. Wenn er in seinen Konzerten intonierte: «Kinder, das sind ja schon ganz schön viele, die da warten auf das Morgenrot», standen die Zuhörer auf und zündeten ihre Feuerzeuge an. Da seine Mutter als Angestellte in einer Gold- und Silber-Scheideanstalt arbeitete, wuchs er zeitweise in einem Kinderhort, später als Schlüsselkind auf. Mit neun Jahren litt er an Gehirnhautentzündung. Der Chefarzt in der Kinderklinik attestierte, eine «nervöse Labilität» werde vermutlich für das weitere Leben anhalten. Die Pubertätsjahre waren, so erinnert sich Danzer, «geprägt durch Schwierigkeiten mit Schule und Umwelt. So gut wie keine Freunde, statt dessen Bücher und Kino. Mit dreizehn beginne ich zu rauchen und Gitarre zu spielen. In der Schule faul und desinteressiert, außer in Zeichnen und Deutsch. Langsam stirbt die Mutter in mir ab.» Der Mutter, die im Februar 1979 starb, widmete er auf der LP «Feine Leute» das Lied «Ende», dessen Kernaussage lautet: «Niemand kommt ... niemand kommt.» Nach der Matura (Abitur) 1965 verbringt er seine Militärzeit beim österreichischen Bundesheer, studiert anschließend halbherzig Philosophie und Psychologie, trampt einmal nach Griechenland und Kreta, einmal nach Schweden, und beginnt 1967 Lieder zu schreiben. Texte von ihm werden von Marianne Mendt, Erika Pluhar, André Heller und anderen Wiener Sängern aufgenommen, bringen ihm aber wenig Erfolg. 1973 produziert er auf eigene Kosten die LP «Honigmond», die ebenfalls kaum zur Kenntnis genommen wird. Nach zwei weiteren LPs, «Der Tätowierer und die Mondprinzessin» sowie «Danzer, Dean & Dracula», trifft er den Berliner Plattenproduzenten Gerhard Kämpfe; daraus wird eine der fruchtbarsten Partnerschaften in der deutschsprachigen Popmusik-Landschaft. Das erste Resultat ihrer Zusammenarbeit, das Lied «Jö schau» vom Nackerten im Hawelka, wird in Österreich ein Hit und mit einer Goldenen Schallplatte ausgezeichnet. Kämpfe besorgt Danzer 1976 einen langfristigen Vertrag mit der Plattenfirma Polydor und produziert in Berlin die LP «Unter die Haut» mit der ehemaligen Jazz-Rock-Band «Messengers», die sich nach einigen Besetzungswechseln zur Georg-Danzer-Band formiert. Der Song «War das etwa Haschisch» wird von einigen Rundfunksendern gesperrt, was der Platte Auftrieb gibt. Die erste Deutschland-Tournee 1978 ist noch nicht ausverkauft; die in den nächsten Jahren folgenden Tourneen werden es zunehmend: 17 Konzerte 1979, 32 Konzerte 1980, 47 Konzerte 1981. In einem Gespräch mit dem Musikkritiker Werner Burkhardt erklärte der Sänger: «Ich will Tabus sprengen. Deshalb singe ich von Onanisten, von Fixern und sexuell Verklemmten. Ich will die Leute aus ihrer Selbstsicherheit herausfegen.» Er verschwieg dabei, daß Georg Danzer mit solchen Themen zunächst einmal seine eigenen Tabus brach und seine eigenen Unsicherheiten überwand. Das Thema Rauschmittel hat ihn lange beschäftigt. Mit der Ballade «Zehn kleine Fixer» nach dem Modell des Kinderreims «Zehn kleine Negerlein» führte er 1979 Rauschgiftsucht auf ihre gesellschaftlichen Ursachen zurück. Fixer: in den Augen einer lieblosen, selbstgerechten Öffentlichkeit «Ausschußware, Großstadtmüll, nur der letzte Dreck». Angesichts dieses «Ozeans Verzweiflung» wird der Sänger zum Mahner, zum Moralisten: «Doch wie lange wollt ihr den untern Teppich kehrn? Wenn die wieder auferstehn, werden sie sich wehrn.»

So spreche einer, urteilt Werner Burkhardt, «der sich vom Enfant terrible zu einem Mann gemausert hat, dem Aufklärung dringlicher am Herzen liegt als Agitation». Unüberlegt und politisch naiv ließ sich Danzer 1978 in eine vom Bundeskriminalamt finanzierte Propagandakampagne einspannen und veröffentlichte das Lied «Mach dich nicht mit Gewalt kaputt». Der Umgang mit dem BKA kostete ihn bei Teilen seines Publikums eine Menge Sympathie, obgleich gegen den Textinhalt kaum etwas einzuwenden war. Politischen Menschen mag es schizophren erscheinen, daß ein Künstler wie Danzer zur gleichen Zeit das sogenannte BKA-Lied und einen Song gegen den Ausspähungsstaat verfassen konnte: «Wir werden alle überwacht». Kritiker haben ihm deswegen Standpunktlosigkeit vorgeworfen. Dies mag zutreffen, wenn man Standpunkte mit politischen Fraktionen oder Glaubensrichtungen gleichsetzt. Georg Danzers Lieder, z. B. «Die Folter», «Freiheit», «Ich bin dagegen», «Frieden», «Zerschlagt die Computer» oder «Morgenrot» verdanken ihr Entstehen nicht (partei-)politischer Identifikation, sondern hochentwickeltem, gesellschaftlichem Instinkt.

Erstes Gespräch, Dezember 1980

Ich möchte dieses Interview in Kapitel aufteilen. Ich gebe dir Stichwörter, Überschriften. Mein erstes Kapitel würde lauten: Danzer und die Deutschen. In Wien bist du zwar bekannt, aber den großen Erfolg hattest du hier. Wie ist dein Verhältnis zu den Deutschen? Bist du noch ein Wiener, oder bist du schon ein halber Deutscher?

Ich betrachte mich weder als Wiener noch als Deutschen. Ich bin in Wien großgeworden, und die Stadt ist für mich unheimlich wichtig gewesen und hat sicher dazu beigetragen, daß ich so bin, wie ich heute bin.

Die Deutschen, das ist jetzt sehr schwer zu beantworten, sie splittern sich für mich auf in bestimmte Gruppen von Menschen. Da ist das für mich wichtige Publikum – das sind größtenteils junge Leute. Aber nicht die Pop-Generation, sondern die, die zu ihrem Unbehagen stehen, die vielleicht in Konzerte kommen, um sich Bestätigung zu holen, um sich Mut machen zu lassen. Das ist immer das Schönste, wenn mir jemand sagt: Du hast uns Mut gemacht.

Daneben gibt es den sogenannten typischen Deutschen, den ich genausowenig mag wie den sogenannten typischen Österreicher – die also diese ganzen Klischees in sich vereinigen. Ich habe heute mit meinem Freund und Produzenten Gerhard Kämpfe beim Spazierengehen über den Deutschen, so wie ich ihn sehe, gesprochen. Ich glaube, daß der Deutsche ein Mensch ist, der von sich selbst ein sehr hehres Selbstbildnis schafft – in frühester Jugend, wie das jeder Mensch tut und das er später auszufüllen versucht.

Dieser Drang nach Perfektion, nach dem Ausfüllenkönnen des eigenen Götzen, den er von sich schafft ... Solange ihm das nicht gelingt, ist er unglücklich und unzufrieden. Er strebt permanent nach Perfektion, was ihn automatisch humorlos macht, weil er zu sich keine ironische Distanz haben kann. Und jeder Mensch muß diesen Götzen töten, sonst wird er nie klarkommen können mit sich selbst. Auch der Deutsche muß das tun. Ich glaube, in den letzten fünfzehn Jahren ist das in Deutschland etwas besser geworden.

Ganz wichtig für mich, möglicherweise auch für dich, ist die Frage: Wurde Georg Danzer in Wien oder in Deutschland entdeckt? Oder hast du dich selber möglicherweise erst hier richtig entdeckt?

Seit zwölf Jahren schreibe ich Lieder. Ich habe mich immer weiter verändert. Ich sage bewußt nicht: entwickelt. Entwickeln – da ist so eine Wertigkeit drin. Man nimmt automatisch an, es sei etwas besser geworden oder auch schlechter. Es ist auf jeden Fall eine Steigerung, nach oben oder nach unten.

Ich habe mich verändert. Und ich habe in Österreich eine Zeitlang großen Erfolg gehabt mit etwas, das ich nicht ganz war. Ich bin drauf gekommen, daß Erfolg zu haben um jeden Preis nicht wichtig ist. Und die Chance, Erfolg zu haben mit dem, was mir wichtig ist, die habe ich in Deutschland bekommen. Wahrscheinlich, weil die jungen Deutschen, die meine Platten kaufen, die sich mit mir auseinandersetzen, mit meinen Inhalten, mit meiner Person (das läßt sich ja sehr schwer trennen), stärker sensibilisierbar sind, weil sie mehr unter Druck stehen als die jungen Österreicher.

Darf ich noch mal zurückkommen zu der Frage: Hast du dich selber hier, durch das Publikum in diesem Land, entdeckt, dich selber – wer du bist?

Ich weiß immer noch nicht genau, wer ich bin, und entdeckt habe ich mich noch lange nicht. Wenn man das vergleicht mit Kolumbus und der Entdeckung Amerikas, dann bin ich jetzt im Moment irgendwo in der Mitte des Atlantiks. Ich weiß nicht, ob man überhaupt jemals was entdeckt. Man entdeckt immer nur so kleine Teile und kommt immer ein bißchen weiter.

Ich habe nie diese großen Aha-Erlebnisse gehabt. Daß man in der

Nacht aufwacht und sagt: Aha, so bin ich, das ist also mein Ich. Ich bin nur drauf gekommen, daß zwei Ichs vorhanden sind. Jetzt kommen wir wieder zurück zu diesem Selbstbildnis, das man sich schafft. Das ist das Super-Ich, wenn man es so nennen will. Und dann ist da das kleine mickrige Ich, das man wirklich ist, und das man nicht akzeptieren will.

Das deutsche Publikum hat mir die Möglichkeit gegeben, mich weiter verändern zu können. Sie haben akzeptiert, daß ich nicht auf irgendeiner Masche klebenbleibe und sie vermarkte und auswerte bis zum Gehtnichtmehr, daß ich mich nicht selbst pensioniere und erstarre. Denn erstarren heißt ganz einfach sterben. Leben heißt immer, sich verändern können.

Schließen wir das Kapitel damit ab und kommen wir zum nächsten: Danzer und die Musik. In der Musik hat sich ja viel verändert in der Zeit, seit du auf der Bühne stehst. Was bedeutet sie heute für dich?

Musik bedeutet für mich immer noch in erster Linie, was ich von anderen höre. Ich konsumiere Musik unheimlich gern. Ich bin kein Musiker, das weiß ich. Die Musiker, mit denen ich zusammenarbeite und mehr oder weniger zusammenlebe, sind Musiker, weil sie das gelernt haben. Ich bin Autodidakt. Aber ich bin ein guter Musikant, das weiß ich auch. Ich habe ein Gefühl für die Musik, aber ich bin ein schlechter Techniker.

Ich habe am Anfang eine sehr ursprüngliche und eigene Musik gehabt, die teilweise auch in der Wiener Tradition verwurzelt war. Dann habe ich eine Zeitlang Wege gesucht, das mit einzubringen, was mir bei anderen Leuten gefallen hat. Ich habe dadurch sehr viel kopiert – Randy Newman beispielsweise. Jetzt bin ich wieder auf dem Weg, zu meiner eigenen Musik zurückzufinden, allerdings mit sehr vielen Elementen, die ich ganz einfach dazugenommen habe, die jetzt aber verarbeitet und nicht mehr kopiert werden, die aber nach wie vor Anstoß sind. Wenn ich irgendwelche Platten höre, die mir sehr gut gefallen, dann beeinflussen die mich sicherlich. Das ist ganz klar.

Musik ist aber immer noch in erster Linie eine Gefühlssache für mich. Nicht etwas, das man intellektuell auslotet, und überlegt, jetzt die und die Harmonie. Das ist alles Scheiße. Es muß ganz einfach kommen. Die musikalisch besten Lieder, die ich geschrieben habe, sind in zehn Minuten passiert, nie lange getüftelt, immer frischweg – zack. Dann läuft's.

Wenn man dich heute auf der Bühne sieht, Georg, mit deinen Musikern, mit denen du zusammengewachsen zu sein scheinst – mehr als vielleicht andere Interpreten –, dann möchte ich gern von dir wissen: Bestimmen die Charaktere der einzelnen Musiker die Musik oder bestimmst du sie?

Ich bestimme die Musik sicherlich zu einem Teil dadurch, daß ich die Lieder schreibe. Ich gebe die Harmonien und die Melodie vor, meistens auch den Rhythmus. Aber der Rhythmus ändert sich ja dann doch oft. Es ändert sich sehr viel beim Zusammenspiel. Jeder der Musiker bringt mittlerweile eigene Ideen – was sehr wichtig ist: Die Typen spielen nur gut, wenn sie auf den Text stehen. Ganz früher haben die Musiker eigentlich nur wenig Interesse an den Texten gehabt. Heute ist es fast umgekehrt. Wenn ihnen der Text nicht gefällt, dann beginnen sie mit mir zu diskutieren, und wir ändern den Text teilweise, manchmal Formulierungen. Man kann also nicht sagen, ob ich die Sachen bestimme oder sie. Sicherlich schreibe ich die Lieder. Aber das Endprodukt ist eine gemeinsame Arbeit.

Man hat das Gefühl, daß die Gruppe, mit der du auftrittst, dich auch musikalisch *weitergebracht hat. Möglicherweise trügt dieser Eindruck.*

Na ja, die sind alle sehr gut. Das ist unter dem Strich gesehen wahrscheinlich eine der besten Formationen, die man haben kann – und das fordert einen. Es ist so wie beim Skifahren. Wenn man immer mit sehr guten Skiläufern Tiefschneeabfahrten macht, und die einem auch die Chance geben und nicht davonfahren und warten, und dann sagen, paß auf, das und das machst du falsch: dann helfen sie einem dabei, einen eigenen Stil zu finden.

Laß mich noch eine Frage anschließen, Georg. Ich hatte früher, als ich dich das erste Mal auf der Bühne gesehen habe, immer den Eindruck eines sehr introvertierten Mannes. Das Bild hat sich für mich, auch nach außen, sehr verändert, seit du mit diesen Musikern spielst. Hat sich mit dieser Beziehung zu den Musikern bei dir auch psychologisch was verändert?

Am Anfang habe ich vor den Musikern Angst gehabt, weil sie ganz einfach besser waren, bessere Musiker waren als ich. Bis sie mir immer wieder geholfen haben, das Gefühl aufzubauen, daß ich zwar technisch sicherlich nicht das bringe, was sie bringen, aber daß sie mich als Musikanten und als Schreiber der Lieder akzeptieren, daß sie hinter und neben mir stehen auf der Bühne und mich stützen. Und daß das nicht eine Art von Konkurrenzspielen ist: Wer spielt schneller Gitarre, oder wer spielt besser Klavier. Sie haben ganz einfach immer akzeptiert: Der macht seine Sache, der zieht sein Ding durch, so wie wir unser Ding durchziehen. Und das Ding an sich finden wir gut, und darum helfen wir ihm, darum spielen wir mit ihm. Dadurch habe ich Selbstvertrauen bekommen, rein musikalisch. Ich habe natürlich auch technisch ein bißchen was dazugelernt. Aber als Instrumentalist könnte ich nicht mal als Studiomusiker arbeiten.

Hast du auch menschlich etwas dazugelernt?

Ja, sicherlich. Man lernt immer menschlich was dazu, wenn man längere Zeit mit Menschen in einem Kollektiv zusammenlebt, zusammenarbeitet und eine gemeinsame Sache durchzieht. Diese gemeinsame Sache ist ja mittlerweile für uns nicht, *irgendwelche* Lieder zu bringen, sondern es geht um die Inhalte der Lieder und wiederum um den Überbegriff, in den all diese Inhalte hineinpassen. Also für mich und für uns – ich glaube, ich kann da meine Musiker ruhig mitzitieren – um eine Art von nahezu sinnlos scheinendem Kampf des einzelnen gegen Unterdrückung, egal von welcher Seite, ob jetzt von links oder rechts.

Ich meine, das wird immer so abgeteilt in links und rechts und progressiv und reaktionär. Ich halte nichts von solchen Begriffen. Für mich geht es darum, daß ich das Recht haben will als einzelner, die Freiheiten zu verteidigen, von denen ich nicht einsehe, daß ich sie hergeben soll.

Es heißt immer: Du mußt dem Kollektiv zuliebe irgendwas aufgeben, der Gesellschaft zuliebe irgend etwas hergeben. Und du gibst es her, und es verschwindet. Es kommt niemandem mehr zugute. Und das haben wir alle erkannt. Und dagegen wehren wir uns.

Kommen wir zum nächsten Kapitel: Danzer und die Poeten. Welche sind für dich wichtig? Du bist selber inzwischen einer, das kann man sicher sagen. Du hast dich dazu entwickelt. Gibt es Konkurrenz, Beeinflussungen, wichtige Menschen, die Poeten sind, in deinem Leben?

Poeten! Seit der Heller den Begriff mehr oder weniger auf sich gebracht hat, schwirrt der sofort in den Raum, wenn das Wort «Poet» fällt. Ich weiß nicht, ob ich ein Poet bin. Also so, wie ich mir früher einen Poeten vorgestellt habe als Jugendlicher, bin ich sicher nicht. Ich habe immer geglaubt, Poeten sind Menschen, die Wahrheiten mit unheimlich schönen Worten sagen. Das glaube ich mittlerweile nicht mehr.

Ich habe einmal gesagt – ich zitiere mich jetzt sicher nicht korrekt –, daß Poesie für mich eine Art Momentaufnahme der Wirklichkeit sein soll. In diesem Sinne bin ich vielleicht manchmal ein Poet. Ich weiß nicht, ob Konstantin Wecker ein Poet ist. Ich steh sehr auf seine Sachen. Mit Rimbaud kann ich zum Beispiel sehr wenig anfangen – und der ist sicherlich ein Poet. Aber vielleicht sind die deutschen Übersetzungen von ihm immer so schlecht, und ich kann leider nicht Französisch.

Bukowski ist für mich ein Poet, obwohl er sehr selten Gedichte schreibt. Das ist das, worauf ich abfahre, diese holzige, brutale, ungeschliffene Sprache. Heine ist für mich ein Poet.

Über meine Texte zu sprechen in bezug auf Poetsein ...? Ich möchte den Begriff für mich sogar ablehnen. Ich bin ein Liederschreiber. Ein Poet schreibt Texte, die auch ohne Musik dastehen können, die als Gedicht dastehen können, die man gedruckt lesen kann. Das ist bei mir sehr selten der Fall. Ich glaube, das Lied ist eine ganz bestimmte künstlerische Disziplin. Text und Musik müssen zu einer Einheit verwoben werden. Das eine steht ohne das andere immer etwas nackt da.

Sag es doch ganz konkret. Was passiert mit dir und deinen Liedern? Du sitzt, nehme ich an, nicht im Kämmerlein oder im Elfenbeinturm und schreibst sie. Ich könnte mir vorstellen, du erlebst sie. Erzähl doch Beispiele, wie deine Lieder entstehen.

Ich *kann* nur Lieder schreiben, wenn ich was erlebe. Ich war jetzt sehr lange mit meiner Familie im Urlaub. Da erlebt man sehr wenig. Man ist seiner Frau treu, man spielt mit seinem Kind, man lebt eigentlich auf Sparflamme und schreibt nichts. Ich war dann zwei Tage hier, in Hotels, viel unterwegs – und es fließt wieder. Der Wasserhahn fängt wieder zu laufen an. Das heißt, ich muß ein Input haben, dann kann ich ein Output haben.

Ich kann nicht aus der Phantasie schreiben, das geht ganz einfach nicht. Darum sind oft in meinen Sachen Erlebnisse drin, die wahrscheinlich niemand versteht, weil sie sehr klein sind und ichbezogen, und ich das auch niemandem erklären möchte. Ich schreibe das einfach so hin, wie es mir kommt und wie ich es erlebt habe, und nehme an, daß die anderen das ebenso akzeptieren – auch wenn sie es nicht verstehen.

Gibt es Situationen, die du erst im nachhinein in Lieder umformulierst, oder passiert es dir auch, daß du lebst, agierst, und in derselben Sekunde schon neben dir stehst und eigentlich schon Worte dafür findest?

Nein, ich bin eigentlich ein guter Ad-hoc-Formulierer. Mir fallen manchmal spontan kurze Zeilen ein, oder mir fallen Sachen auf, die die Leute sagen – die sie schon lange sagen, die mir schon lange hätten auffallen müssen. Bleib sauber – oder solche Dinge. Bleib sauber – was steckt da alles drin! Was kann man in der heutigen Zeit, wo eh alles so schmutzig ist, aus einem Satz wie: «Bleib sauber» machen? Es wird sicher mal ein Lied von mir geben, das «Bleib sauber» heißt.

Oder zum Beispiel «Traurig, aber wahr». Auf das Lied bin ich wirklich nur gekommen, weil ein Freund von mir – beim Heurigen sind wir gesessen in Wien – in einem Nebengespräch diesen Satz sagte. Ich habe mich gerade mit meiner Frau gestritten, und er hat mit einem Freund geredet, und ich habe nur den Satz gehört: Na ja, das ist traurig, aber wahr. Das ist bei mir hängengeblieben. Und auf dieses Signal habe ich das ganze Lied dann geschrieben.

Das nächste Kapitel: Danzer und die Politik. Dir ist es natürlich passiert, daß man versucht hat, dich politisch zu benutzen oder politisch in eine Ecke zu drängen auf Grund der Aussage einiger Lieder. Wie stehst du selber dazu?

Für mich ist Politik immer noch ein ziemlich unbegreiflicher Begriff. Ich weiß nicht so recht, was ich damit anfangen soll. Ist Politik etwas, das alles beinhaltet? Ist ein Lied, wie zum Beispiel das Lied von dem depperten Kind, ein politisches Lied, weil ich damit die Sozialfürsorge bis zu einem gewissen Grad angreife? Oder ist Politik nur das, was die Politiker entscheiden und mit uns machen, was die Parteien untereinander «ausbackeln»?

Mir ist das *Wort* Politik ganz einfach schon unsympathisch. Wenn ich das Wort höre, dann taucht in meinem Gehirn eine schwarzgrau gefärbte Wand auf. Es ist mir zutiefst suspekt, und ich zwinge mich, politische Artikel zu lesen, so wie man mich gezwungen hat, das Einmaleins zu lernen, damit ich rechnen kann, damit ich weiß, was so passiert. Aber im Grunde genommen ödet es mich an und kotzt mich auch an. Ich wollte eigentlich mit Politik nichts zu tun haben.

Danzer und die Politik. Ich verstehe deine Einstellung, ich habe begriffen, was du meinst. Was war damals, als du dieses Lied für das Bundeskriminalamt gesungen hast?

Es war ein Fehler von mir, nicht zu erkennen, daß man sich bei einer guten Sache auch überlegen muß, für wen man sie macht, und vor allem, was die Leute, die einem wichtig sind, damit anfangen. Es ist nämlich nicht so, daß man sich sagen darf: Die Leute, die mir wichtig sind, könnten das in die falsche Kehle kriegen, aber es ist mir egal. Man muß da schon Rücksicht nehmen, nicht, um das eigene Image nicht zu zerstören, sondern um die Solidarität und das Vertrauen, das man entwickelt hat mit Menschen, nicht wieder empfindlich ins Wanken zu bringen.

Ich wollte etwas Gutes tun, indem ich jungen Leuten sagte: Paßt mal auf, Gewalttätigkeit ist nicht gut. Und das glaube ich heute immer noch. Aber mittlerweile bin ich drauf gekommen, daß Gewalt sehr oft unumgänglich ist. Das ist so wie beim Schlangenserum, wenn man das Gift als Gegengift spritzt. Wenn die Gewalt von der unterdrückenden Seite so groß wird, daß sie anders nicht durchbrechbar ist, kann das Gegengift oft nur Gewalt sein.

Dazu kam, daß die ganze Aktion des Innenministeriums und des BKA alibihaften Charakter hatte und nicht versucht hat, diese Blutkrankheit der Gewalttätigkeit bei den Jugendlichen von einer Blutreinigung her, also mit einer gesellschaftlichen Reinigung, anzugehen. Sie hat ganz einfach nur den Schorf abgekratzt von der Haut und Salbe draufgeschmiert, eine süßlich riechende, eine stinkende Salbe. So habe ich das nachträglich empfunden.

Ich habe mich vor mir selber sehr geschämt, daß ich da mitgemacht habe. Und ich habe das auch immer wieder zugegeben. Ich habe gesagt, das war ein Fehler, und der, der noch keinen Fehler gemacht hat, der soll halt den ersten Stein werfen. Fehler kann man nicht mehr ändern, man kann sie nur zugeben.

Würdest du dich trotzdem als politisch engagierten Menschen ansehen?

Politisch engagiert in bezug auf Parteipolitik nicht. Aber ich bin Mitglied der Gesellschaft, in der ich lebe, und ich bin nicht allein. Ich bin also nicht auf einer einsamen Insel, wo ich zu niemandem gut oder schlecht sein kann, wo mich niemand was angeht. Das heißt, ich muß mich darum kümmern, wie es meinen Mitmenschen in bestimmten Situationen geht. Das ist mir wichtig. Ohne das kann ich nicht leben.

Deshalb muß ich in bestimmten Situationen auf ganz bestimmte Reize reagieren – in verschiedener Form, manchmal sehr zynisch oder ironisch, wie mit dem «Wir werden alle überwacht», was ja häufig als Anti-BKA-Lied ausgelegt wird. Die zwei Lieder sind aber merkwürdigerweise zur gleichen Zeit entstanden. Das ist wirklich wahr und keine Ausrede. Und wenn ein Lied wie «Die Fixer» als politisches Lied empfunden wird, okay ...

Ich bin sicher kein politischer Liedermacher. Ich definiere mich nicht über das Besingen politischer Inhalte. Ich bin aber auch kein poetischer Drüberspieler, wie sehr viele, die sagen: Kunst ist die erste Instanz, alles andere kommt nachher. Ich muß mich ganz einfach wohl fühlen. Ich kann mich nicht wohl fühlen, wenn mich etwas ärgert, wenn ich mich drüber aufregen muß. Und das sind halt die Politiker, die die Situation schaffen, in der wir leben.

Es gibt sehr viele Sachen, die mich ganz einfach krank machen, die mich ärgern; die nicht nur mir passieren, sondern sehr vielen Leuten, die mir am Herzen liegen. Und weil ich die Macht habe, Lieder zu schreiben und sie auf Platten herauszubringen, tue ich das auch. Es ist ja nicht sehr viel, was ich tue. Außerdem – ich kann ja das Maul aufreißen. Ich bin ja nicht in der Tschechoslowakei. Dort ist es wahrscheinlich wirklich sehr mutig, das Maul aufzureißen. Wir werden sehen, wie sich die politische Situation bei uns weiterentwickelt, vielleicht wird es ja eines Tages auch hier eine Leistung. Heute ist es eigentlich nicht einmal sehr mutig, wenn man sich über irgend etwas aufregt. Ich kann über unseren Bundeskanzler ohne weiteres sagen, daß er ein Arschloch ist, und es wird mir gar nichts passieren.

Kommen wir zum nächsten Kapitel. Du bist ja nicht nur ein Mensch, der Lieder macht und singt. Du bist ja auch ein Mann – inzwischen wie alt?

Ich werde 34 im Oktober.

Ich frage jetzt nur den Mann, den Mann Georg Danzer, nach seinem Verhältnis zu den Frauen.

Ich muß da als Sohn anfangen. Die erste Frau im Leben eines Mannes ist die Mutter. Und meine Mutter war ... in der Psychologie würde man sagen, ich war von meiner Mutter narzißtisch besetzt. Das heißt, sie hat versucht, von mir die Liebe zu holen, die ihr ihre Eltern vorenthalten haben. Sie hat versucht, die Bewunderung von mir zu erhalten, die ihre Mutter und ihr Vater ihr nicht gegeben haben. Und ich hab sehr viel von mir abgespalten, um von meiner Mutter geliebt zu werden. Ich habe das dann natürlich erst viel später so definiert. Doch es hat natürlich bis zu einem gewissen Grad auch meine Einstellung zu Frauen geprägt.

Ich habe vor Frauen nach wie vor manchmal Angst. Ich spalte immer noch sehr viel ab, mittlerweile bewußt, um von ihnen geliebt und akzeptiert zu werden, auch bei meiner eigenen Frau und bei meiner Tochter. Und das bringt mich in die Situation, daß ich gegenüber anderen Frauen – na ja, so ein männlich-chauvinistisches Konsumverhältnis aufgebaut habe: daß ich zwar sehr gern mit ihnen zusammen bin, aber wenn das Ganze gelaufen ist, dann ziehe ich mich zurück. Ich versuche, sie nie sehr nahe an mich herankommen zu lassen, weil ich Angst habe, zuviel hergeben zu müssen. Ich bin also nicht für Endgültigkeiten. Ich bin immer sehr vorsichtig, sehr cool eigentlich. Ich hoffe, das ändert sich irgendwann mal, denn es ist eigentlich sehr beschissen.

Das findest du selber?

Ja, sicher, aber ich kann im Moment nichts dagegen machen – es ist stärker. Ich habe nur die Chance, älter zu werden und das irgendwie abzubauen, sukzessive.

Wenn man aus den Liedern, die du schreibst, die Frau herausliest, mit der du zusammenlebst, dann macht sie dich eigentlich impotent, ist das richtig?

Na ja, nicht nur. Es gibt Lieder, in denen ich sage, so eine wie die, die läßt man niemals mehr gehen, so etwas gibt es nur einmal in hundert Jahren. Aber das sind natürlich idealisierende Lieder. Ich wünsche mir ja – und ich habe mir das immer gewünscht – die Frau fürs Leben. Und ich sitze immer bis um fünf Uhr in der Diskothek oder in der Kneipe, weil ich mir denke, es geht einmal die Tür auf – und die Frau kommt herein. Obwohl ich ich sie eigentlich eh schon hab, von Rechts wegen, ich bin ja verheiratet. Aber die Hoffnung ist ganz einfach: Es kommt

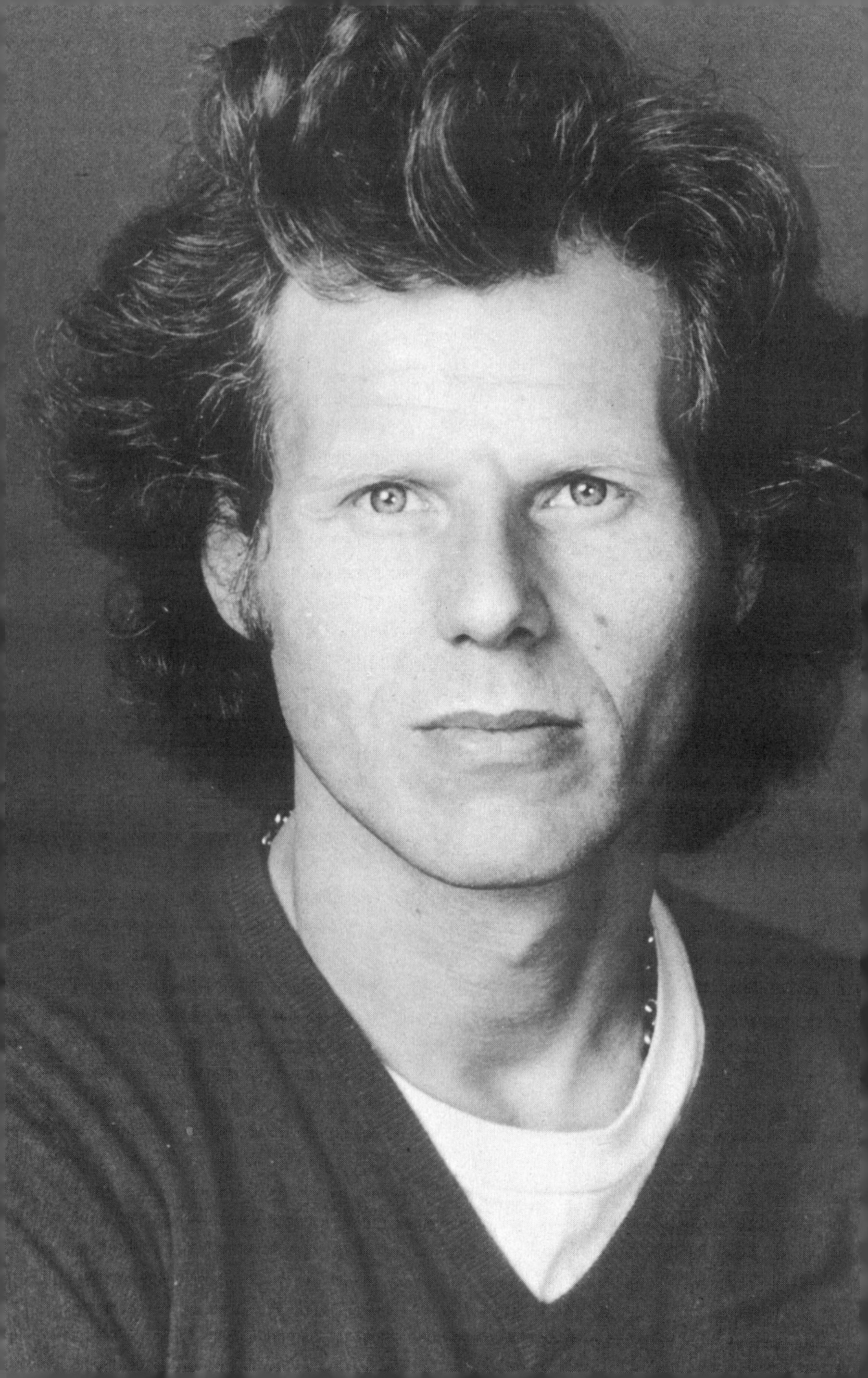

die Frau, in die ich mich reinfallen lassen kann wie in ein Sprungtuch, die mich auffängt und umhüllt und immer liebt, und egal, was ich für einen Fehler mache, alles verzeiht, und die mich so umfaßt wie das Meer den versinkenden Matrosen, der stirbt.

Diese Bemerkung von dir ist eigentlich sehr anrührend; sie stimmt auch traurig und nachdenklich. Und ich frage mich, wie lebst du mit der Frau, mit der du von Rechts wegen verheiratet bist? Wie bringst du es fertig, sie in dein Leben einzuordnen? Läßt du sie an dich heran, oder auch sie nicht?

Na ja, gut, meine Frau kennt ja wenigstens meine beiden Ichs. Sie kennt also sowohl meine Krankheiten und meine Fieberphantasien als auch die Person, die ich auf der Bühne bin. Und die zwei Ichs versuche ich immer näher aneinanderzubringen – oder aneinander zu lassen; sie wollen ja zusammen. Das sind zwei Magneten, die zusammenwollen. Man darf sie nur nicht aufhalten, zusammenzukommen.

Ich enthalte meiner Frau eigentlich sehr viel vor. Aber das ist die Tragödie aller Männer, daß sie sich ihren Frauen geistig verweigern und dafür körperliche Verweigerung zurückgezahlt bekommen. Das heißt nicht, daß meine Frau sich mir körperlich verweigert. Aber wir sehen uns selten, und wir sind uns manchmal sehr fremd geworden.

Macht dich das traurig?

Ja, es macht mich schon traurig. Aber ich sehe im Moment nicht, wie ich das ändern könnte.

Was ist in den Beziehungen zu Frauen, die du hast oder dir wünschst, vordringlicher? Die sinnliche, erotische Beziehung zu dem Menschen, um dadurch den anderen zu erkennen, sprich: die andere Frau? Oder ist es eher die geistige Annäherung, die dir möglicherweise die Angst nehmen könnte?

Das zweite, klarerweise. Ich war vorgestern mit dem Qualtinger beim Heurigen, das war unheimlich lustig. Er hat gesagt, das fällt mir jetzt ein, jeder anständige Mensch sei bisexuell – ein typischer Qualtinger-

Ausspruch. Da habe ich mir gedacht, es ist ja eigentlich komisch, man darf ja nicht nur Frauen sinnlich betrachten, man sollte es auch bei Männern machen. Es kann also nicht alles sein, daß ein Mann eine Frau immer nur sinnlich betrachtet.

Das Wichtigste ist, ich möchte mich versöhnen mit den Frauen. Weil ich ganz einfach als Mann fühle, wie viele Männer oder wie alle Männer. Weil ja zwischen den Männern und den Frauen, seit es die Menschheit gibt, Krieg herrscht. Zumindest habe ich dieses Gefühl. Man steht einander in Schützengräben gegenüber, trifft sich ab und zu im Niemandsland, ist dort ein paar Stunden glücklich. Und dann geht es wieder zurück in die Reihe. Wobei es die Frauen dann noch schwerer haben, weil in dem Schützengraben der Frauen noch die eigenen, inneren Querelen stattfinden und die Männer ja viel solidarischer sind. Mittlerweile ändert sich das im Lager der Frauen, was ja unheimlich wichtig ist für die Frauen.

Also, ich bin kein Softie. Mir ist es zwar nicht egal, was da drüben passiert, aber mir ist auch klar, daß sie damit selber klarkommen müssen. Es gibt ein Buch, das heißt, glaube ich, «Der emanzipierte Mann», da steht ein Satz drin, der mir sehr gefällt: «Die Freiheit des Mannes ist die Freiheit der Frau und umgekehrt.» Also, die Frauen werden so lange nicht frei sein können, solange sie nicht auch ihre Männer dazu zwingen oder dazu bringen und erziehen, frei zu sein.

Damit lieferst du mir ein schönes Stichwort. Denn aus deinen Worten höre ich, daß du sehr unfrei bist in der Begegnung mit Frauen. Bist du denn auf dem Weg, dich freizumachen, oder siehst du eine Chance, dich freizumachen? Und wenn: wie?

Es geht darum, daß ich mich überhaupt freimache, auf meinem Weg zum Menschen. Ich geh immer wieder in Lokale und verkrampfe mich, weil ich weiß, da sind Leute, die schaun mich jetzt an. Und ich setze mich irgendwo in eine Ecke. Ich bin kein sehr kommunikativer Mensch, im Grunde genommen; außer es kommt jemand von sich aus zu mir, und ich merke, der mag mich. Aber ich gehe von vornherein davon aus, daß die Leute mich erst mal irgendwie abtasten und vielleicht mir gegenüber mißtrauisch gestimmt sind, ob das jetzt Männer oder Frauen sind. Und dann definiere ich mich plötzlich über die Reflexion der anderen. Ich beginne in dem Moment, nicht mehr ich selber zu sein, was ich ja sein möchte, sondern ich versuche, Erwartungshaltungen zu erfüllen – oder zu durchbrechen.

Ich möchte das Kapitel abschließen mit der Frage: Georg, brauchst du Frauen?

Ja, sicher. Der Bogen braucht den Pfeil, und der Pfeil braucht den Bogen.

Gut, kommen wir zum nächsten: Georg Danzer und die Kinder.

Ich habe zu Kindern eigentlich kein besonderes Verhältnis gehabt bis zu dem Zeitpunkt, als ich selbst eine Tochter hatte. Kinder waren früher für mich kleine Menschen, die im Park einen irrsinnigen Lärm machen und mit denen man sehr schwer vernünftig reden kann, beziehungsweise denen man sehr schwer klarmachen kann, daß das, was man ihnen einzureden versucht, vernünftig sei. Meine Tochter hat mich drauf gebracht, daß Kinder in einer ganz besonderen, uns Erwachsenen nicht mehr zugänglichen Welt leben. Und daß wir eigentlich Kinder permanent durch Erziehung betrügen. Das kommt mir vor wie jener Handel, den man früher betrieben hat, daß man nach Afrika gefahren ist und den Eingeborenen für Gold Glasperlen verkauft hat. Wir geben den Kindern Logik und rauben ihnen die Phantasie. Wir schauen ihre Zeichnungen an und sagen: Was soll denn das sein? Das hat ja gar keine zwei Beine, das Männchen, das ist ja kein Männchen. Aber es ist ein Männchen. Und die Phantasie der Kinder ist viel kostbarer als unsere eigene, viel facettenreicher. Nur, wir können nicht mehr rein. Wir müssen akzeptieren, daß da eine Wand ist, durch die wir nicht dringen können.

Wir müssen unsere Kinder in Ruhe lassen, ihnen Liebe geben, sie füttern, aufziehen, sie bis zu einem gewissen Grad beschützen und ... in Ruhe lassen, sie gedeihen lassen für sich selbst – bis sie den Sprung schaffen, groß zu werden, ohne erwachsen zu werden. Das hat Jacques Brel einmal gesagt: groß werden, ohne erwachsen zu werden. Das ist sehr wichtig.

In diesem Sinne würdest du dich auch nicht als erwachsen bezeichnen?

Ich bin wahrscheinlich viel zu erwachsen und viel zuwenig groß. Also, ich möchte groß werden. Ich möchte eigentlich von meinem Erwachsensein wieder etwas abbauen und verlieren. Meine Tochter ist wirklich der einzige Mensch, demgegenüber ich ohne Schuldgefühle und Angst Zärtlichkeiten anbringen kann. Da habe ich das Gefühl: Wenn ich sie halte, so im Arm, und sie legt den Kopf an meine Schulter – ich bin ihr nichts schuldig, und sie will auch nichts von mir, als gehalten zu werden.

Würdest du, oder kannst du inzwischen, durch das, was dich deine Tochter gelehrt hat, eine andere Beziehung zu anderen Kindern und zu anderen Menschen entwickeln?

Ja, sicherlich, klar, weil man ganz einfach sein Kind in die anderen Kinder projiziert. Wenn ich heute über den Flughafen gehe, und es geht so ein Geschöpf vorbei, im selben Alter ungefähr, oder auch kleiner oder größer, dann ist das automatisch mein Kind, irgendwo wenigstens ein Teil davon. Das ist ja auch so. Ich meine, die anderen Kinder sollten mir genauso wichtig sein wie das eigene Kind. Es geht ja nicht darum, das Kind als Spiegel seines eigenen Ichs zu betrachten und sich da narzißtisch widerzuspiegeln. Ein Philosoph hat einmal gesagt: «Eure Kinder kommen durch euch, aber nicht von euch.»

Das Kind gehört nicht dir. Du bist mehr oder weniger das Werkzeug, das dieses Kind auf die Welt bringt. Aber ab dann ist es nicht mehr dein Eigentum. Es ist sein eigenes Eigentum. Du bist nur verpflichtet, dem Kind soviel Gutes wie möglich zu tun, wirklich Gutes. Nicht, daß du ihm alles hinten reinschiebst, in konsummäßiger Art.

Hast du mal versucht, durch die Augen deines Kindes zu sehen, wie du ausschaust? Weißt du, wie deine Tochter dich sieht?

Nein, das kann ich ja nicht wissen, auch nicht, wenn ich mich in ihre optische Perspektive begebe. Das geht nicht, und das soll man auch nicht. Man soll nicht versuchen, in Dinge einzudringen, in die man nicht eindringen kann. Man muß das akzeptieren. Das Kind, das ist von mir so weit weg wie der weiteste Stern in diesem Universum. Es blitzt und blinkt, und ich kann es sehen, aber es geht seinen Weg. Ich kann da nichts machen. Ich kann nur schauen, daß es nicht abstürzt.

Wenn du in einen Spiegel schaust – in den Spiegel als Synonym für Selbstbetrachtung: Wenn der Georg Danzer sich anschaut als Georg Danzer, was sieht er da heute?

Zuerst einmal mein Gesicht. Es gibt diese Spiegelmeditation, bei der man sich längere Zeit starr anglotzt. Und dann beginnt es zu zerrinnen, das Gesicht. Dann kommt so der Mister Hyde raus. Und wenn man den überwindet und ihn akzeptiert, wird das Gesicht wieder schön. Und bis jetzt habe ich immer noch im Moment, wo es beginnt, gräßlich zu werden, wegschauen müssen, weil ich es nicht ertragen kann. Aber vielleicht gibt es einmal den Tag, an dem ich es aushalte, an dem ich mich selber aushalte. Das ist ja das Wichtigste, daß man sich selber erträglich findet, daß man mit sich leben kann – irgendwann mal.

Hast du inzwischen eine gewisse Liebesbeziehung mit dir selbst?

Ja, das ist mir mittlerweile gelungen. Ich kann mich ganz gern haben, ab und zu. Ich hasse mich nicht mehr für meine Fehler.

Wann hast du dich am liebsten?

In der Frühe, beim Aufwachen. Erstens freue ich mich, daß ich noch lebe, was ja schon ein Zeichen dafür ist, daß man sich gern hat. Zweitens sind da die Ebenen noch nicht so weit auseinandergesprungen: die intellektuelle und die emotionale Ebene. In diesem halbwachen Zustand weiß man eigentlich ganz genau, was richtig und was falsch ist und hat zu sich selber immer das klarste Verhältnis – weil alles noch so unklar ist, rundherum.

Und im Laufe des Tages verändert sich das, und es gibt Momente, in denen du dich auch selbst haßt?

Ja, ich bin ganz einfach drauf gekommen, daß diese Momente für mich die wichtigste Entscheidungszeit sind, ob ich Dinge machen möchte oder nicht. Da sagt mir diese innere Stimme: Laß es! Oder: Mach es! Im Laufe des Tages beginnt man dann, rational zu denken, vernünftig zu sein und zu sagen, na ja, aber eigentlich wäre es doch ganz gut, wenn du es machst. Und am nächsten Tag in der Früh wacht man dann auf und hat wieder das Gefühl: Eigentlich sollte ich es lieber lassen. Seitdem ich nach dieser Instanz entscheide, geht es mir viel besser. Seit ich auf mein Gewissen und meinen Instinkt höre, ist alles viel leichter geworden.

Heißt das auch, daß du weniger lügst?

Ich lüge nicht aus moralischen Bedenken, sondern weil ich ganz einfach nicht nachdenken möchte über das, was ich gesagt habe. Ich bin zu bequem zum Lügen. Ich möchte jemandem nicht «Ja, vielleicht» sagen, wenn ich «nein» meine und es ihm irgendwann später mal sagen müßte. Ich sage es lieber gleich. «Nein» ist wohl das wichtigste Wort, das man lernen muß, das man seinen Kindern beibringen muß. Aber man muß es ja nicht beibringen, Kinder sagen viel lieber nein als ja. Sie werden dann allerdings auf «Ja» umgepolt, weil «Nein» für die Eltern sehr unbequem ist. Aber die Kinder das Neinsagen lernen lassen, es nicht exorzieren, das ist sehr wichtig.

Seit ich mich traue, nein zu sagen, also nicht lüge – denn ja sagen, wenn man nein meint, ist ja auch eine Lüge –, ist es viel leichter für mich geworden, auch für meine Umwelt natürlich. Wenn es mir bessergeht, geht es ja auch denen besser, die rundherum mit mir zu tun haben.

Gibt es Momente, in denen du total glücklich warst oder bist, und kannst du sie konkret benennen?

Ich war vorgestern nacht irrsinnig glücklich, weil ich ungefähr um drei Uhr aufgewacht bin und festgestellt habe, daß ich keine Angst hatte. Da kam ich mir unheimlich frei vor. Ich habe festgestellt, daß ich eigentlich nicht erpreßbar bin, weil man mich nicht einschüchtern kann. Ganz egal, was passiert, ich stehe es irgendwie durch.

Ich habe einen Traum gehabt, daß ich meiner Frau etwas beichten muß. Da ist es mir plötzlich ganz leichtgefallen, ihr das zu sagen. Ich habe sie angeschaut und gesagt: Paß auf, das ist die Wahrheit, und die steht dir eigentlich zu, und ich sag dir das jetzt. Und ich habe überhaupt keine Angst gehabt, bin aufgewacht und war sehr glücklich. Dann bin ich eingeschlafen, und am nächsten Tag ist es mir etwas bessergegangen.

Ich weiß nicht, was Glück ist. Ist das dieser euphorische Moment, in dem man irgendwas erreicht hat, was man wollte? Wirklich glücklich bin ich nicht oft.

Ich möchte dieses Interview gern abschließen mit ein paar Sätzen von dir, Gerhard Kämpfe. Du bist Produzent und – ich glaube, das kann man wirklich sagen – Freund von Georg Danzer, und zwar über eine sehr, sehr lange Zeit: Wer ist für dich Georg Danzer?

Kämpfe: Eigentlich hast du es schon vorweggenommen: in erster Linie eigentlich mein Freund. Das ist ein Wort, das ich sehr selten in den Mund nehme. Wir haben beide in den sechs Jahren, in denen wir zusammen sind, gelernt, uns nicht nur auf die Schulter zu klopfen, sondern vor allen Dingen einander unsere Schwächen und Fehler ein-

zugestehen. Ich glaube, das ist eine ganz wichtige Basis für eine Freundschaft.

Georg ist für mich sehr wichtig gewesen, weil ich seit zehn Jahren im Showgeschäft bin – und nach einer gewissen Zeit fängst du an – wenn du versuchst, ehrlich zu dir selbst zu sein –, über gewisse Licht- und Schattenseiten in diesem Geschäft nachzudenken. Als ich Georg kennenlernte, war ich in einer solchen Phase.

Was wir in den letzten sechs Jahren zusammen gemacht haben, hat mir sehr geholfen. Es war ganz einfach der Beweis, daß es möglich ist, gemeinsam Dinge zu fühlen, zu erdenken, emotional und rational zu erfassen, sie zu machen und sich dabei möglichst nicht beirren zu lassen. Das heißt auch, gar nicht an marktmechanische Dinge zu denken, gar nicht an Erfolg oder Mißerfolg; einfach Dinge zu machen, an die man glaubt, von denen man annimmt, daß sie zumindest in dem Augenblick, wenn man sie tut, für einen selbst die Wahrheit sind. Es kann durchaus vorkommen, daß man später darüber anders denkt, aber für diesen Augenblick sind sie gültig.

Wenn man dann entdeckt, daß diese Gemeinsamkeit und das Gemeinsame auch andere Leute anspricht (zuerst die im eigenen Umkreis, unsere Musiker zum Beispiel, mit denen wir arbeiten, dann später Leute im Publikum, Leute, die Platten kaufen), dann ist das ein – es klingt jetzt ein bißchen klischeehaft – aber es fast schon ein kollektives Glücksgefühl.

Georg ist für mich wichtig geworden, weil es seine Art ist, nicht «wissend» zu sein, sondern «suchend». Ich *versuche* zumindest, mich auf denselben Weg zu begeben. Ich glaube, das ist es auch, was den Georg Danzer, den es im Augenblick gibt, ausmacht, das ist seine Position gegenüber den Leuten, die in die Konzerte kommen. Er predigt nichts, er erklärt nicht definitiv, sondern er führt emotional vor, daß es für ihn wichtig ist, jeden Tag aufs neue zu suchen.

Du hast zugehört bei diesem Interview, das ich eben mit Georg gemacht habe. Glaubst du, daß der Danzer über den Danzer ziemlich gut Bescheid weiß?

Kämpfe: Ich glaube nicht. Ich glaube, er weiß von sich, was er bisher erkannt hat. Aber ich glaube, daß jeder Mensch sich selbst eigentlich nicht endgültig erkennen kann. Ganz einfach, weil es keinen endgültigen Danzer gibt, sondern weil jede Situation, jede Sekunde des Lebens, den einzelnen Menschen permanent verändern. Deswegen kann man sich nie selbst erkennen. Ich kann mich für diesen Augenblick, bis zu dieser Sekunde, einigermaßen zu erkennen versuchen, aber bereits die nächste Sekunde verändert mich wieder. Deswegen ist der Versuch der Selbsterkenntnis bereits ein Selbstbetrug. Irgendwer hat mal gesagt, daß derjenige, der glaubt, daß er sich selbst gefunden hat, sich in derselben Sekunde verloren hat.

Georg, du möchtest gern dazu noch was sagen.

Ich kann mich schon einigermaßen definieren. Ich bin ein Medium. Ich bin nur gut in Trance. In Wien sagt man von solchen Leuten: Der scheißt im Schlafen. Das habe ich erkannt. Das habe ich auch vorher gesagt in Beziehung auf Instinkt und Intellekt. Ich bin eigentlich ein Instinktmensch. Und wenn ich das erst einmal akzeptiert habe und mich danach verhalte, geht's gut.

Erika Pluhar

Ich bin halb froh mit mir

ERIKA PLUHAR, am 28. Februar 1939 in Wien als Tochter eines Diplomkaufmanns geboren, war schon eine renommierte Burg-Schauspielerin, als sie 1974 unter Anleitung ihres Mannes André Heller Chansons zu singen begann. Sie wuchs im Wiener Arbeiterbezirk Floridsdorf auf, von dem sie sagt, die Mischung aus Ländlichem und Industrie, «also Felder, Fabriken, Schuttabladeplätze, Schrebergärten, alles traulich nebeneinander», sei ihrer kindlichen Phantasie sehr zuträglich gewesen. Nach dem Abitur 1957 besuchte sie für zwei Jahre das Max-Reinhardt-Seminar in Wien, offizielle Bezeichnung «Akademie für Musik und Darstellende Kunst», das sie im Hauptfach Schauspiel «mit Auszeichnung» abschloß. Unmittelbar nach der Schauspielprüfung wurde sie ans Wiener Burgtheater verpflichtet, dem sie bis heute angehört. «Die ersten Jahre», erzählt sie, «spielte ich brav den Spielplan rauf und runter, was man mir vorsetzte; ich übte.» Doch bereits vor ihrem großen Durchbruch in Helmut Käutners TV-Inszenierung des Maupassant-Romans «Bel ami» 1968 sammelte sie in Dramen von Schnitzler, Strindberg, Tschechow, Pinter und Shakespeare gute Kritiken ein, trat bei Theaterfestspielen in mehreren Städten sowie in den Münchner Kammerspielen auf. Mit 21 Jahren hatte sie den österreichischen Designer Peter Proksch (Künstlername Serge Kirchhofer) geheiratet, den Vater ihrer Tochter Anna. Nach der Scheidung ging sie 1970 eine Ehe mit André Heller ein, die andauert, obgleich das Paar bereits seit 1973 nicht mehr zusammenlebt. Es folgte eine Verbindung mit dem Schauspieler Peter Vogel

Der psychisch labile Künstler nahm sich 1978 das Leben. Das Fernsehen, in dem sie nach 1968 zunehmend reüssierte, habe sie, sagt Erika Pluhar, als «Femme fatale» abgestempelt; dieses Image nahm die Presse nur allzu bereitwillig auf.

Sie war die verhauchte Blondine, elegant, mondän und nicht selten ein wenig morbid. Einige Paraderollen: «Diese Frau zum Beispiel» (Marguerite Duras), «Nasrin oder Die Kunst zu träumen» (Asmodi), «Die Angst des Tormanns beim Elfmeter» (Handke), «Das Zwischenspiel oder Die neue Ehe» (Schnitzler), «Die Nacht von Lissabon» (Remarque). Auch in TV-Krimis prägte sich ihr Spiel dem Zuschauer ein, beispielsweise in der «Kommissar»-Folge «Keiner hörte den Schuß» (Reinecker) oder im «Tatort»-Film «Der Richter in Weiß» (Werremeier). Als Sängerin hat sie sich anfangs vor allem mit Texten ihres Mannes André Heller profiliert und wurde dafür von der Kritik überwiegend gelobt. Diese Songs, befand Hans-Klaus Jungheinrich beispielsweise in der «Frankfurter Rundschau», «haben bei ihr in der Regel nichts Großmäuliges, verzichten auf den wehleidig-gigantomanen Rundschlag, der ihnen den hybriden Anschein letzter Weltweisheiten zu verleihen pflegt». Mit ihrer Interpretation von Texten Wolf Biermanns auf der LP «Vom Himmel auf die Erde falln sich die Engel tot», die auch das Songmaterial für eine Fernsehsendung abgab, ging dieselbe Zeitung weit härter ins Gericht. Thomas Rothschild in der «Frankfurter Rundschau»: «Sie stimmt den Biermannschen Mißklang auf den Kammerton ein. Die fortgeschrittene Ästhetik der Aufrauhung, die Widersprüchlichkeit der Dialektik von Hoffnung und Skepsis wird von der Pluhar zurückgenommen in ein dumpfes Ebenmaß der masochistischen Resignation.» Auf der LP «Narben» hat die Sängerin im Sommer 1981, zur Zeit dieses Interviews, zum erstenmal konsequent eigene Texte vorgelegt – «Aussagen einer Frau, die ganz Privates reflektieren kann, ohne daß Peinlichkeit entsteht» («Der Tagesspiegel»). Das Album «Über Leben», dessen Repertoire sie 1982 auch auf einer Konzerttournee vortrug, entstand in Lissabon, einige der besten portugiesischen Komponisten und Interpreten waren ihre Partner. Diese Begegnungen mit Menschen iberischer Mentalität müssen für die Schauspielerin aus Wien auf dem Weg zu sich selbst eminent wichtig gewesen sein. Für ihr 1985 erschienenes Album «Trotzdem» hat sie die Partnerschaft mit dem portugiesischen Komponisten und Pianisten António V. D'Almeida fortgesetzt.

Juni 1981

An einem lauen Sommerabend in Berlin sitzen sich zwei Frauen gegenüber, die zumindest eines gemeinsam haben: Wir sind im Augenblick beide 42 Jahre alt. Erika Pluhar, ist das ein wichtiges Alter für Sie?

Ich möchte sagen, so 40 zu werden und das, was hinterher kam, das war mir sehr wesentlich. Ich kann nicht sagen, ob das an und für sich ein wichtiges Alter ist. Ich finde, in unserer Generation, so wie ich es zumindest erlebt habe, war das sehr einschneidend. Ich hatte das Gefühl, mein erstes wesentliches Jahrzehnt zu betreten, eins, das mir gehört. Eins, über das ich doch, soweit man das überhaupt als Mensch kann, bis zu einem gewissen Grad auch bestimmen kann. Wo ich weiß: das ist faul, das ist ganz gut, da kann es weitergehen, das laß mal lieber. Das war mir wichtig an diesem 40-Jahre-Werden und da weiterleben.

Wer war eigentlich die kleine Erika Pluhar? Wo ist sie aufgewachsen, wie, was war das für eine Kindheit?

Ich war ein absolutes Wiener Kind. Ich habe mein Leben nur in Wien verbracht, da bin ich auch geboren. Und da war natürlich am Anfang mal der große Krieg in mein erstes Bewußtsein hineingefallen.

Meine ersten Erinnerungen waren Kriegserinnerungen – das haben wir sicher auch gemeinsam. Nach diesem Krieg wurde es dann eigentlich recht gut. Ich hatte eine gute Kindheit, eine ganz normale, kleinbürgerliche, zufriedene und auch recht geborgene Kindheit. Ich ging gern zur Schule, ich war immer Vorzugsschülerin. Das sage ich immer so gern, weil dann alle entsetzt gegen den Himmel schauen. Ich bin wirklich gern zur Schule gegangen, fand das auch alles in Ordnung und wußte genau, ich will Schauspielerin werden. Das stand fest.

Es wurde schlimm, als ich älter wurde: so mit den ersten Liebesgeschichten und mit der ersten Konfrontation, daß man jetzt als weibliches Wesen Mensch sein muß. Das hat mich sehr bald, glaube ich, sehr bedrückt. Ich war da auch mal magersüchtig. Heute weiß ich, was das ist, damals wußte ich es nicht. Es war nur eine elende Zeit. Trotzdem ging aber äußerlich alles ganz selbstverständlich. Ich hab maturiert, also das Abitur gemacht, dann bin ich in die Schauspielschule, wurde ans Burgtheater engagiert und habe halt gespielt, Kraut und Rüben –

was kam. Dann habe ich geheiratet, ein Kind bekommen. Bis jetzt bin ich immer noch am Burgtheater. Also von außen betrachtet klingt das ganz einfach, war aber in sich sehr kompliziert. Eine Zeit meines Lebens war sicher so, daß ich auch gut hätte in irgendeiner Form verkümmern können, das lag schon drin.

Sie sind jetzt in Ihrer Antwort sehr weit fortgeschritten. Ich möchte eigentlich noch ein wenig auf die Kindheit zurück. In einem Lied auf Ihrem Live-Doppelalbum «Unterwegs» gibt es eine Zeile: «Die Einsamkeit ist ihr Gefährte.» Sie erzählen in diesem Lied die Geschichte eines kleinen Mädchens, das erst vier, dann vierzehn, dann dreißig, dann vierzig Jahre alt ist. Könnte man das autobiographisch verstehen?

Da das ein selbstgeschriebenes Lied ist, ist es natürlich eine autobiographische Sache. Die Geschichte unter der Brombeerhecke – das war wirklich so. Das war mein erster, liebster verborgener Platz, wo ich wußte, hier ist es gut, hier kann mir eigentlich nichts zustoßen, und hier bin ich nicht allein.

Die Entdeckung der Schauspielerin Erika Pluhar liegt einige Jahre zurück, mittlerweile schon ein Jahrzehnt. Es war eine Produktion des Deutschen Fernsehens: «Bel ami».
Die Produktion war nicht besonders gut. Aber Sie sind mir aufgefallen, und zwar weil Sie Ihr Gesicht so bloßgelegt gezeigt haben. Sie haben ungeheuer viele Verletzbarkeiten gezeigt. Das hatte ich eigentlich noch nie so in dem Gesicht einer Schauspielerin gesehen.

Für mich war es, als würde eine Schnecke plötzlich ihr Haus verlassen. Die Schnecke hatte immer dieses Haus um sich, und plötzlich ist sie nackt. Aber gerade in der Arbeit mit dem Käutner, dem ich auch immer sehr, sehr dankbar dafür war, da war so etwas Behutsames. Und er hat wirklich auch ein Empfinden dafür gehabt, wie groß für mich der Sprung war, plötzlich in diese Fernsehproduktion zu gehen. Es waren sehr gütige Menschen um mich herum. Ich kann mich vage erinnern, daß es mir sehr viel bedeutet hat, diese Arbeit zu erleben. Es war wirklich eine Zeit, in der ich erlebt habe – viel mehr als dann oftmals hinterher. Das war für mich erstmalig und deshalb auch sehr einmalig. Es beruhte alles auf einer Vertrauensbasis. Vieles konnte ich verarbeiten oder auch Verarbeitetes weitergeben. Ich kann es nicht so genau definieren, aber es war eine so wichtige Zeit, weil ich zum erstenmal das Empfinden hatte, irgend etwas in mir hat die Möglichkeit, sich zu artikulieren.

Wenn ich Ihre Lieder höre, die lange Zeit vorzugsweise andere für Sie geschrieben haben, dann sehen die anderen Sie voller Melancholie – eine erotisch etwas verschleierte Persönlichkeit, das Ganze überdeckt mit ungeheuer viel Traurigkeit. Ist das tatsächlich mit Ihnen identisch?

Eigentlich nicht. Die Sache mit der Traurigkeit, über die muß ich so viel sprechen. Ich weiß nicht, es scheint so zu sein, daß ich den Eindruck von Traurigkeit erwecke. Ich persönlich habe zur Traurigkeit einen unerhört positiven Zugang. Ich finde, das ist eine positive Kraft. Man kann ja nicht jubelnd und jauchzend durchs Leben marschieren, so ist es ja nicht. Nur, ich habe immer das Gefühl, im Akzeptieren dessen, was das Leben traurig macht, liegt eigentlich auch das Glück, oder die Kraft oder die Freude. Ich bin zum Beispiel, glaube ich, ein großer Anhänger dessen, was man Freude nennt. Das ist für mich ein wichtiges Wort und auch ein wichtiges Empfinden. Freude zu empfinden ist mir sicher genauso wichtig wie Traurigkeit zu empfinden, nur ist das gar nicht so weit voneinander entfernt, scheint mir immer.

Ich möchte auf ein paar Zeilen in Ihren Liedern zurückkommen. Da gibt es eins, das heißt: «Das ist mal so mit mir, ich bin halb froh mit mir».

Das ist ein Biermann-Lied, und alle Biermann-Lieder habe ich mir ganz bewußt ausgewählt, weil sie so vieles ausgesprochen haben, mit dem ich mich voll identifizieren konnte. Gerade diese Zeile war mir da sehr wichtig und ganz hautnah, so, als hätt ich's geschrieben.

Das ist eigentlich eine merkwürdige Kombination: Eine ätherische, etwas melancholische Erika Pluhar und ein deftiger, vollsaftiger Mann wie Biermann. Wie kommt das zustande?

Nun glaube ich nicht, daß der Biermann gar so deftig und vollsaftig ist. Ich kenne ja den Biermann an und für sich nicht, da er sich auch von meinen Liedern eigentlich ziemlich distanziert hat – von meiner Form, seine Lieder zu singen. Das ist auch ganz Wurscht, weil ich ja nicht den Herrn Biermann meine, sondern was da dahintersteckt an Menschlichem. Das ist uns ja gemeinsam. Da er ein Dichter ist – ich halte ihn für einen ganz außergewöhnlich guten Dichter –, hat das bereits eine menschliche Gültigkeit, die für andere Menschen auch erfahrbar ist. Ich glaube, das macht überhaupt die Qualität eines Textes aus, wenn er nicht nur auf den einen Menschen in seiner Schublade paßt, sondern wenn er sich ausweiten läßt. Wenn er genauso eine passende und sehr flexible Hülle für einen anderen Menschen sein kann, der dann in der Hülle dieses Textes auch seine Gestalt präsentieren kann. Das war mein Empfinden bei den Liedern, die ich mir bei Biermann ausgewählt hab.

Ich möchte noch einen Moment bei diesem Bild bleiben, das mir sehr gut gefällt, von dem kleinen Mädchen unter dem Brombeerstrauch. Es sitzt dort allein und hat einen Gefährten, der sich Einsamkeit nennt. Wie kommt das kleine Mädchen – und auch das große – aus diesem selbstgewählten Gewölbe raus? Und wie trifft es Männer?

Diese Einsamkeit, diese Brombeereinsamkeit, hat vielleicht gar nichts mit Beziehungslosigkeit zu tun, im Gegenteil. Ich habe immer das Empfinden, wenn die Beziehung zu diesem Gefährten Einsamkeit stimmt, dann kann man auch zu den Menschen, den anderen Wesen, eine wirkliche Verbindung schaffen. Eine, die nicht so wahnsinnig getrübt ist von gewissen Projektionen, die wir ja alle entwickeln.

Eines Tages habe ich plötzlich durchschaut, daß das, was ich Liebe nenne, eigentlich nur Projektion ist: nur ein Versetzen meiner eigenen Nöte, meines eigenen Bedürfnisses, meiner eigenen Gier auf einen anderen Menschen. Irgendwann einmal war mir das zu dumm. Da dachte ich mir: Das will ich nicht. Dazu liebe ich die Menschen doch zu sehr, vor allem die einzelnen. Es hat mir das Gefühl der Liebe immer mehr verwaschen. Dann habe ich herausgefunden, daß ich in der Kombination mit der Einsamkeit Menschen so wahrnehmen – also wahr-nehmen, ihre Wahrheit erkennen – kann, wie sie sind. Dann möchte ich auch nicht mehr an ihnen herumdoktern, ich möchte sie nicht mehr verändern. Ich möchte sie eben nicht wiederum nach meinen eigenen Vorstellungen zurechtbiegen und ver-biegen und ver-rücken. Da kommen dann alle Ver-rückten und Ver-bogenen heraus.

Seit ich das so für mich erkannt habe, habe ich das Empfinden, daß ich Menschen sehr viel besser lieben kann.

Sie waren zweimal verheiratet. Das erste Mal, glaube ich, haben Sie sehr jung geheiratet, einen Mann, der für Ästhetik zuständig war.

Sein sogenannter Künstlername war Serge Kirchhofer, und er hat entworfen. Mittlerweile wurde er zu einem seltsamen Wiener Original, das man von allen möglichen Seiten her kennt, bei dem sich aber niemand auskennt. Er ist, was das Wesentlichste ist, der Vater meines einzigen Kindes, und das verbindet mich auch sehr mit ihm, nach wie vor. Aber so jung habe ich ihn gar nicht geheiratet, ich glaube, ich war normal alt. Und bin halt in meine erste Ehe hineingefallen mit all den dummen Vorstellungen von einer Ehe, die man nur haben kann.

Bevor wir auf Ihre Tochter kommen, bleibe ich an einem Satz von Ihnen hängen, der Ihren ersten Mann betrifft. Er ist ein Mann geworden, bei dem man sich nicht so richtig auskennt. Das kann man ja eigentlich auch über Ihren zweiten Mann sagen, über André Heller. Wissen Sie da auch nicht so richtig Bescheid?

Man weiß über ihn auf eine etwas kulinarischere Weise nicht Bescheid, während das in dem ersten Fall etwas rauher und direkter und konfuser ausschaut.

Heller weiß dieses Unverständnis auch ganz gut zu gestalten: Die Menschen verstehen ihn nicht, sind aber davon fasziniert. Es ist doch so, daß man immer eine gewisse Kategorie von Menschen anzieht oder auch von ihnen angezogen wird. In meinem Fall sind es sicher immer wieder die Chaoten, diese etwas flirrenden Chaoten. Und mittlerweile habe ich das Gefühl, daß da mein eigenes Chaos – ich lebe relativ vernünftig und diszipliniert – irgendwo zum Zuge kommt, indem mich also Menschen immer wieder sehr beeinflussen oder sehr auf mich einwirken können, die ihr Chaos ohne Rücksicht auf Verluste ausleben. Das scheint mir zu gefallen, das scheint mich anzuziehen.

Haben Sie Sehnsucht nach dem Chaos?

Ja, sicher ist es das auch. Ich habe sicher Sehnsucht nach meinem eigenen Chaos. Ich habe jetzt eine Rolle gespielt in einem Stück, mit dem ich auch hier in Berlin war: «Die Schwärmer» von Musil. Da war mir die Arbeit so besonders abenteuerlich, weil ich plötzlich einen wirklich chaotischen Menschen spielen konnte. Da konnte ich auch sehen, was es bei mir so alles gibt an nicht ausgelebtem, aber sehr wohl erfahrenem Chaos. Und das bemerke ich genausogut immer wieder in der Konfrontation mit anderen Menschen. Vielleicht auch deshalb habe ich mich zum Alleinleben entschlossen. Denn Chaotiker zu treffen und sie zu lieben ist etwas anderes, als mit ihnen zu leben. Da steht dann meine disziplinarische Grundhaltung dagegen, weil ich doch auch meditativ leben möchte, und das geht dann irgendwo nicht zusammen. So ein Alltag läßt sich dann nicht leben.

Wenn man über Sie spricht, bleibt man natürlich auch an André Heller hängen. Das wird Ihnen hundertmal passiert sein, und es passiert Ihnen in diesem Gespräch wieder. Was war oder ist der Heller für Sie? Ihr Kind, Ihr Mann, Ihr Geliebter?

Ich glaube, alles. Mittlerweile ist es sicher zu einer lebenslangen Beziehung geworden, die alles beinhaltet. Sie kann auch ganz wortlos sein, zum Teil auch unreflektiert. Der Mensch Heller ist so existent in meinem Leben, daß ich mir gar nicht mehr für mich selbst überlegen muß, in welcher Form. Die Form kann wechseln, das kann mal so, mal so, mal so sein. Ich kann ihn ganz lange nicht sehen, ich kann ihn eine Zeitlang oft sehen. Das spielt alles keine Rolle mehr. Sicher sind wir auch geschwisterlich geworden. Irgendwo hat sich eine Art Verwandtschaft ergeben, nach all den Phasen, durch die wir marschiert sind.

Verheiratet sind Sie noch mit ihm, jedenfalls juristisch?

Ja.

Also ist er jedenfalls noch ein halber Ehemann. Hat Sie der Heller «halb froh» gemacht?

Er hat mich oft auch sehr froh gemacht. Er hat mich halb froh gemacht, er hat mich auch gar nicht froh gemacht – alles. Das ist aber auch das schöne, daß zwei Menschen es schaffen, über alles hinweg einander in Liebe verbunden zu sein. Das nenne ich Liebe, das ist es ja. Wo man auch nicht mehr gegeneinander oder füreinander argumentieren muß. Und wo überhaupt kein Bedürfnis besteht, noch an dem anderen Menschen herumzuzupfen und ihm den Haarscheitel oder die Sakkotasche anders zu richten, sondern er kann kommen – innerlich und äußerlich gekleidet, wie er will. Man kennt sich eben gut, ohne ineinander verkrochen zu sein. Das ist eigentlich sehr schön.

Warum ist es passiert, wodurch ist es passiert und mußte es passieren, daß die Schauspielerin Erika Pluhar angefangen hat zu singen? War das ein Bedürfnis, sich auch in dieser Form auszudrücken, oder war das ein reiner Zufall?

Es war eigentlich überhaupt kein Bedürfnis. Das war der Heller, ganz simpel. Eines Tages hat er gesagt: Also, sing doch mal. Du bist ja schließlich eine Schauspielerin, du bist ja keine schlechte, also sing doch mal meine Texte. Und ich habe das getan mit dem Gefühl, einen kleinen Ausflug irgendwohin zu machen ... dann habe ich da so eine Platte zu Hause liegen und kann die meinen Enkeln vorspielen – so in der Art. Und habe das auch so begonnen. Das ging auch noch sehr lange so amorph und unwissend und blöd. Eigentlich habe ich es getan, wie eine Schauspielerin eine Sängerin spielt. Ich habe mich in die *Rolle* eines singenden Menschen versetzt. Ich habe dann auch ein paar vampige Lieder gesungen ... «Nimm dich in acht vor blonden Frau'n». Es hat mir auch Spaß gemacht, aber in einer komödiantischen Form. Und ganz langsam bin ich dahintergekommen, daß man mich ja damit identifiziert. Ich habe plötzlich beobachtet, viel mehr als in der Schauspielerei, daß die Leute nicht sagen: Aha, die spielt da jetzt was, sondern die singt das, die meint das. Als ich das erkannt habe, hat es mich erst mal sehr verwirrt. Und dann bin ich auf die Suche gegangen nach Texten, hinter denen ich jetzt nicht mehr in einer Rolle, sondern als Erika Pluhar stehen kann.

Auf Ihrer Live-LP sind sehr emanzipatorische Töne zu hören, nicht nur Töne, sondern auch Texte. Ist Emanzipation eine Entdeckung, die erst sehr spät stattgefunden hat, oder die in Versen und Liedern auszudrükken plötzlich sehr notwendig wurde?

Nicht in diesem engen Sinn eines Kampfes. Aber die Frauenbewegung an sich war bestimmt sehr wesentlich für mich. Ohne sie hätte ich vieles nicht zu denken begonnen oder mich nicht getraut. Als weiblicher Mensch, als Frau, mußte ich mir das sehr spezifisch überlegen. Es lagen so viele Muster drüber, die einen einfach so in eine Schublade, in eine Ecke, in eine Norm zwängten, die überhaupt nichts mit den Inhalten zu tun hatten. So kam's natürlich, daß mir Emanzipation – ein schrecklich abgegriffenes Wort – also, daß mir das auch schon ganz wichtig war.

Dazu gibt es einen Text: «Frau, lauf weg». Und in diesem Text gibt es eine Zeile: «Sei nicht dein eigener Denunziant», wenn ich das jetzt richtig zitiere. Würden Sie sagen, daß Sie sich lange Jahre selber denunziert haben?

Weiß Gott, ja. Ich nenne diese Jahre immer meine Femme fatale-Zeit. Da ließ ich mich in eine bestimmte Richtung pressen, ließ es mit mir geschehen, einfach aus einer komischen Form von Bravheit und Es-recht-tun-Wollen. Also von «fatal» wirklich keine Rede. Ich bin da einfach hineingerutscht und dachte mir: Das will man von mir, und wenn ich es tue, hat man mich lieb. Überhaupt geschieht ja so viel, weil man will, daß einen die Menschen liebhaben. Gerade in diesem so unsicheren Beruf möchte man natürlich besonders gern, daß einen die Menschen liebhaben. Und es ist ein sehr harter und schmerzlicher Entschluß zu sagen: Ich mache jetzt die Dinge nicht mehr, damit *man* mich liebhat, sondern weil es einer Haltung entspricht, weil *ich* mich dann besser liebhaben kann.

Ich war zu etwas geworden, das mit mir nahezu gar nichts zu tun hatte. Äußerlich war das daran zu sehen, daß ich immer blonder wurde. Das Blond wurde auch immer häßlicher, weil es sich immer mehr verfärbte. Dann war ich in der Sonne, dann wurd's orange, dann mußte man es wieder rückfärben. Dann wurde es blaßlila. Das war ein ganz spezifisches äußeres Symptom eines inneren Vorganges. Zum Beispiel meine Tochter, die Anna, sagt: «Du warst so schiach, wie warst du nur schiach.» Da meint sie diese Zeit. Wenn ich jetzt Fotos aus dieser Zeit sehe, dann kriege ich eine Gänsehaut. Da schaun mich so tote Augen an, so leblose. Das war sicher eine Zeit, in der ich mich denunziert habe.

Ein Lied heißt: «Meine Kindheit», und wiederum gibt es eine Zeile, die wahrscheinlich damit zu tun hat: «Ich wollte so gerne Greta Garbo sein, nach Hollywood gehen.» Wollten Sie das wirklich?

Diese Zeile habe ich geändert. Sie hieß eigentlich: «als neue Micky Maus wollte ich da hingehen». Aber ich dachte mir, ich wollte nie als Micky Maus irgendwo hingehen, sondern ich wollte eine Greta Garbo werden, ganz sicher. Ich empfand sie als so geschützt, sie war in sich, mit sich so unheimlich beschützt mit ihrem schönen Gesicht und diesem großen Körper. Es war alles so edel, wie ein Schutzwall. Sie war sich selbst ein Schutzwall, so habe ich das empfunden.

Nun sind Sie inzwischen weit entfernt von alldem, die blonden Haare sind nicht mehr blond. Man kann ganz deutlich die grauen Strähnen sehen, zu denen Sie ganz offensichtlich glücklich stehen.

Ich mag die mittlerweile sehr.

Das heißt aber sicher auch, Erika Pluhar mag inzwischen auch Erika Pluhar.

Ja, und will auch gar nicht mehr so eine in sich geschützte Greta Garbo sein. Im Gegenteil, ich habe jetzt eher eine wilde Freude daran, mich aufzumachen, einfach ohne Rücksicht auf Verluste mich einzubringen, denn darum geht es ja schließlich. Was soll ich denn sonst mit allem, was ich da tue. Wenn ich da spiele und singe und mich trotzdem unentwegt hinter einem Paravent verkriechen möchte – das kann ich mittlerweile nicht mehr zusammenfügen. Ich empfinde immer härter, wie wenig die Menschen miteinander über das sprechen, was sie wirklich betrifft, was sie gemeinsam haben, worum es eigentlich geht. Das wird als etwas Unheimliches, etwas Fremdes betrachtet. Ich plädiere, auch mir selber gegenüber, dafür, nicht mehr diese hektische Angst davor zu haben, daß man andere in sich hineinsehen läßt, daß man Empfindungen zeigt.

Haben Sie keine Angst mehr davor, sich auszuliefern?

Sicher, immer wieder. Aber dieser Angst versuche ich mich zu stellen – jedesmal, wenn ich Konzerte gebe, wo man ja viel frontaler, viel direkter mit Menschen in Verbindung tritt. Man hat nicht diese imaginäre vierte Wand wie als Schauspieler. Da setze ich mich immer schon früher auf die Bühne und schaue mir die Leute an, wenn sie reinkommen. Denn dann nehme ich sie als Menschen wahr. Der eine setzt sich langsam, der andere, wenn er mich sieht, wird verlegen, manche lachen, manche sind verwirrt oder böse. Ich seh da plötzlich, wie Menschen sich verhalten, und dann scheinen mir ihre Blicke eben nicht mehr so verletzlich.

Auch in der Pause bleibe ich immer auf der Bühne sitzen. Der Beginn und die Pause sind mir sehr wichtig an diesen Abenden. Ich sage, wer kommen will, um mit mir zu reden, der soll kommen. Erst mal kommt niemand, dann trauen sich die ersten ... Es kann ja in einer solchen Situation nicht wirklich zu Gesprächen kommen, aber es sind die Augen, die ich suche.

Es war sehr wichtig für mich, nicht nur Schauspielerin bleiben zu müssen. Ich habe zwar immer noch das Gefühl, daß ich eigentlich keine Sängerin bin. Das Singen hat für mich aber auch der Schauspielerei eine große Weite gegeben.

Jetzt komme ich doch noch mal auf den André Heller, der jetzt wieder im Zirkus ist, was ich wunderschön finde, weil ich glaube, das ist eigentlich das Passendste für ihn. Eigentlich wären Sie ja auch eine schöne Zirkusprinzessin.

Na ja, wir haben da auch schon so gemeinsame Pläne, von denen wir noch nicht wissen, wo, wie und wann sich das realisieren wird. Aber ich möchte schon sehr gern einmal mit so einem Spektakel in der feinsten Form etwas zu tun haben. In «Flic Flac», der jetzigen Sache von Heller, gibt es eine Hauptperson, das ist der Arturo Branchetti. Der geht durch die Show als das verbindende Wesen. Es ist ein Wesen, ein Mensch, den man nicht einordnen kann: kein Mann, keine Frau, kein Kind, kein Erwachsener, ein Engel eigentlich. Und dieses Wesen kann sich in einer Weise bewegen und hat auch Tricks, sich ganz schnell umzuziehen. Und von dem würde ich zum Beispiel gern eine Menge lernen. Vielleicht kommt es mal dazu. Ich möchte mich zum Beispiel mal in eine irrsinnig lange Schleppe verwickeln und wieder auswickeln und dann die Arme ausbreiten, dann kommen Funken raus. Solche Sachen – das möchte ich auch mal ganz gern tun.

Es ist ganz merkwürdig. Es gibt Menschen, die kommen alt auf die Welt und solche, die kommen jung auf die Welt und bleiben es auch. Wenn ich Sie jetzt beschreiben sollte, würde ich sagen: Sie sind jung auf die Welt gekommen und geblieben, haben aber eine ganz alte Seele.

Ja, wenn Sie das sagen ... Kann schon sein.

Wie würden Sie sich denn selber beschreiben, wenn Sie jetzt mal eine Sekunde nachdenken und sich von außen betrachten?

Wie sehe ich mich denn eigentlich von außen? Na ja, ein bissel abgekämpft sehe ich mich schon, auch ganz schön ramponiert, aber mit einer unerhörten Freude an diesem Abgekämpftsein, weil es nicht zu einer wirklichen Niederlage geführt hat. Ich fühle mich nicht niedergeschlagen, sondern empfinde mich als ziemlich kräftig. Vielleicht ist es das – meine Zähigkeit, die kenne ich gut. Die war sehr lange eine Zähigkeit des Überlebens, jetzt wurde sie zu einer Freude am Leben. Eigentlich lebe ich, je älter ich wurde, um so lieber. Ich glaube einfach viel zu sehr daran, daß unser Leben mit unserem Tod hier auf dieser Welt nicht beendet ist. So kann ich mich von außen nur als so ein vorübergehend existentes menschliches Wesen sehen, bissel kaputt, aber sonst ganz fröhlich.

Gibt es etwas Unerreichbares für Sie?

Kochen. Ja, kochen und ein wirkliches Nest bauen für andere Menschen, wie ich es so gern gebaut bekomme. Ich kann so gut Männer verstehen, die immer eine Frau wollten, die es ihnen gemütlich macht. Das hätte ich nämlich auch gern. Mütterlichkeit, jetzt nicht im freundschaftlichen oder im menschlichen Sinn, sondern im ganz nesthaften, urhaften Sinn; die Mutter einfach, die da ist. Und wenn es drei Reiskörner gibt, macht sie eine Suppe daraus, und wenn's kalt ist, findet sie irgendwas und macht's warm: danach sehne ich mich; so wäre ich gern, wenn ich es könnte.

Merkwürdigerweise wählen Sie das am einfachsten Erreichbare aus.

Für mich ist das, wie es scheint, das Schwierigste.

Folgerichtig sind wir dann auch bei Anna. Das ist Ihre Tochter. Sie ist inzwischen neunzehn. Wie ist das Leben mit ihr abgelaufen?

Entsprechend dem, was ich vorher gesagt hab, war es sicher für sie nicht leicht, mein Kind zu sein, als sie klein war. Da war ich ja auch oft von so einer traurigen Ängstlichkeit erfüllt. Als sie ein kleines Kind war, war ich eigentlich ja selber noch ein hilfloses Kind. Ich habe sie auch so verzweifelt geliebt, so mit dem Gefühl, daß wir das alle beide nicht schaffen und daß das eigentlich schrecklich ist.

Jetzt, ich glaube, ich darf das sagen, ohne daß die Anna dabei ist, verstehen wir uns ganz außergewöhnlich gut. Ich versuche, sie zu lassen, einfach zu lassen. Das führt zu Gesprächen, die dann auch von ihr ausgehen, und das ist für mich sehr, sehr schön. Wir sind eigentlich ungeheuer gut befreundet und sehr liebevoll miteinander. Es ist lustig, sie ist ein Mensch geworden, der sehr gut kocht. Und sie sagt immer, komm, ich koch dir jetzt was. Dann stellt sie sich hin, und ich schau fasziniert.

Dieses Kind hätte Noten und vieles andere lernen können – nichts hätte mich je so beeindruckt wie das Faktum, daß sie sich, ohne es je gelernt zu haben, hinstellt und mir köstliche Sachen kocht. Ich kann es überhaupt nicht fassen, daß mein Kind das einfach so kann. Oft ist es jetzt fast umgekehrt: Sie hat oft eine große Mütterlichkeit mir gegenüber, so bissel eine ruppige.

Gibt es irgend etwas in Ihrem Leben, das Sie glauben, versäumt zu haben und nicht mehr nachholen zu können?

Daß ich zum Beispiel Jugend nicht richtig ausgelebt habe, wie ich das Gefühl habe, daß man es könnte: die Zeit, in der mein Körper ganz jung und knackig war. Ich habe das Gefühl, daß ich jetzt eigentlich viel mehr Jugend leben kann als in meiner Jugend.

Wenn Sie vom Körper reden: Ist der so wichtig für Sie oder wird der plötzlich wichtig?

Er ist wichtig für mich. Und er ist mir jetzt besonders wichtig, auch viel wichtiger als zu der Zeit, als er vielleicht viel akzeptabler gewesen wäre nach äußerlichen Kriterien. Als er glatt und frisch war, habe ich ihn nicht empfunden. Jetzt ist er schon lange nicht mehr so glatt und auch nicht so frisch, und ich empfinde ihn. Ich mag ihn. Ich hab meinen Körper, den ich – glaube ich sogar – mal recht verachtet hab, liebgewonnen, ich mag den so. Der muß auch gar nicht mehr irgendwelchen Maßstäben standhalten. So ist er halt, und hat eh schon lange ganz brav mit mir gelebt. Solange ich ihn habe und ihn bewohne, ist er mir wichtig.

Haben Sie Angst vor dem Tod?

Sicher, vor dem Sterben. Da kann ich sicher nicht einfach sagen, nein, das habe ich nicht. Der Vorgang, der mich in den Tod führen wird, da weiß ich nicht, wie ich dem standhalten werde. Ich weiß ja auch nicht, wie das sein wird. Wenn das sehr weh tut und sehr scheußlich ist, dann fürchte ich mich sicher davor. Aber ich fürchte mich nicht vor dem Totsein.

Können Sie sich erinnern an die Zeit, in der Sie angefangen haben, bewußt zu leben? Und wenn Sie das können, wissen Sie noch, was damals das Wichtigste für Sie war?

Wichtig war mir, als ich zum erstenmal empfunden habe, daß ich nicht mehr davon abhängig bin, wie man mich von außen her beurteilt. Als ich empfunden hab, daß ich lieben kann ohne das Gefühl, man muß mich aber auch besonders liebhaben; und daß ich etwas tun und sagen kann, auch in dem Gefühl, das wird jetzt nicht honoriert, sondern im Gegenteil, dafür gibt man mir eine Ohrfeige. Das war so, als hätte ich zum erstenmal durchgeatmet.

Wenn man als Frau in diesem Beruf 42 ist, trägt man ein paar Narben auf der Seele. Welche sind wichtig? Wahrscheinlich die, die am meisten weh getan haben.

Der Schlag, der einen fast umbringt. Wenn er das dann nicht tut und man lebt weiter, man lebt vor allem so weiter, daß man lernt, ohne Bitterkeit zu sein, ich glaube, das ist ganz wichtig. Alles, was an Bitterkeit, an Haß oder an Scheußlichkeit da ist, muß mal eine Weile lang rausströmen – wie eine Wunde eitern muß, ehe sie heilen kann. Dann heilt sie, und dann wird das eine wunderschöne Narbe.

Hat sich das Bild des Mannes, den Sie heute möchten, verändert? Oder möchten Sie eigentlich gar keinen mehr, mit dem Sie leben?

Ich möchte keinen Mann, aber ich möchte immer wieder einen Mann lieben. Mit dem muß ich aber weiß Gott nicht leben, falls das jetzt klar genug ist.

In Ihren Liedern spielt die Liebe eine große Rolle. Spielt sie auch für Ihr Privatleben eine so große Rolle?

Ja, aber da muß ich sagen, ich seh jetzt Liebe immer umfassender. Wenn eine Frau einen Mann, oder ein Mann eine Frau, oder eine Frau eine Frau, oder ein Mann einen Mann … dafür wird im allgemeinen dieses Wort Liebe verwendet, und da finde ich eben, daß es ver-wendet wird, ver… Aber Liebe an und für sich empfinde ich beispielsweise für meine Tochter. Wenn ich aus dem Auto rausschau und sehe einen Menschen nur ganz kurz, habe aber einen ganz prägnanten Eindruck eines Menschen, der eine Hand hebt … oder zwei Menschen, die sich anlachen. Dabei kann ich Liebe empfinden, ganz stark, ganz mächtig.

Ich habe ganz am Anfang nach dieser Zeile gefragt: «Ich bin halb froh mit mir.» Womit, Erika Pluhar, sind Sie ganz, ganz wahnsinnig froh?

Ganz und gar froh? Ich weiß nicht. Daß ich jetzt hier sitze, da bin, und daß es so sein darf im Moment, wie es ist. Und das kann man immer nur von Moment zu Moment sagen. Man kann immer nur in Augenblicken ganz froh sein. *Über etwas* ganz froh bin ich – glaube ich – nicht. Dazu hat alles zu viele Schatten.

Heinz Rudolf Kunze

Noch hab' ich mich an nichts gewöhnt

HEINZ RUDOLF KUNZE wurde am 30. November 1956 im Flüchtlingslager Espelkamp geboren. Seine Eltern, beide Lehrer, stammten aus Frankfurt/Oder; Osnabrück wurde ihre neue, bundesdeutsche Heimatstadt. Als Kunze 1980 die Musikszene betrat, indem er beim Nachwuchsfestival der Deutschen Phono-Akademie in Würzburg den ersten Preis in der Sparte Liedermacher gewann, empfanden Journalisten seine Erscheinung mit Brille, kurzgeschnittenem Haar, Anzug mit Krawatte und Oberhemd als ebenso aus dem Rockrahmen fallend wie seine Darbietung. Er wirke, so die «Frankfurter Allgemeine Zeitung», «wie eine Inkarnation jener Normalität, auf die er in Liedern Anschläge verübt». Er sehe aus, so die «Frankfurter Rundschau», «wie ein Bankier aus dem mittleren Management, der nach einer durchsoffenen Nacht morgens in die falschen Schuhe gesprungen ist». Tatsächlich waren bis dahin alle Weichen in der Biographie dieses Künstlers auf eine kleinbürgerliche Existenz als Gymnasiallehrer gestellt. Er war immer Primus gewesen, studierte in Münster und Osnabrück Germanistik und Philosophie, erwarb die Befähigung für das höhere Lehramt und strich für seine frühen literarischen Arbeiten 1978 sogar einen von seiner Heimatstadt Osnabrück gestifteten Förderpreis ein. Weitere Auszeichnungen folgten: 1982 der von Konstantin Wecker initiierte Kleinkunstpreis «Berliner Wecker» sowie der «Willy-Dehmel-Preis» im Rahmen des SWF-Liederfestivals; 1983 der Deutsche Schallplattenpreis für das Album «Eine Form von Gewalt»; 1984 das Niedersächsische Künstlerstipendium des Ministers für Wissenschaft und Kunst. Die Tageszeitung «Die Welt» urteilte daraufhin, er sei «ein Senkrechtstarter der an Talenten nicht eben übersatten deutschen Liedermacher- und Chansonnier-Szene, ein Preiseschießer ohnegleichen». Bei seinem ersten wesentlichen Fernsehauftritt 1981, bezeichnenderweise in der Sendung «Litera-Tour», debütierte er mit dem Song «Noch hab' ich mich an nichts gewöhnt». Dieser Slogan ist auch nach fünf Langspielplatten, darunter ein Live-Doppelalbum, noch zutreffend. Der «Niedermacher», wie er anläßlich seiner ersten LP «Reine Nervensache» von seiner Plattenfirma genannt wurde, hat sich (um mit seinen LP-Titeln zu reden) mit «schwerem Mut» jeder «Form von Gewalt» widersetzt und sich seinen eigenen «Ausnahmezustand» auf der deutschsprachigen Songszene erhalten. Seine Texte, die in der sorgfältigen Edition «Deutsche Wertarbeit» auch im Verlag Zweitausendeins vorgelegt worden sind, beruhen oft auf Alltagsbeobachtungen, die er scharfzüngig und sarkastisch überpointiert. Er liebt Rollensongs, schlüpft in die Haut anderer Figuren, entlarvt beispielhaft Denk- und Verhaltensweisen, neigt aber auch dazu, seine Songs mit Bildern und Metaphern zu überfrachten. In seiner Entwicklung ist die Tendenz zu einfacheren, liedhafteren Formen spürbar. Kunze überwindet zunehmend seinen anfänglichen Hang zum gesungenen Prosatext. Bezeichnend in diesem Zusammenhang ist die Wahl des einstigen «Kinks»-Hits «Lola» für die treffsichere Schilderung einer abstrus zweideutigen Sexbegegnung in Dortmund-Nord. Kritiker Peter Kleiss: «Meist rutschen solche Adaptionen ins Klischee-Schlagerhafte ab. Nicht so bei Kunze. Seine Lola hat wesentlich mehr Witz als das Original.» Kritiker Hans-Hugo Schildberg: «Kunze verbreitet keine Weisheiten, keine oberlehrerhaften Warnungen; er beschreibt in trockenem, kaum betontem Sprechgesang Bilder dieser Welt.»

Erstes Gespräch: November 1981, nachmittags

Da sitzt mir in Berlin einer gegenüber, noch nicht ganz 25 Jahre alt, ein Mann – und das genieße ich im Moment –, der in den Startlöchern steht. Die Branche hat ihn sich auf dem Pop-Nachwuchsfestival 1980 der Phono-Akademie als Gewinner erkoren. Die Leute – sprich: das

Publikum – wissen noch nicht so ganz, wer das ist, Heinz Rudolf Kunze. In einem Lied begegnen Sie sich selbst. Wissen Sie ganz genau, wer Sie sind?

Ich versuche, mich und mein Privatleben nach Kräften herauszuhalten aus Stücken, weil ich nicht in einem ersten Anlauf privat sein will, sondern nur in einem zweiten. Ich möchte das, was ich an Privatem durchkommen zu lassen gedenke in Liedern, erst mal daraufhin filtern, ob es eine Erfahrung ausdrückt und transportiert, die als Subjektivität allgemein verbindlich sein kann. Meine Schwierigkeiten mit mir selbst, wer ich denn sein mag, sollen sich nicht unmittelbar niederschlagen in Musik und Text, sondern nur vermittelt durch Form. Aber freilich weiß ich nicht, wer ich bin, sonst wäre ich wahrscheinlich in meiner einmal angesteuerten Laufbahn, in meiner bürgerlichen Laufbahn geblieben.

Das Stichwort bürgerlich nehme ich sehr gern auf. Die Leute, die Kritiker, die Journalisten, die Sie bereits wahrgenommen haben, beschreiben Sie als jemand, der von der Optik her den Eindruck eines preußisch-bürgerlichen Menschen macht, eines Mannes, den man, wenn man ihn zum erstenmal sieht, als Klassenprimus bezeichnen könnte, als einen Streber mit der korrekten Brille und dem korrekten Haarschnitt. Dahinter, und das scheint der Reiz zu sein, verbirgt sich doch wohl ganz jemand anderes.

Über diese optischen Einordnungen war ich eigentlich immer sehr erstaunt, weil es doch seit drei, vier Jahren im Erscheinungsbild von Musikern aus dem Pop-Rock-Bereich viele gibt, die sehr gut getarnt wirken.

Es gibt doch eine ganze Menge New-Wave-Leute, die eigentlich sehr brav aussehen. Es stimmt, daß ich einen sehr biederen Lebensgang hinter mir hatte, und daß ich mich erst vor relativ kurzer Zeit entschlossen habe, das, was ich jetzt mache, konsequent und auch berufsmäßig zu tun.

Es kommt allerdings sehr schnell der Punkt, wo man ein bißchen verstört und verärgert drüber wird, daß Leute sich immer wieder festkrallen an diesen äußerlichen Dingen, die oft das Gespräch über die Inhalte regelrecht blockieren.

Woher kommen Sie? Sie sprechen von einer gutbürgerlichen Entwicklung, die auch damit zu tun hat, daß Sie studiert haben. Sie sind inzwischen lehramtsfähig, also Sie könnten am Gymnasium unterrichten.

Ich bin geboren in einem Flüchtlingslager in Espelkamp. Meine Eltern und meine gesamte Sippe stammt zur Hälfte aus Berlin-Ost, zur anderen Hälfte von noch weiter östlich, aus Wilhelm-Pieck-Stadt, wie es heute heißt. Ich bin dann in der Bundesrepublik sehr oft umgezogen und habe dann genau das gemacht und bin genau das gewesen, was man mir äußerlich jetzt so gern zuschreibt. Ich habe eben diese Rolle des Klassenprimus bis zur Neige auskosten müssen. Ich bin das gewesen. Ich bin nicht dazu gezwungen worden.

Sie haben Ihr Staatsexamen, so wie es sich für einen Klassenprimus gehört, mit Eins bestanden, wenn ich die Biographie richtig gelesen habe. Das heißt, wieder mal an erster Stelle. Und jetzt sind Sie in diese Karriere geschmissen worden, sicher auch durch eigenes Zutun, klar, aber auch mit dem Glück, daß die Branche sagt: Okay, auf diesen Mann setzen wir. Welche Ziele haben Sie? Ist die Nummer eins jetzt für Sie immer noch wichtig?

Selbstverständlich. Ich habe mir vorgenommen, innerhalb der Zeit, des Spielraums, der mir gelassen wird von meinem Vertrag, soviel und so intensives Material wie möglich herauszulassen. Ich hoffe, daß das ein Material ist, das irgendwie an der Zeit ist und für das Leute da sind. Ich freue mich zur Zeit noch über jeden, der meint, daß es ihn angeht.

Sie sind noch nicht ganz vorbereitet darauf, wie das Publikum auf die Inhalte Ihrer Lieder reagieren wird?

Nein, das ist richtig, das wird sehr spannend. Ich habe mich öfter gefragt, was das für Leute sind, die kommen wollen, was das für Leute sind, die meine Platte erworben haben, jetzt zu Hause damit umgehen und sie wiederum anderen vorspielen, vermute ich. Ich habe den Herman van Veen mal gefragt, wie er sich das vorstellt in meiner Situation, wie ich da verfahren sollte. Er hat mir den Rat gegeben: Frag sie doch einfach. – Vielleicht mache ich das.

Bisher haben Sie nur Ihre Freunde gefragt, bald werden Sie Ihr Publikum fragen können. Ich nehme an, Ihre Konzerte werden vielleicht nicht so geleckt ablaufen wie die von anderen Künstlern, die nur auf die Bühne gehen und dann wieder von der Bühne abgehen, oder?

Ich habe Vergleichsmöglichkeiten eigentlich nur im Umgang mit englischen oder amerikanischen Gruppen, die ich als Zuschauer besuche. Ich habe sehr wenig deutschsprachiges Material auf der Bühne gesehen. Ich weiß also aus eigener Anschauung nicht, wie ein Danzer oder ein Wecker oder ein Hirsch sein Publikum behandelt, was da geplant und geölt und was spontan ist. Ich kann es mir nicht erlauben, das zu sagen. Alles, was ich da gesehen habe in dieser Richtung, ist mal vor Jahren ein Klaus Hoffmann-Auftritt gewesen. Der war sehr perfekt, da waren auch die Fills zwischen den Nummern mit vorher präparierten Gedichten gefüllt. Das ist ein Mittel, zu dem ich zum Teil auch greifen werde. Ich werde also auch Sachen sprechen zwischen den Nummern. Wie wir das technisch konkret lösen, damit ein Auftritt eine Einheit wird und nicht in peinlichen Instrumentenbeschaffungsdetails auseinanderfällt, das werden wir noch sehen müssen.

Sie haben also nicht beobachtet, was *an Kollegen auf der deutschen Szene sich* wie *verhält, sondern halten Sie sich mit Absicht unschuldig? Oder interessieren Sie die anderen Interpreten Ihres Genres nicht?*

Offen gestanden, sie interessieren mich nicht sehr. Ich kenne das Material anderer deutscher Sänger hauptsächlich aus dem, was ich beiläufig in Radio und Fernsehen mitbekommen habe. Und es gibt nur ganz wenig deutschsprachige Dinge, die ich Lust hätte, zweimal zu hören, Tommy Bayer gehört dazu. Aber viele von den Großen lassen mich ziemlich kalt. Ich will das nicht abwerten, das mag die Geschichte von anderen Leuten sein – meine ist es nicht. Ich fühle mich eher Redeweisen und Denkweisen in Songs verpflichtet, die ich bis jetzt immer noch stärker in England und Amerika eingelöst finde als hier.

Es gibt ein paar voreilige Journalisten, die Sie mit dem bösen, kritischen Randy Newman vergleichen. Würden Sie diesen Vergleich freudig annehmen?

Man kann sicherlich mit unpassenderen Leuten verglichen werden. Mit Randy Newman verglichen zu werden, steht keinem schlecht an. Ich hoffe, daß ich von ihm gelernt habe, Jargons zu vermeiden, daß ich meine Sprache weit offenhalte, damit nicht nur irgendeine bestimmte Szene sich in sie einklinkt und auf bestimmte Formulierungen abfährt. Ich will das möglichst offenhalten, was ich sage. Und ich hoffe, von ihm gelernt zu haben, mich und meine penetrante, persönliche, langweilige Wertung rauszuhalten aus Songs. Ich hasse Songs, die am Ende unbedingt meinen, dem Zuhörer eine persönliche Stellungnahme, eine Aufforderung und einen Zeigefinger des Autors zumuten zu müssen.

Das macht meistens die Beobachtungen, die vorher angesammelt wurden in den Songs, kaputt, entwertet sie. Sie würden viel stärker wirken, wenn sie für sich selbst sprechen dürften. Das hoffe ich von Leuten wie Newman begriffen zu haben.

Das Interessanteste an diesem Gespräch für mich ist unter anderem – das mag sehr egoistisch klingen, aber Sie werden es möglicherweise verstehen – jemanden, dessen Material man sehr schätzt, mit dem man gerade konfrontiert worden ist, von dem man glaubt, daß er eine große und echte Chance hat, sozusagen in einer Trockenschwimmphase zu erleben. Das heißt, alles, was auf Sie zukommt, ist im Moment nicht berechenbar. Was erwarten Sie?

Ich erwarte eigentlich für die konkreten Vorhaben der nächsten überschaubaren Monate nur, daß ich im Fall der Tour zusammen mit den vier Musikern und den zwei Technikern, die mitreisen, das Beste gebe. Und das bedeutet für mich, daß ich versuche, alle Clubs, Räume, Säle irgendwie zu konfrontieren mit dem, was ich mache und hoffentlich zu überzeugen. Egal, ob die Säle voll, halbvoll oder viertelvoll sind. Ich glaube, daß ich dazu imstande bin, weil ich jetzt ein starkes Bedürfnis habe, live zu spielen. Ich bin ein vorsichtiger, ein eher defensiver Mensch und möchte nicht durch überspannte Erwartungen auf die Nase fallen.

Ich habe schon begriffen im Umgang mit Branchenmenschen, speziell mit den Menschen der Plattenindustrie, daß man das filtern muß, was sie sagen. Das heißt, viel Gutgemeintes von dem, was man hört, ist zu euphorisch vorgetragen. Das mag daran liegen, daß man sich da schnell einschwört auf einen sehr feiernden Tonfall, daß man alle

Sonntags
Besichtigung
14⁰⁰ - 18⁰⁰

Dinge, die sich ereignen, gleich besonders herausheben will. Ich muß also das, was ich da zu hören bekomme über die möglichen Erfolgsaussichten der Tour und der Platten und so weiter immer mal ein bißchen sinken lassen und dann daraus das entnehmen, was ich für realisierbar halte.

Sie kommen aus Osnabrück und bleiben da auch, wie ich Sie verstanden habe. Gibt es dafür, außer privaten, auch noch andere Gründe?

Ich glaube, daß man nirgendwo hingehen kann in diesem Land und da a priori mehr Stoff vorfinden würde als gerade in Osnabrück, einer recht interessanten Stadt – so wie jede Stadt interessant sein kann, wenn man genau hinsieht. Osnabrück ist eine sehr, sehr durchschnittliche Stadt. Man trifft da richtig lebendige Menschen; Menschen, die arbeiten und die sich abends verbiestern und zurückziehen in ihre Häuser. Und wenn man da irgendwie rankommt, weil man lange da gelebt hat, hört man viele Dinge, für die man in großen Städten lange suchen müßte, glaube ich.

Sie sagen da etwas sehr Merkwürdiges, vielleicht für Sie absolut Stimmiges. Das, was die anderen Leute von außen sehen, daß Sie so durchschnittlich aussehen, scheinbar, und dahinter ganz jemand anderes steckt, scheint ein wenig deckungsgleich mit dem zu sein, was Sie über Osnabrück sagen.

Wie gesagt, Osnabrück ist nicht nur durchschnittlich, sondern – wie es sich selbst stolz nennt – die durchschnittlichste Stadt Deutschlands. Das ist wirklich wahr. Es ist die Stadt mit den meisten statistischen Mittelwerten aller deutschen Städte. Auf Briefköpfen heißt das dann gern: Stadt der goldenen Mitte. Und was man da antrifft, ist – von der Sozialstruktur her, oder wie immer man das mit schönen Begriffen nennen will – ein sehr interessantes Spiegelbild der bundesdeutschen Wirklichkeit. Es ist eine Stadt, in der man ruhig leben kann, in der man nachdenken kann. Und ich glaube, daß ich ziemlich verwundbar wäre für die Einflüsse und Reize, die von einer Großstadt ausgehen.

Ich habe zum Beispiel überhaupt keine Ahnung von Filmen, und ich vermute, wenn ich nach Hamburg oder Berlin ziehen würde, wäre ich jeden Abend im Kino. Das kann und will ich nicht.

Ihre Platte heißt «Reine Nervensache». Davon reden wir eigentlich gerade, unausgesprochen. Ihre Nerven sind nicht sehr strapazierfähig, wenn ich Sie richtig verstehe?

Ich habe wenig Übung darin, sie zu strapazieren. Ich habe bis jetzt eigentlich sehr zurückgezogen gelebt. Das ist übrigens ein Grund, warum mir das Herumzigeunern zur Zeit noch nicht allzuviel ausmacht. Ich habe da viel nachzuholen.

Meine Freundschaften habe ich noch retten und halten können, Freundschaften mit Leuten, die ganz andere Dinge tun und die mir in dieser Hinsicht weiterhelfen. Ich bin verheiratet mit einer Frau, die zum Glück auch gar nichts mit Musik zu tun hat, mit der ich nicht unbedingt als erster Person über musikalische Dinge rede. Sie schaltet sich relativ spät ein in das, was ich mache, das finde ich gut. Ich schreibe, wenn ich mich über Beziehungsdinge verbreite, sehr oft böse Texte, und es mag durchaus sein, daß da das alte literarische Phänomen eine Rolle spielt, daß man bestimmte Dinge in dieser Form austrägt, um sie sich im Leben zu ersparen. Diese bekannte Sache: der Selbstmord Werthers, damit Goethe es nicht tun mußte.

Sie haben in den Raum gestellt, Herr Kunze, daß man möglicherweise theoretisch menschliche Erfahrung ausgleichen kann durch Lyrik. Es gibt ein paar Menschen, die möglicherweise für Sie eine größere Bedeutung haben, als ich im Moment ahnen kann. Dazu gehören Bob Dylan, Randy Newman, Jim Morrison, alles Leute, die sich in die Praxis geschmissen haben bis zum Wehtun. Glauben Sie, daß Sie es schaffen werden, bis zur großen Verletzlichkeit sich in diesen Beruf hineinzuschmeißen?

Dem Herrn Newman fühle ich mich zum Beispiel irgendwo verwandt, wenn es stimmt, was man über ihn in englischen Musikzeitungen lesen kann: daß er im Grunde genommen auch ein relativ zurückgezogener Mensch ist. Er hat von sich selbst den Mythos verbreitet, daß er sich gern für halbe Jahre in seiner Wohnung versperrt und nichts tut, als Fernsehen gucken und mit seinen Kindern spielen.

Dylan und Morrison sind natürlich andere Geschichten, klar. Ja, was spielten diese Leute für mich für eine Rolle? Sie spielten eine Rolle, die mittlerweile in Büchern häufig zum Anlaß der Reflexion genommen wird. Mittlere Großstadt oder große Kleinstadt, lange Wochenenden, auch langweilige Wochenenden und dann diese Musiksignale aus einem anderen Teil der Welt, die einem Mut gemacht haben und die einem irgendwie zugefunkt haben, es gibt noch eine andere Daseinsform. Und in diese Daseinsform kannst auch du hinein. Das ist die Botschaft, die ich jedenfalls da immer herausgehört habe. Das Signal, das dann so Ende der Siebziger verlorenzugehen drohte, als die Musik immer komplizierter wurde, und die dann mit dem Punk wiederkam, ständig die Aufforderung, in allem, was gesagt, gedacht und gespielt wurde: Mach's auch, hör nicht nur zu, mach's auch. Das war die erste und unmittelbarste Wirkung.

Zum anderen will ich gar nicht leugnen, daß Literatur, vermittelt durch Rockmusik, also durch die poetischen Bemühungen eines Morrison, eines Dylan, auf mich vielleicht einen stärkeren, sinnlich unmittelbareren Eindruck gemacht hat als Hölderlin-Gedichte. Nichts gegen Hölderlin-Gedichte, aber da bin ich wohl doch ein ziemlich normales Kind dieser Zivilisation – das ging mir mehr unter die Haut, was ich da aus Amerika und England aufgenommen habe. Das hat mir Mut gemacht, selbst zu versuchen, Texte zu schreiben. Ich glaube, das ist der Hauptimpuls, der mich mit diesen Leuten verbindet. Es ist weniger, daß ich versuche, formal oder inhaltlich etwas zu übernehmen von deren Lebens- und Denkumständen. Es ist mehr eine Art Haltung, die ich glaube, dem entnehmen zu können, was die machen, die für mich Wirkung gezeigt hat.

Nachts

Dieses ist der zweite Teil des Interviews mit Heinz Rudolf Kunze. Zwei Interviews, stattgefunden an einem Tag. Begonnen haben wir vor fünf Stunden, da habe ich Sie noch gesiezt und habe Sie Herr Kunze genannt. Sie saßen mir gegenüber, korrekt gekleidet mit einer Krawatte, und ich wußte von Ihnen nur das, was ich von der Platte «Reine Nervensache» gehört hatte, und das, was ich von Ihnen von einigen Auftritten im Fernsehen gesehen hatte. Inzwischen ist etwas passiert: Sie haben zusammen mit Ihrem Partner Mick Franke im Folk Pub in Berlin ein Konzert gegeben. Anderthalb Jahre haben Sie überhaupt nicht auf einer Bühne gesungen. Und jetzt, ehrlich gesagt, möchte ich Heinz sagen und du, ist das okay?

Erlaubt.

Ich möchte du sagen, denn du bist mir nahegekommen durch dieses Konzert. Ich habe dich auf der Bühne gesehen, und das, was sich mir da vermittelt – musikalisch, textlich, menschlich –, ist viel wärmer und näher als das, was von der Platte kam, was mich immerhin schon sehr beeindruckt hat. Aber dieser Abend bedeutet dir, glaube ich, kurz vor deiner ersten Tournee, eine ganze Menge.

Man muß sich jetzt sehr hüten, daß man nicht kitschige Vokabeln benutzt. Aber es hat mir wirklich unglaublich gefallen, was sich heute abend ereignet hat. Ich hätte nie zu hoffen gewagt, daß dieses sehr provisorische Konzert, das wir hier gemacht haben, einen solchen Ausgang nimmt. Denn immer, wenn nur der Mick und ich auftreten, zu zweit, sind wir ja in der Situation, daß wir unser Material umrüsten müssen – von fünf Leuten, für das es eigentlich geplant ist, auf zwei. Und ich habe einen Club angetroffen, der mir selten aufmerksam zugehört hat. Es ist so gelaufen, daß ich jetzt ein bißchen taumele und eigentlich keinerlei Befürchtungen für die kommende Tour mehr habe.

Du stehst jetzt in den Startlöchern zu einer, wie ich glaube, großen Karriere. Was passieren wird, steht in den Sternen. Eins ist für mich klar: Lehrer wirst du nie sein.

Ich hoffe, daß du recht hast. Ich habe dieses Leben als Lehrer ja ausprobiert. Ich habe das ja alles durchgemacht und meine Prüfungen ordnungsgemäß zu Ende gebracht. Und habe schon gesehen, daß ich vermutlich irgendwie über die Runden kommen würde in dieser Existenz. Irgendwie könnte ich das einrichten für mich. Aber das, was ich mir wünsche, ist es sicherlich nicht. Und wenn sich ein Leben so bestreiten läßt, daß ich mich mitteile, dann lieber so.

Es gibt ein Lied, das du heute auf der Bühne gesungen hast, das – unter anderen – mich sehr berührt hat. Du nennst es «Ein Kinderlied». Es ist die Geschichte eines kleinen Jungen, mit den Augen eines kleinen Jungen gesehen, der große Schwierigkeiten hat, erwachsen zu werden. Hältst du dich für erwachsen, fühlst du dich bereits erwachsen?

Ich weiß nicht genau, was das ist. Ich sehe, was mit meinen Schulkameraden und Studienkollegen passiert, und ich sehe, wie viele Dinge sie sich abgewöhnt und wegtrainiert haben. Wenn das erwachsen sein soll, dann lieber nicht.

Unsere Situation ist jetzt ganz anders als beim ersten Teil des Interviews, bei dem es ziemlich steril zuging und leise. Im Moment sitzen wir backstage im Folk Pub, noch mit dem Geruch des gerade zu Ende gegangenen Konzerts in der Nase. Es ist ziemlich laut hier, und du hast eben von einem «Brüllzimmer» gesungen. Hast du für dich ein eigenes, privates Brüllzimmer gefunden?

Ich habe eine sehr stille Wohnung in einer sehr stillen Stadt. Ich habe ein Brüllzimmer im übertragenen Sinne dadurch, daß ich ein Privatleben habe, in dem ich mich völlig anders darstellen muß als in dem Teil meines Lebens, der jetzt öffentlich geworden ist. Ich führe ein sehr biederes, braves, stinknormales Familienleben. Das ist eine Art von Brüllzimmer, würde ich sagen. Ich bin nicht ständig umgeben und nicht ständig dem ausgesetzt, was ich so wie heute abend auf einer Bühne abzuschwitzen versuche.

Wir haben im ersten Teil des Interviews von dir gehört, daß du schon fast zwei Biographien hast mit 24 Jahren. Ein ziemlich normaler Werdegang mit einer normalen Schulzeit und einer Studierzeit mit einem Abschluß. Und dann plötzlich macht sich so ein Mann auf den Weg und fängt an zu singen, zu texten, zu musizieren. Und der Kick in dieser Biographie, in dieser zweiten, war mit Sicherheit die Tatsache, daß du ein Festival gewonnen hast. Was ist da für dich passiert?

Das war ein schlimmer Moment, weil ich dachte, das kriegst du nicht mehr in einen Kopf. Ich kam zurück aus einer Atmosphäre von Scheinwerfern, Fernsehkamerasurren, Schulterklopfen, Vertragsangeboten und solchen Dingen und mußte mich dann irgendwie den Menschen meiner normalen Umgebung damit verständlich machen. Und die haben das einfach nicht begriffen. Ich habe ihnen gesagt: Hört mal zu, ich habe ein Festival gewonnen. Und dann sagten die: Ja, schön, und dabei blieb es auch. Ich konnte mich gar nicht mitteilen und kriegte erst mal einen Koller. Ich war in der Zeit im Referendariat und hatte wirklich schwere Probleme mit anderen Dingen. Ich mußte mich auf meine praktischen Prüfungen in der Schule vorbereiten.

Eine Woche nachdem wir diesen Preis gewonnen hatten, beschaffte Mick ein Demo-Studio in Hamburg und Musiker zum Mitspielen. Das sind Leute, die jetzt noch in unserer Band sind. Er rief mich an und sagte: Du mußt jetzt am Wochenende nach Hamburg kommen, und wir müssen Demos machen, denn wir müssen den Firmen, die mit uns verhandeln, irgendwas anbieten und zeigen, wie wir uns unser erstes Album vorstellen. Und ich klinkte völlig aus und sagte: Ich will damit nichts zu tun haben. Ich will nach Hause fahren, schlafen, von alldem nichts mehr wissen. Und dann haben Mick und meine Frau mich sehr geschickt und behutsam bearbeitet, bis ich dann doch nach Hamburg gefahren bin und die Demos gemacht habe. Bereut habe ich es nicht.

Was mich an diesem Abend besonders berührt oder vielleicht sogar erschreckt hat, ist, daß da ein Mann auf der Bühne steht, der in dieser Branche neu ist, aber schon ungeheuer fertig erscheint. Da ist eine Präsenz auf der Bühne, sowohl textlich als musikalisch, auch von der Ausstrahlung her, daß man das Gefühl hat, du stehst eigentlich schon zwanzig Jahre auf der Bühne.

Wahnsinn, also darauf kann ich wirklich nicht antworten, weil ich mit so etwas überhaupt nicht gerechnet habe. Ich bin bis jetzt, wenn es hochkommt, und wenn man alle Gigs zusammenrechnet, die ich je irgendwo gemacht habe, vielleicht 35- bis 40mal aufgetreten. Da sind aber auch schon alle kleinen Clubs und alle Enttäuschungen und alle kaputten Verstärker und Details dabei. Ich empfinde mich nicht als fertig, wirklich nicht. Ich versuche, aufmerksam weiterzuleben. Thomas Brasch, der Lyriker, hat mal gesagt: Lyrik schreiben heißt für mich nicht mehr als in einem bestimmten Land, zu einer konkreten Zeit aufmerksam leben. Das versuche ich auch mit meinen Liedern. Und so will ich auch weitermachen. Und fertig – so kann ich mich überhaupt nicht sehen.

Ich habe heute aus deinen Texten, aus deiner Art der Präsentation ungeheuer viel unterdrückte und nicht unterdrückte Wut gehört.

Das mit der Wut ist so eine Sache bei Leuten, die Musik machen. Die muß ja eine Gestalt annehmen, eine Form, in ein Stück kommen, in einer Musik gerinnen. Und was sie dann bewirkt, ist schwierig vorauszusehen. Dadurch, daß man sie zum Gegenstand eines Liedes macht, kriegt sie natürlich einen gewissen Spielcharakter. Sie wird Leuten immer noch mit Unterhaltungswert, hoffentlich, angeboten. Das, was ich an Wut habe, kann nur zum Teil dadurch zum Ausdruck kommen, was ich spiele. Wenn das Leute schockiert und dazu bringt, bestimmte Dinge noch mal durchzudenken, bin ich eigentlich schon zufrieden.

Du hast am Anfang des Interviews, vor fünf Stunden, als ich dich über deine Inhalte gefragt habe, gesagt, daß du versuchen willst, eine allgemeingültige Form zu finden in deinen Texten und möglichst wenig von dir einbringen. Genau das Gegenteil empfinde ich. Ich habe den Eindruck, du bringst dich total in deine Texte ein. Daß daraus etwas Allgemeingültiges werden kann, ist eine andere Sache.

Ja, wenn es so rum funktioniert, kann ich das ja immer noch mit St. Hegel vereinbaren: Das Individuelle und das Allgemeine, die dann so zueinanderkommen, daß das Allgemeine im Individuellen aufscheint, oder wie es in der «Ästhetik» heißt.

Gibt es irgendwas, mit dem du niemals einverstanden sein wirst?

Hoffentlich viel. Aber Songtitel wie «Nicht einverstanden» oder auch «Noch hab' ich mich an nichts gewöhnt» sind natürlich keine Tatsachenbehauptungen, sondern nur Appelle an sich selbst. Denn man ist natürlich immer schon mit viel zu vielem einverstanden, und man hat sich natürlich immer schon an viel zuviel gewöhnt. Und insofern drückt sich in solchen Sätzen und Floskeln, so meine ich es jedenfalls, nicht einfach die Statuierung einer Tatsache aus, sondern ein Wunsch.

Hast du Angst vor Image? Es wird passieren, daß du eins kriegen wirst.

Ich habe ja schon eins. Ich versuche, damit irgendwie umzugehen. Irgendwann kommt sehr schnell der Punkt, wo man merkt, daß Leute bestimmte rein äußerliche Dinge, die mit mir zu tun haben, sehr bemerkenswert finden. Von dem Augenblick an, wo man das realisiert, hat man sowieso seine Unschuld verloren. Da spielt es keine Rolle mehr,

daß man immer schon so rumgelaufen ist, auch privat. Man hat es gemerkt. Und von dem Augenblick an gibt es nur zwei Möglichkeiten. Entweder du realisierst das und ziehst dich von da an völlig anders an, läßt die Haare wieder ganz lang wachsen und steckst dir rosa Blumen rein oder sonstwas. Das ist aber auch nur Kitsch, das ist auch nur ein Dokument dafür, daß du es gemerkt hast und jetzt unbedingt was anderes machen willst. Irgendwie ist dann das beste, man bleibt dabei, so wie man gewesen ist, bekennt sich dazu, wohl wissend, was andere Leute damit verbinden, und begutachtet, hoffentlich amüsiert, was sie vorhaben mit diesem Markenartikel.

Ein Lied: «Ultimatum». Hast du jemals an Selbstmord gedacht?

Nein.

Noch eine Songzeile, über die ich mit dir sprechen will: «Wo soll ich hin mit meinem leeren Glas?» Wie ich dich heute sehe, im November

1981, ist dein Glas schon ein wenig gefüllt. Was wünschst du dir noch dazu?

Ich wünsche mir, daß ich oft und regelmäßig auf Leute treffe, die mir so gut zuhören, wie es heute abend passiert ist.

Ich weiß nicht, inwieweit sich das auch in größeren Räumen und Hallen und Sälen realisieren läßt. Ich hoffe, daß es möglich ist. Denn selbstverständlich möchte ich viele Menschen ansprechen, sonst würde ich es nicht öffentlich tun. Es kann allerdings sein, daß eine Verständigung, ein Konsens, wie er sich heute abend gezeigt hat, sehr clubspezifisch ist. Und wenn ich das merke, durch Umzug in größere Räumlichkeiten mit mehr Leuten, werde ich darauf irgendwie reagieren müssen, und ich hoffe, daß ich dann die moralische Integrität habe, bei den Clubs zu bleiben.

Gibt es irgend etwas, Heinz Rudolf Kunze, an das du dich niemals, in deinem ganzen Leben, was auch immer geschieht, gewöhnen möchtest?

Ich möchte mich nie gewöhnen an die vielen Tage, die bei jedem von uns unterschiedlich häufig vorkommen, wo man sich selbst überhaupt nicht bemerkt. An die Tage, die man genausogut hätte tot sein können, weil irgendeine Mechanik einen durch den Tag zieht, aber hinterher, wenn man sich schlafen legt, hat man überhaupt nicht gewußt, daß wieder ein Tag vorbei ist. Nie, nie dürfen diese Tage überhandnehmen.

Peter Horton

Vierzig Jahre Leben

PETER HORTON, am 19. September 1941 im mährischen Feldsberg (heute ČSSR) geboren, gehörte zu den ersten deutschsprachigen Songautoren und -interpreten, die sich am französischen Chanson orientierten und das deutsche Schlagereinerlei zu überwinden versuchten. Nach der Kinderzeit in Niederösterreich besuchte Horton in Wien die Volks- und Hauptschule und gehörte von seinem achten bis vierzehnten Lebensjahr den Wiener Sängerknaben an. An der Handelsakademie ließ er sich zum Industriekaufmann ausbilden, lernte am Konservatorium Klarinette, Kontrabaß und Vibraphon, spielte aber bereits ab 1958 neben dem Studium in Wiener Jazzlokalen mit teils eigenen Bands. Zu seinen ersten Lehrmeistern gehören der Jazz-Klarinettist Fatty George und der Kabarettist Gerhard Bronner. Mit zwanzig wurde er Berufsmusiker, leitete als Sänger und Baßspieler die Band «The Flamingos», absolvierte von 1962 an in Stuttgart noch eine klassische Gesangsausbildung und studierte Mitte der sechziger Jahre in Ost-Berlin, Stuttgart und Rio de Janeiro Konzertgitarre. 1964 tritt er zum erstenmal im deutschen Fernsehen auf, Konzerte und Tourneen als Gitarrist und Entertainer in vielen Ländern schließen sich an: England, Polen, Ungarn, Malta, Monaco, Brasilien.

Sein Stil verdankt der klassischen Schulung ebensoviel wie stilistischen Einflüssen aus Jazz, Chanson, lateinamerikanischer Musik und Rock. Horton damals: «Meine Unfähigkeit, mich selbst ernst zu nehmen, trieb mich wohl zur leichten Muse, wenngleich auch dort manchmal die Humorlosigkeit grassiert.» 1967 vertritt er Österreich beim «Grand Prix Eurovision de la Chanson», von 1974 an trägt er im Konzert und auf Schallplatten fast ausschließlich eigene Kompositionen und Texte vor. Horton: «Ich beendete 1974 meine Lehr- und Wanderjahre, indem ich mich radikal von allen künstlerischen Beratern, Besserwissern und Partizipanten trennte und für etwa zwei Jahre von der Bildfläche verschwand. Danach produzierte ich mit Jimmy Bowien, dem ich künstlerisch sehr viel verdanke. Seit 1978 bin ich mein eigener Produzent.» Zu den fünfzehn LPs, die Peter Horton bis zum Frühjahr 1985 veröffentlicht hat, gehören zwei Instrumentalalben der beiden Gitarrenvirtuosen Horton und Siegfried Schwab mit Duetten klassischer und eigener Herkunft, «gepfeffert aus der Trickkiste brasilianischer, spanischer und amerikanischer Spieltechniken» (Horton); ihr Titel: «Guitarissimo». Hortons Texte sind deutlich von seiner intensiven Beschäftigung mit östlicher Religion, Philosophie und Mystik geprägt. Alltägliche Beobachtungen dienen ihm immer wieder zur Überhöhung in eine von ihm selbst erkannte Moral und Lebensanschauung. Manchmal bedient er sich dabei urchristlicher Symbolik wie beispielsweise in der Jesus-Paraphrase «Ein Mann geht auf dem Asphalt», manchmal nimmt er auch direkt politische Themen wie den «Sauren Regen» auf, die Umweltzerstörung («Wieviel Erde braucht der Mensch») oder die Verlogenheit der Wahlstrategen: «Ich seh genau wie du die Kerle ihre Machtgelüste steigern.» Seine Lieder, «distanziert und engagiert zugleich», befand die «Westfälische Rundschau», «passen in keine Schablonen»; die «Süddeutsche Zeitung» nennt ihn einen «feinfühligen und brillanten Formulierer». Bis zum Frühjahr 1983 präsentierte der Sänger mehrere Jahre lang die TV-Sendereihe «Café in Takt» mit Kleinkunst und Show-Nachwuchs der anspruchsvollen Art. Außerdem lehrte er an der Hamburger Hochschule für Musik und Darstellende Künste. Songtexte, Gedichte und Aphorismen von Peter Horton wurden bislang in drei Büchern veröffentlicht: «Die andere Saite», Naumann, 1978; «Hoffnung hat Appetit», Knaur, 1983; «Wer andern nie ein Feuer macht», Kindler, 1983.

Februar 1982

«Vierzig Jahre Leben», Peter Horton, heißt deine zuletzt erschienene Platte, und das klingt ein wenig nach Resümee. Ist es das?

Im unabsichtlichen Sinne vielleicht. Das war nicht das Ziel dieser Platte. Der Titel «Vierzig Jahre Leben» bezieht sich auf die Kolportage des Selbstmordes einer vierzigjährigen Frau und ist eine Hymne an das Leben und damit auch an das vierzigjährige Leben. Da sich das zu einem Zeitpunkt abspielte, da ich selbst gerade 40 wurde und damit auch Erfahrungen eines Vierzigjährigen im Bereich eines Künstlerlebens verarbeitete, hat es sich für mich angeboten, die Platte «Vierzig Jahre Leben» zu nennen.

Wir wollen ja darüber sprechen, was du erlebt hast, wie du zu dem geworden bist, der du heute bist. Bleiben wir also ruhig beim Resümee. Was ist für dich heute wichtig, was war für dich wichtig, haben sich die Stellenwerte in deinem Leben sehr verändert?

Einiges hat sich ohne Zweifel verändert. Ein Vierzigjähriger muß ein anderes Gesichtsspektrum haben als ein Zwanzigjähriger oder Zweiundzwanzigjähriger. Ich mache jetzt 30 Jahre Musik, wenn man die Frühzeit mitrechnet, in der ich angefangen habe, Texte zu schreiben. Ein Text ist ja immer eine nicht mehr viel umdeutbare Aussage eines Menschen. Da haben es die Musiker ein bißchen leichter, denn der Textautor wird auch 20, 30 Jahre später noch an dem gemessen, was er früher gesagt hat.

Als ich anfing, gab es noch kein Vietnam, kein Afghanistan, keinen Iran. Ich kann heute – so wie der amerikanische Film bestimmte Dinge heute nicht mehr machen kann, die er vor Vietnam ununterbrochen gemacht hat – nicht mehr grinsen für irgendein Titelblatt. Ich bin auch so frei, das zu sagen und handele mir damit natürlich bei bestimmten Leuten das Odium der Arroganz ein, deren Beruf es ist, grinsende Leute für irgendwelche Titelseiten von irgendwelchen mehr oder weniger schwachsinnigen Gazetten abzulichten. Ich kann das nicht mehr. Ich kann auch nicht so tun, als wäre die Branche der Musikmacher, der Showmacher das Wichtigste auf der Welt. Ich empfinde das als Beleidigung für jeden arbeitenden Menschen. Es gibt so viele Leute, die Or-

dentliches abliefern, Essentielles abliefern, sehr viel weniger Parasitäres abliefern als die Leute der Showbranche.

Davon gehe ich aus, daß der Musiker und Künstler zunächst – ich bitte, das sehr sorgfältig zu lesen – eigentlich parasitär lebt, das heißt, er lebt von der Gesellschaft. Er bringt ja nicht sofort etwas Greifbares ein. Er muß sich erst in einem sehr viel längeren Zeitraum beweisen, daß er wirklich einen Beitrag leistet zum Leben der Menschen und nicht nur sich seinen Beitrag herauskratzt aus der Gesellschaft.

Alles, was du jetzt sagst, klingt ein wenig nach Abstand. Abstand zu dir selbst, und ich möchte natürlich ganz nah an den Peter Horton heran, der ja eigentlich gar nicht Peter Horton heißt, du hattest ursprünglich einen anderen Namen. Paßt eigentlich nicht zu dir, daß du dich umgenannt hast.

Das ist nicht *ganz* richtig. Horton ist ein rechtsgültiger Name. Aber er war mal ein Künstlername, das ist schon richtig. Das muß man im Spiegel der Zeit sehen, in der das entstanden ist.

Da kommen wir vielleicht schon zum ersten Punkt, der wichtig für dich und deine ganze Entwicklung war. Du warst mal ein Wiener Sängerknabe. Nach dem Stimmbruch ging es für dich nahtlos weiter als Musikant, obwohl du einen bürgerlichen Beruf gelernt hast. Du hast mal Schlager gesungen in diesem Land.

Es gab eine Zeitlang nichts anderes als Schlager. Und ich habe sehr wenig Schlager gemacht. Ich habe das gemacht, um das notdürftigste Verpackungsmaterial für die frühen Chansons zu haben. Auf meiner ersten Langspielplatte «Zwischen Himmel und Erde» waren acht Chansons und vier Stücke drauf, die man, wenn man ein kleines bißchen spitzfindig sein möchte (das möchte ich mir in diesem Fall erlauben), Schla-sons nennen könnte. Diesen Begriff habe ich damals geprägt für ein Mittelding zwischen Schlager und Chanson. Ein relativ einsamer Versuch, das Schlagerlied in Richtung Chanson zu qualifizieren. Das ist damals einerseits gelungen, so sehe ich das jedenfalls musikalisch; es ist mir überhaupt nicht gelungen gegenüber dem Rundfunk, denn die acht Titel, von denen ich vorher sprach, wurden in Deutschland vollkommen unterschlagen. Ich habe lediglich dann später in Amerika einigen Erfolg damit gehabt, nämlich indem Rod McKuen einen Titel aufgenommen hat. Auch in Kanada und Schweden wurde etwas davon produziert.

In Deutschland hatte man sich das nicht zu erlauben. Und das war das Umfeld der damaligen Zeit. Also ich gehöre, und das in aller Bescheidenheit, mit zu den Asphaltierern der Straßen, auf denen der sogenannte Liedermacher der Gegenwart sich heute relativ frei und relativ schnell mit wenigen Akkorden und wenigen dürren Worten bewegen kann. Wir mußten uns das damals sehr, sehr hart erkämpfen. Einer der Leute der ersten Stunde war auch Udo Jürgens. Der hat es dann zwar nicht weiter gepflegt in dieser Richtung, aber er war immerhin einer der ersten, die sich um deutschen Text verdient gemacht haben.

Peter Horton und das große Geld, sprich Hits, sind eigentlich bis heute diametral entgegengesetzt. Das große Geld hast du immer noch nicht gemacht. Es wird sicher für dich auch keine allzu große Rolle spielen. Aber wie bist du von der etwas banaleren Schiene hinübergewechselt in dieses schwierige Fach des … na ja, Liedermacher möchte ich in gar keinem Fall sagen, denn das ist ein Reizwort mittlerweile …

Wie auch immer – wir haben Schwierigkeiten mit dem Wort. Ich mußte nicht wechseln. Ich mußte nur meine Entwicklung weitervollziehen, meinen Weg gehen, den ich begonnen hatte, einfach weiterarbeiten und meine Augen weiter offenhalten, wie ich das schon von Anfang an vorhatte. Das Schwergewicht lag bei mir von Anfang an auf Musik. Also die Musik zu einem Transmissionsriemen für irgendwelches dürres Wortgeäst zu degradieren oder auch für poetische Worte – das wollte ich nicht.

Es war eine Zeitlang ganz en vogue, Kurt Tucholsky oder Erich Kästner zu vertonen, mit einer absolut scheußlichen Musik das zu erniedrigen, was diese Männer in wirklich hohen Dimensionen gedacht haben. Ich mag sowohl das eine wie das andere nicht: schlechten Text *oder* guten Text mit einer lieblosen Musik verbinden. Ich habe mich sehr mit dem Jazz auseinandergesetzt. Ich komme eigentlich aus der frühen Fatty George-Zeit in Wien, habe auch mit Fatty George viel gearbeitet in seinem ersten Wiener Lokal am Petersplatz ... auf der anderen Seite im Wiener Kabarett um Gerhard Bronner, der einer der wichtigen Lehrmeister war. Das mußte ich nur fortsetzen. Ich mußte nicht irgendwann meine Farbe wechseln und mußte auch nicht meine Fahne anders drehen. Ich habe also keine leichtfertigen Dinge getan. Ich habe mich genauso entwickelt wie ein Mensch, der den Schreinerberuf erlernt, der zuerst mal Regale baut, dann sehr viele Jahre später erst die Fähigkeiten erwirbt, um eine Kunsttruhe herzustellen.

Bist du auf deinem Weg bis zum heutigen Tag, also bis zu deinem vierzigjährigen Lebensjahr, ein einsamer Musikant gewesen? Hast du Orientierungspunkte gehabt, Freunde, wichtige Musiker, Texter, die dich beeinflußt haben?

Im musikalischen Bereich habe ich ohne Zweifel immer den Blick auf Virtuosen gerichtet, die gleichzeitig das Herz mitspielen lassen, nicht die kalte, nackte Virtuosität, sondern die ganze Musikerpersönlichkeit.

Wir sind damals weit gepilgert, wenn irgendwo einer gut Trompete oder Klavier gespielt hat. Das hat sich herumgesprochen in unseren kleinen Kreisen damals in Wien. Da sind wir dann hingezogen, da hat man Gespräche geführt. Ich habe heute noch einen Fetzen Papier, worauf mir der Friedrich Gulda einmal zwei Titel skizziert hat, blitzschnell. Das werde ich mir einrahmen, weil es wirklich ein Kuriosum ist, wirk-

lich abgerissen von einem Blatt. Ich hatte gebeten, er sollte mir mal die Jazztitel «Jordu» und «Doodlin'» aufschreiben. Das hat er damals auch bereitwillig getan.

Die musikalische Seite wurde immer wieder gefördert von Leuten, die eben sehr viel für Musik übrig hatten und auch eine gewisse pädagogische Ausstrahlung hatten. Mit denen konnte man wertvolle Gespräche führen und wertvolle Anregungen bekommen. Vom Text her war es einfach die Basis meiner westlich-christlichen Erziehung, so möchte ich mal sagen, die allerdings nicht kritiklos fortentwickelt wurde. Ich hatte mich von ihr einmal völlig distanziert, um sie mir dann langsam wieder, Punkt für Punkt, zu erarbeiten. Sehr viel später ist dann die intensive Auseinandersetzung mit fernöstlichen Religionen dazugekommen. Das alles prägt heute meine Textinhalte, meine Textmotivationen, mit Sicherheit nicht die Wortwahl. Die Wortwahl kommt einfach aus dem Umgang mit der deutschen Sprache, die ich sehr lieben gelernt habe. Ich glaube zu wissen, wovon ich rede, wenn ich deutsch sage.

Unbestritten bist du einer der besten Gitarristen in diesem Land. Das wird auch keiner der Kritiker bestreiten, die manchmal nicht allzuviel mit dir anzufangen wissen, die dir vorwerfen, daß deine Ausstrahlung auf der Bühne nicht sinnlich genug sei.

Solche Aussagen werden in der Regel von Kritikern gemacht, die nicht in meine Konzerte gehen. Es ist nichts davon zu spüren, wenn ich Konzerte habe. Es ist ein sehr intensiver Kontakt, der – und das muß ich allerdings dankbar übernehmen, wenn es so gemeint war – sich nicht in der Hose abspielt bei mir. Ich bitte, mir diese etwas saloppe Formulierung zu gestatten. Ich weiß, daß es bei vielen meiner Sängerkollegen das A und O ist, daß die Kommunikation zum anderen Menschen mehr oder weniger als Drehpunkt den Unterleib hat. Nun habe ich dagegen eigentlich gar nichts einzuwenden, nur ich bin nicht der Typus dazu. Für mich ist, was wir in der heutigen Zeit mehr brauchen und vor allen Dingen als Mittelpunkt brauchen, das Herz und seine Beziehung zum Denkorgan in einem wirklich menschlichen Sinne. Ich weiß nicht, wie ich mich da ausdrücken soll, ohne zu geschwollen zu werden. Das ist ein bissel ein gefährliches Gebiet.

Ich habe überhaupt keine Schwierigkeiten, mit einem Publikum

Kontakt aufzunehmen. Die Abende, die ich selbst gebe, sind meistens sehr heiter, obwohl der Abend im Grunde mit großer Nachdenklichkeit oder mit sehr vielen Denkanstößen vor sich geht. Ich habe immer wieder sehr viel heitere Sachen drin. Sei es, daß ich aus meinem Buch heitere Gedichte lese, oder daß ich vielleicht eine der ganz alten Wiener Kabarettsachen einfüge. Dann kommt ja zwischendurch auch immer wieder die Gitarre als Soloinstrument zum Klingen. Ich habe nicht den Eindruck, daß da ein Problem wäre.

Allerdings, die Art und Weise, wie ich vorgehe, daß ich nicht erwarte, innerhalb der ersten fünf Minuten der Sieger zu sein, nicht erwartet habe, nach den ersten fünf Jahren, die ich mich in diesem Beruf bewegt habe, daß mir die Nation zu Füßen liegt: Das ist sehr unpopulär.

Die Mediensituation, die Zeitungs- und Rundfunksituation ist mehr oder weniger darauf programmiert, das Schnellebige zu ergreifen und entsprechend schnell wieder fallenzulassen. Und ich muß sagen, mich ernährt dieser Beruf seit nunmehr fast 24 Jahren sehr ordentlich. Du hast vorhin gesprochen von «großem Geld». Das ist niemals mein Motiv gewesen, und ich bin eigentlich froh, daß ich da zäh geblieben bin. Denn nur das hat mir die Möglichkeit gegeben, mich immer wieder auf mich selbst zu verkürzen und mit diesem Zinsgroschen, der ich selbst bin, zu wuchern und nicht mit irgendwelchen geliehenen Krediten, die ich vielleicht später sehr teuer verzinsen müßte.

Andere, die auch Lieder machen, sagst du, hätten ihren Mittelpunkt ein wenig tiefer gelagert als du. Deiner hat sich nach oben verschoben in Richtung Herz und Kopf. Streiten sich manchmal Herz und Kopf? Und wer geht als Sieger aus so einem Kampf hervor?

Die streiten sich nicht. Ich würde das so sehen, daß das Hirn in der Karre des Herzens mitfahren muß. Dann hat der Mensch eine Chance, etwas zu produzieren, das man Glück nennt. Wenn das Herz in der Karre des Hirns mitfährt, dann wird das ein Leben lang Leid produzieren und auch Leid ernten, auch wenn er es als solches nicht erkennt. Aber wir kennen eine ganze Menge Menschen, die sehr viel Geld haben, und die auch mal frohe Partnerschaften gegründet haben, die aber alle unter diesem Diktat des Hirns zugrunde gehen im Laufe der Zeit.

Wir müssen das Wort Herz auf jeden Fall herauslösen aus jeder Süßlichkeit, jeder Romantik. Ich bin ein ziemlich unromantischer Mensch, wenn es um diese Dinge geht. Und mir sind auch die Wörter Träumer und Melancholie in der Form, wie sie heute gebraucht werden, fremd. Melancholie ist für mich Trägheit des Herzens, und Träumen lasse ich nur gelten als ein zielgerichtetes Denken in den wenigen Sternstunden, die ein Mensch normalerweise erlebt. Ich lasse es nicht gelten als dieses Wegdriften in eine nichtreale Welt. Wir träumen schon genug! Uns explodiert die Welt über den Köpfen im Augenblick, und ich finde, wenn ein erfolgreicher Künstler, ein Landsmann von mir, sagt, die Menschen müssen wieder mehr träumen, dann ist es eine sehr populäre, aber im Grunde schwachsinnige Aussage, die nur darauf abzielt, sich gut zu verkaufen. Was wir brauchen, ist Wachsein, und zwar Wachsein mit der zärtlichen Berührung zum DU. Nicht Wachsein mit der Waffe in der Hand, um den anderen über den Schädel zu hauen. Wir können sagen, wir kommen einander wieder näher. Aber solange das mit Waffen geschieht, indem wir uns als feindliche Heere annähern, werden wir daraus wahrscheinlich kein Lebensglück schöpfen.

Bist du ein Moralist?

Ich weiß nicht, was ein Moralist ist. Ich glaube nicht, daß ich einer bin, der auf Barrikaden geht und sagt, das und das dürft ihr nicht. Ich empfinde für jeden Menschen so, wie er lebt. Das ist das, womit er arbeitet. Das ist der Boden, auf dem er seine Pflanzen sät. Und wenn einer sehr dem Sinnlichen zugeneigt ist, dann ist mir der genauso recht wie ein anderer, der vielleicht Tag und Nacht über seine Bücher gebeugt ist. Ich versuche nur auszugleichen. Dem, der nur dem Sinnlichen lebt, zu sagen: Vergiß nicht, daß es noch etwas anderes gibt als das Sinnliche im Leben, und daß der Sinn eine Bündelung erfahren kann in einem Übersinn. Genauso wie ich dem anderen, der nur über den Büchern sitzt und sich pausenlos selbst doziert, sagen könnte, er soll nicht das Leben vergessen, denn das Leben spielt sich nicht im Hirn ab.

Wenn man deine Texte liest, deine Lieder hört, hat man den Eindruck, daß Peter Horton in einem einsamen Kämmerlein sitzt, grüblerisch umgeht mit Texten, Mythologien, alten Geschichten, archaischen Gestalten und wenig Kontakt mit der Straße hat.

Das weiß ich nicht, ob man das so sehen kann. Diese letzte Langspielplatte habe ich geschrieben zwischen Preßlufthämmern, im blauen Anton mit der Maurerkelle am Schoß, und zwischendurch wieder ein paar Worte geschrieben. Ich habe auf den Demo-Bändern noch die Geräusche der Bohrmaschinen drauf. Ich bin ein Mensch, der sehr stark Hand anlegt in allem, und habe also in meinem Haus zum Beispiel eine neue Heizung gebaut, eigenhändig.

Das geschieht alles nebenher. Und wenn ich dann einen Menschen sehe, der mit der Bandscheibe Schwierigkeiten hat und beim Durchbruch einer Mauer vor Schmerz nicht mehr den Preßlufthammer halten kann, dann nehme ich ihm den aus der Hand. Also, das ist die eine Seite. Ich gehe halt nicht in bestimmte Zirkel, wo aggressiv und alles niedermachend geredet wird. Ich bewege mich, wenn, dann eben eher in Kreisen, die über die höheren Werte – über die vielen, die es wert sind, dafür Mensch zu sein – reden. Nun hat wohl jeder seinen Kreis, bin ich der Meinung. Das andere machen ja die Danzers und die Mick Jaggers und wer auch immer. Was ich mache, habe ich eigentlich bis jetzt noch bei niemandem gefunden.

Du beschäftigst dich mit Zen-Buddhismus. Auf der anderen Seite sagst du, daß du diese kitschigen Gefühle, die an Sentimentalität grenzen, wenn es um unser heutiges Leben geht, ablehnst, daß man die Realität ohne Verschleierung mit ganz wachen Augen sehen muß. Darin liegt ein gewisser Widerspruch. Zen-Buddhismus ist ja sicher auch eine Art Flucht aus der Realität.

Mit dem Zen-Buddhismus beschäftige ich mich nur sehr am Rande. Aber wenn man das Wort Zen-Buddhismus einfach gelten ließe für die gesamte asiatische Denkschule, dann kann ich das schon bejahen. Doch auch da muß man sehr streng unterscheiden. Die asiatische Denkschule hat nichts mit dem zu tun, was wir so hören, was wir im «Stern» lesen, mit diesen Exzessen, diesen Fluchten. Dagegen wende ich mich sehr deutlich. Ich halte es für eine große Gefahr, daß der westlich und christlich erzogene Mensch glaubt, er könne in Indien oder Asien etwas finden, das er hier nicht finden kann.

Ich bin der Meinung, daß wir hier, hic et nunc, zu leben und die Probleme zu lösen haben. Da steht eine sehr hohe geschichtliche Aufgabe dahinter. Der West-Mensch, der nach Osten geht und dann zurückkommt, wirft dem West-Menschen vor, daß der Westler keine Zeit hat, daß er immer nur hinter Dingen herjagt. Ohne Zweifel jagen wir hier mehr, aber ich glaube, daß wir einfach andere Lebensumstände und die Aufgabe haben, auf unsere Weise mit dem Materialismus fertig zu werden. Nur wer sich wirklich von innen her mit Buddhismus oder Hinduismus oder was auch immer auseinandergesetzt hat, kann verstehen, daß das keine Flucht sein kann. Denn so, wie der wahre Christ immer nur als tätiger Christ leben kann, so wird auch der wahre Buddhist immer der sein, der sein ganzes Haus und seine ganze Habe den Mitmenschen öffnet und nichts für sich will, nicht einmal die Vollendung.

Zurück noch mal zu dem ganz privaten Peter. Wie lebst du mit deinen Mitmenschen, in deiner Umwelt – ganz banal, nicht mit der permanenten Auseinandersetzung über höhere Werte, sondern wie lebst du? Lebst du mit einer Frau, lebst du allein? Was bedeutet die Frau für dich?

Ich bin seit einiger Zeit verheiratet. Das ändert eigentlich nicht sehr viel. Für mich jedenfalls hat sich damit nichts geändert. Für mich ist die Frau das Gefäß des Mannes. Ohne die Frau ist der Mann, wenn er nicht den Status eines Mönchs erwählt (das würde wieder Stoff für eine ganz andere Form der Diskussion ergeben, was man davon hält), wenn er in diesem Leben lebt und unter den Menschen, dann ist die Frau der absolute Gegenpol für ihn. Nur in der Weiblichkeit, in der Begegnung mit der Frau, in ihren im eigentlichen Sinne ganz anderen Anschauungen, ganz anderen Gefühlen für die Dinge, hat er die Chance, überhaupt zum Mann zu werden. Sonst wird er zu einem Haudegen, der sein Leben lang mehr oder weniger ein Schweifwedler bleibt.

Ich stelle mir vor, daß du – wie alle im Showgeschäft – auch Fans hast. Ich glaube aber nicht, daß sie kommen und Autogramme wollen. Ich kann mir vorstellen, sie wollen vielmehr über die Inhalte deiner Lieder reden.

Das ist richtig. Es gibt notorische Fans, die sich über alles herstürzen, was in der Öffentlichkeit steht, ohne Rücksicht darauf, was gesagt oder getan wird. Die können wir sowieso vernachlässigen. Post bekomme ich sehr wenig, Autogrammpost so gut wie gar nicht. Wenn ich unter-

wegs bin, sprechen mich Leute vielleicht einmal an, und es geht dann tatsächlich immer um Inhalte. Sie wollen einfach nachfassen, was ist daran wahr. Es sind ja zum Teil sehr gewagte Sätze, die ich von mir gebe. Sie würden vor allen Dingen dann als gewagt empfunden, wenn es sich für die Menschen eines Tages herausstellen würde, daß bei mir die Moral genauso doppelt ist, wie es sich immer wieder bei den Skandalen um Politiker und Unternehmer herausstellt.

Dieses Gefühl habe ich, wenn die Leute mit mir reden. Sie wollen natürlich wissen: Was steht da für einer dahinter, wie kommt der auf solche Aussagen?

Mit 40, ob man will oder nicht, ob einem Alter wichtig ist oder nicht, denkt man darüber nach: Habe ich das bis jetzt einigermaßen anständig hingekriegt, was ich wollte. Fühlst du dich heute mit deinem Entwurf von dir deckungsgleich?

Ich habe eine Menge Abstriche an mir selbst zu machen, viel an mir zu arbeiten. Ich bin nicht einer, der sagt: So, ich hab's geschafft. Ich meine das jetzt ganz privat und im Umgang mit dem Schmerz, im Umgang mit der Zukunft, der Sorge um die Zukunft, im Umgang mit der Dimension des Todes, der mir, wie ich glaube – es ist immer ein sportlicher Spruch, das mit 40 Jahren zu sagen –, nicht fremd ist. Er wäre mir allerdings fremd, wenn er in einer plötzlichen, bösen, gewaltsamen Form auftreten würde.

Ich habe in deinem Aphorismen-Buch «Die andere Saite» einen Satz gefunden, nach dem ich dich fragen möchte: «Wie will man etwas finden, von dem man überzeugt ist, daß es das nicht gibt?» Gibt es etwas, das du gern finden möchtest, obwohl du weißt, daß du es nie finden wirst?

Nein, das gibt es nicht.

Dann erklär mir bitte, warum du diesen Satz schreibst. Was bedeutet dieser Satz für dich?

Ich antworte mit einem Beispiel: Ein Mensch, der sich noch nie mit dem Gitarrespielen befaßt hat, behauptet, es wäre nicht möglich. Er ignoriert einfach, daß es soundsoviele tausend hervorragende Gitarristen auf der Welt gibt. Aber er hat halt bei dem Versuch, das Instrument zu erlernen, bei den ersten Blasen an der linken Hand aufgegeben und gesagt: Dieses Instrument kann man nicht spielen. So ist das auch auf dem geistigen Wege und auch auf dem Weg zur wahren Humanität. Da gibt es Dimensionen von Menschlichkeit, die uns in ihrer Größe unfaßbar bleiben, solange wir einfach ignorieren, daß es sie überhaupt gibt. Das ist ein sehr provokanter Satz, der rein von der Logik her natürlich nicht hält. Aber ich decke damit eine Unlogik auf, die heute im Denken so vieler sich kritisch empfindender junger Menschen nistet.

Wenn man dir gegenübersitzt, Peter, hat man den Eindruck: Ein aufrechter Mensch, der seine Form gefunden hat. Gab es Momente in deinem Leben, in denen du dir selber emotional aus der Hand geraten, aus der Form geraten bist?

Ich glaube schon, daß es die gibt. Ich bin ja nicht unberührbar, ich merke das zwischendurch. Es sind die Momente, wenn die Last sehr groß wird. Mit Last meine ich jetzt nicht das ständige Lamentieren über den Stress in unserem Beruf, das kann ich nicht hören. Denn jeder Mensch hat in seinem Beruf eine Arbeit zu leisten und dabei bei seinem Privatleben Opfer zu bringen. Ob das ein Taxichauffeur, eine Parfümerie-Verkäuferin, ein Arzt, ein Rechtsanwalt oder eben ein Musiker ist, der halt durch die Lande reist. Wir haben uns das ja alle ausgesucht.

Wenn ich also sage: Last, dann meine ich nicht dieses relativ triviale berufliche Belastetsein, sondern dann meine ich wirklich die Gegenwartswelt, dann meine ich die Begegnung mit kaltblütigen, menschenverachtenden Systemen, dann meine ich damit das Erleben einer Revolution und ihrer inneren Gegensätze. Auf beiden Seiten stehen Menschen; zum Beispiel im Iran, zum Beispiel diese grauenvollen Ereignisse um die Boat-People, die auszogen, um das Glück zu suchen und dann von ihren eigenen Leuten vergewaltigt und ermordet wurden. Das sind Dinge, die mich zutiefst betreffen. Da kann ich mich nicht einfach hinstellen und sagen: «Leut', laßt uns das alles vergessen, wir heben jetzt ein Glas auf den Kegelklub Soundso.»

Das ist zwar in Ordnung, aber ich selbst kann das nicht, und es kann mir nicht genügen. Ich sehe so viele Menschen, die unter grauenvollen Depressionen leiden. Ich kann mich nicht einfach umdrehen und dann sagen: Es ist mir wurscht, es betrifft mich nicht. Es betrifft mich ungeheuer. Und wenn das sehr dicht wird, muß ich mich manchmal sehr stark ermahnen und muß das, was hier eben sehr schön gesagt wurde, wieder in die Hand zu bekommen versuchen, weil es mir seelisch zu entgleiten droht.

Ich meinte das alles noch viel kleiner und viel privater. Ich meinte den ganz privaten Peter, der vielleicht Situationen erlebt hat, die du vielleicht konkreter ausdrücken kannst als nur mit den ganz großen Ereignissen in dieser Welt.

Ich weiß jetzt nicht, was damit gemeint ist. Privat – für mich ist eigentlich privat und mein Berufsleben nicht zu trennen.

Also, ich komme nach Hause und setz mich an den Schreibtisch oder an die Gitarre. Oder ich mache etwas im Garten, aber auch da arbeite ich schon wieder, mehr oder weniger, auch in den Dimensionen des Schriftstellerischen.

Aber vielleicht kann man die Frage noch ein bißchen präzisieren.

Nein, ich möchte auf eine andere Frage ausweichen. Ich sagte schon einmal, du giltst als einer der ganz großartigen Gitarristen in diesem Land. Was hast du für eine Beziehung zu dem Instrument? Das meine ich jetzt nicht nur musikalisch, sondern: Was ist das? Ist das ein Instrument, das dich beherrscht, oder beherrschst du es schon soweit, daß es dir untertan ist?

Das ist eine lustige Frage. Ich glaube nicht, daß es mich beherrscht, aber ich beherrsche es auch nicht so, daß es mir keine Geheimnisse mehr zu bieten hätte. Es gibt da eine ganze Menge. Es ist nicht so, daß ich die Gitarre vor einem Menschen retten würde, wenn plötzlich ein Hochwasser über mich hereinbräche. Ich würde auf die Gitarre verzichten und darauf vertrauen, daß ich irgendeinen dieser segensreichen Menschen treffe, die noch Gitarren bauen können, und ich würde wieder ein Instrument haben.

Wie alt möchtest du werden, hast du darüber mal nachgedacht?

Ich möchte eigentlich sehr alt werden, und ich tue auch alles dazu. Ich weiß nicht, ob es mir gelingt. Wir haben das ja nicht mehr so ganz in der

Hand, wenn man sich umschaut, was uns da alles um die Ohren fliegt an Verschmutzungen des Leibes und des Geistes. Aber ich glaube, daß der Mensch eine Höhe im Alter findet. Und es kommt ja auch von dem Wort «altus» im Lateinischen, das «hoch» bedeutet. Man überhöht sich im Alter. Was man alles für so wahnsinnig wichtig hält, nennen wir es mal Scheinwelt, das wird, je älter man wird, um so relativer.

Man wird milder, man wird gütiger, man hat Kinder entweder selbst gehabt oder mit großgezogen, hat pädagogische Begegnungen gehabt mit einer nachfolgenden Generation, hat Erfahrungen weitergegeben. Und mehr und mehr kommt man darauf, daß man im Grunde vollkommen unwichtig ist als kleine Person, daß man seine Wichtigkeit nur erreichen kann, indem man zum Ganzen etwas beisteuert, das der Gemeinschaft möglichst viel Wert gibt. Das allerdings hat ohne jeglichen Zwang und ohne jegliche Reklamation stattzufinden, nur dann ist es wahres Menschentum. Alles andere führt zu diesen grotesken, menschenverachtenden Mechanismen, die wir in manchen Gesellschaftssystemen dieser Erde finden. Die schreien ja auch: «Alle für einen, einer für alle» – und zum Schluß heißt es: Alle für ein paar Funktionäre. Das gilt sowohl für den kapitalistischen als auch für den sozialistischen Weg. Das sind die perfektionierten Entartungen, nur mit anderen Etiketten beklebt.

Was ist das für eine Frau, mit der du lebst und inzwischen verheiratet bist?

Das ist eine ... man kann sagen ... Jugendfreundin, die in ihrer weiblichen Form einfach die gleichen Zielsetzungen hat wie ich und mit der ich diesbezüglich – sagen wir – keine Kämpfe ausfechten muß. Wir sind nicht am Zielsuchen. Wir haben also kein Problem damit, mehr kann ich darüber nicht sagen.

Gibt es irgend etwas, dem du verzweifelt nachrennst; gibt es irgendetwas Unerreichbares, das du gern erreichen möchtest?

Ich persönlich überhaupt nicht. Mich kümmern sowieso keine materiellen Dinge. Ich schöpfe eine so unglaubliche Menge von Glück aus den kleinen Dingen, die ich selbst produzieren und spenden kann im Alltag, und das fließt mir von so vielen Seiten zurück. Auf eine solche

Antwort wird man sagen können: Na ja, der hat leicht reden. Mein Erfolg in diesem Beruf war ja nicht immer so relativ vordergründig. Ich habe ja viele, viele Jahre gezeigt, daß es auch anders möglich ist. Ich habe buchstäblich, im wahrsten Sinne des Wortes, Gras gefressen, um zu überleben und in bestimmten Situationen mir selbst treu bleiben zu können. Ich würde genau das gleiche heute wieder tun.

Ich habe auch in meiner Fernsehsendung «Café in Takt» von Anfang an keine großen Serienverträge gemacht, sondern ich habe gesagt: Solange die Sache mir möglich macht, mich selbst damit zu identifizieren, solange mache ich sie, und dann möchte ich von heute auf morgen aufhören können. Wenn irgendein Geschiebe eintritt von anderen, außenstehenden Mächten, die das Zepter in der Hand haben, dann werde ich mich zurückziehen.

Ich glaube, Freiheit besteht nicht so sehr darin, daß man losgelassen ist, daß einen niemand festhält, sondern in erster Linie darin, daß man sich nicht selbst pausenlos an irgendwelche Dinge krallt.

Peter, du kommst aus Österreich, aus dem viele Song-Senkrechtstarter in den letzten Jahren gekommen sind und große Erfolge in Deutschland gehabt haben. Du scheinst ein Begleitmotiv der meisten anderen Songpoeten aus Wien nicht zu haben: das Resignativ.

Stimmt. Ich weiß eigentlich auch nicht, wieso. Ich wurde kürzlich von einem Taxichauffeur gefragt, warum die Wiener denn das an sich haben. Ich habe ein bißchen herumgestottert: die Erbsituation und das Zusammentreffen mit diesen sehr schwermütigen östlichen Völkern, die Grenze nach Ungarn. Es gibt ja ein etwas saloppes Wort: Hinter München fängt der Balkan an. Da ist auch ein bißchen Volkswahrheit drin. Ein Szegediner Gulasch ist, wenn man es mit einem französischen Gericht vergleicht, einfach was Schweres. Das spricht eine Region an, die sehr erdnah ist. Ich kann es mir anders nicht erklären.

Der Wiener neigt zuerst einmal zur Selbstironie, das würde ich aber noch nicht schwermütig nennen. Doch wenn man die alte Wiener Musik hört: «I brauch ka schöne Leich», sondern «Es genügt mir ein Glas Wein», dann war das doch schon damals eine im höchsten Grade dekadente Volkskunst, die immer nur das Versoffensein und das Daniederliegen und «tragt's mi aussi» und «haut's mi eini in die Gruben» besingt; sehr viele Begräbnisse kommen da vor. Und immer wieder wird der liebe Gott zum Tippelbruder und zum Saufkumpan gemacht, der das Glück auf Erden im Weinglas ja offenbar mitgeschaffen hat.

Wenn man sich dagegen argentinische Volksmusik oder amerikanische – die ja geschichtlich nicht ganz so alt ist – oder afrikanische Musik anhört: da kommen schon wichtigere Motive zum Vorschein, nämlich das Überleben oder die Angst vor dem Unterdrücker, politische Motive. Und bei den alten Wiener Liedern geht es meiner Meinung nach immer nur ums Saufen.

Gab es Momente in deinem Leben, Peter, wo du gern in eine andere Haut geschlüpft wärst?

Wo ich gern in den Boden versunken wäre, vielleicht. Es gab schon herrliche Situationen, wo ich ordentlich versagt habe auf der Bühne, und wo man dann in dieser unglaublich pittoresken, wirklich absolut apokalyptischen Herrlichkeit von Peinlichkeit dasteht.

Hättest du jemals Jimi Hendrix sein wollen?

Nein, nein, da habe ich keinen Bedarf. Es genügt ja, daß er das war. Ich glaube, daß jeder seinen Platz hat. Und wenn es etwas gibt, was ich in dieser Branche zutiefst verabscheue und bedauere, dann ist das dieses ewige Hergeziehe über die Kollegen. Die Musiker in diesem Land müssen sich nicht wundern, daß die Kultursituation einfach zur Sau geritten ist, weil sie sie nämlich selbst zur Sau reiten. Die Jazzer lassen niemanden gelten, der nicht Jazz macht. Die glauben, sie seien die einzigen, die den Durchblick haben. Die Popmusiker sind ihrerseits wiederum die einzigen, die glauben, den Durchblick zu haben. Das gleiche gilt für alle Leute, die mit der sogenannten E-Musik etwas zu tun haben. Dann gibt es die Herren Ingenieur-Musiker, die überhaupt nie im Leben ein Instrument haben geradehalten können, die aber pausenlos Expertisen schreiben, die eine Art Enteignung der Kunst praktizieren auf dem Papier. Auch die haben wieder den einzigen Durchblick. Und so zieht einer über den anderen her und läßt nichts Gutes an ihm. So schaut es dann halt aus in der Landschaft. Aber ansonsten geht es doch eigentlich ganz flott und locker zu.

Wenn du noch mal 40 Jahre Leben resümierst, und wenn ich dich richtig verstanden habe, dann ist deine Lebensbilanz bisher: Du bist nicht in den roten Zahlen.

Nein, ich glaube nicht.

Reinhard Mey

Welch ein Geschenk ist ein Lied

REINHARD MEY, am 21. Dezember 1942 in Berlin-Frohnau als Sohn eines Rechtsanwalts und einer Lehrerin geboren, gilt nicht nur in Deutschland, sondern auch in Frankreich als Chansoninterpret von hohem Rang. Am französischen Gymnasium in Berlin sowie durch viele Schüleraustausch- und Ferienaufenthalte in Frankreich erlernte er die Sprache so perfekt, daß er für seine unter dem Künstlernamen Frédéric Mey 1968 veröffentlichte französischsprachige LP als erster Ausländer mit dem «Prix International de la Chanson Française» ausgezeichnet wurde. Mit zwölf Jahren nahm er Klavierunterricht, mit dreizehn übte er Trompete. Auch als er nach dem Abitur 1963 für zweieinhalb Jahre eine Lehre als Industriekaufmann absolvierte, wurde nebenbei auf der Gitarre weiter Musik gemacht. Die Amateurbands, mit denen Reinhard Mey in seinen Jugendjahren vornehmlich in Studentenkneipen tingelte, nannten sich «Rotten Radish Skiffle Guys» (1957) und «Les Trois Affamés» (mit Schobert Schulz, 1961). Beim für die deutsche Folk- und Liedermacherszene epochemachenden Festival «Chanson Folklore International» 1964 auf Burg Waldeck trug er zum erstenmal eigene Lieder vor, darunter «Ich wollte wie Orpheus singen». 1965, nach der Kaufmannsgehilfenprüfung, immatrikulierte er sich an der Berliner Technischen Universität für Betriebswirtschaft. Das Studium versandet, denn gleichfalls 1965 erscheint Meys erste Single «Geh und fang den Wind»: Die musikalische Karriere beginnt. 1966 erscheinen zwei LPs mit neun eigenen Chansons. 1967 tritt er für Deutschland beim Chansonfestival im belgischen Knokke an und erhält einen französischen Plattenvertrag. Der Liedtitel «Ich wollte wie Orpheus singen» bringt ihm Glück: 1967 prangt er auf Meys erster LP bei Intercord, die sein Werk bis heute betreut; 1969 gibt er diesen Titel auch seinem ersten Buch mit eigenen Texten (im Voggenreiter-Verlag). Von 1971 an teilt er seine Zeit zwischen der französischen und der deutschen Karriere. In beiden Ländern gibt er fortan Konzerte und veröffentlicht Langspielplatten, die regelmäßig für ihre Umsätze mit Goldprämien und für ihre Qualität mit Plattenpreisen wie dem «Grand Prix du Disque» ausgezeichnet werden. Mehrfach empfängt er vom Saarländischen Rundfunk die «Goldene Europa», Auszeichnungen in Holland und der Schweiz folgen. Was das Publikum an seinen Liedern begeistert, ist ihr ungekünstelter Charme. Reinhard Mey singt von den kleinen Dingen des Lebens mit «jungenhafter Frische, unbekümmerter Spontaneität und Direktheit im Kontakt mit dem Publikum», wie die «Neue Zürcher Zeitung» bemerkt, die ihn einen «seltenen Glücksfall im Showbusiness» nennt. Dieser Künstler ist ein sensibler Beobachter der winzigen Grotesken, die das Leben tagtäglich aufführt. Er höhnt über den «Antrag auf Erteilung eines Antragsformulars», erholt sich nicht ganz ohne Problemchen «Bei Ilse und Willi auf'm Land» und malt anschaulich ein Bild von der «Schlacht am kalten Buffet». Mancher Spruch aus Meys Liedern ist in den Volksmund eingegangen: «Der Mörder ist immer der Gärtner.» Der Flugzeugnarr Mey, der 1973 die Privatpilotenlizenz, 1976 den Blindflugschein und 1983 die Hubschrauberlizenz erwarb, hat der meditativen Stille «über den Wolken, wo die Freiheit wohl grenzenlos sein» muß, gedankenvolle Musikpoesie gewidmet: «Auf eines bunten Vogels Schwingen» oder – auf seiner dreizehnten deutschen LP «Hergestellt in Berlin» – «Es ist doch ein friedlicher Ort». Dieser letztere Song widerlegt das verbreitete Vorurteil, Mey verliere sich in seinem Schaffen an die Idylle. Hier beschwört er die Schreckensbilder von Coventry, Rotterdam, Nagasaki, Berlin, Dresden und Hiroshima, nachdem Flugzeuge dort «ihre abscheuliche Fracht» abgeworfen hatten. Schon seit einiger Zeit hat sich ein politischerer Mey angekündigt, etwa mit dem Lied «Ich würde gern einmal in Dresden singen» oder mit der bitteren Schilderung eines unschuldigen Mitbürgers im Mahlwerk der Boulevardpresse: «Was in der Zeitung steht». Reinhard Mey 1985:

«Der Wind geht allezeit über das Land,
Verlass'ne Geschütze, zerschlag'ne Armeen,
Durch schwarze Ruinen und lodernden Brand
Und läßt alle Gebete ungehört verwehn.»

Daß dieser Liedermacher der leisen Töne in zwanzig Jahren rund drei Millionen LPs verkaufen konnte, hat sicher mit seinem Naturell, seiner verbindlichen Persönlichkeit und den von ihm gewählten musikalischen Mitteln zu tun. Die wurden ihm von verbissenen Feuilletonisten gelegentlich angekreidet. Volker Rebell denunzierte Meys musikalische Gestaltung in der «Frankfurter Rundschau» als «nicht unterscheidbar von der kleinkarierten Schlagermusik ... von der Essenz her der gleiche Kohl, die gleichen beschränkten Variationen über ein Standardsortiment musikalischer Muster». Barry Graves nannte den «Sänger, der dermaßen unverbindlich sein will», in der «Welt» einen «nichtssagenden Schnurrenerzähler», einen «Fluchthelfer der Umweltverdrossenen», einen «Heintje für geistig Höhergestellte». In Frankreich, dem Land des Chansons, gab es in zwei Jahrzehnten keinen einzigen vergleichbaren Verriß.

Juli 1982

An einem schönen Sommerabend in Berlin-Frohnau sitzen wir auf der Terrasse deines Hauses. Es sieht alt aus. Es sieht geerbt aus. Hast du es selber umgebaut, oder hast du es gekauft?

Ich habe es gekauft. Es ist, soweit ich weiß, 1936 gebaut, jedenfalls habe ich irgendwo eine Fliese gefunden, wo das Datum eingebrannt ist. Es war in einem etwas vergammelten Zustand – so wie ich es mir eigentlich gewünscht habe, und ich habe noch eine ganze Menge Ideen und Wünsche verwirklichen können. Ich habe reichlich selbst mit Hand angelegt. Na ja, es geht jeden Tag irgend etwas daran kaputt. Jeden Tag muß etwas daran gemacht werden, aber das kommt meiner Bastelleidenschaft sehr entgegen. Es ist ein reiches Betätigungsfeld für einen, der gern einen Schraubenzieher und eine Kneifzange in der Hand hat.

So wie du dich äußerst, lebst und arbeitest du in einem extrovertierten Beruf, aber du selber scheinst doch ein sehr introvertierter Mensch zu sein.

Genauso ist es. Ich glaube, daß gerade das Extrovertierte, das «Alles-von-sich-Hergeben» und sich «Aufklappen» und Einblick gewähren in der Öffentlichkeit, das bedingt wahrscheinlich zum anderen auch so ein bißchen das Zurückziehen und das sich so ein bißchen Verkriechen, wenn man zu Hause ist. Das sind wirklich zwei völlig gegensätzliche Seelen in mir. Ich glaube, ich brauche das auch. Denn wenn ich eine Weile hier die Stille und Zurückgezogenheit genossen habe, dann muß ich auch irgendwann mal wieder raus, dann muß ich es wissen.

Ich denke also, daß ich im nächsten Jahr wieder auf Tournee gehen werde. Inzwischen habe ich aber drei Jahre seit der letzten Tournee vergehen lassen, und ich merke dann von Jahr zu Jahr, wie es mir wieder ein bißchen mehr kribbelt. Wenn ich von einer Tournee nach Hause komme, sage ich, so, jetzt ist erst mal Schluß. Dann könnte ich mir überhaupt nicht vorstellen, jemals wieder auf einer Bühne zu stehen. Und so nach und nach schleicht sich die Lust und der Spaß wieder ein, und wenn ich sehe, ich habe noch sechs Monate, bis die Tournee losgeht, dann bricht bei mir schon Reisefieber und Reiselust aus. Dann wird der alte Vagabund und Landstreicher in mir wieder wach – so geht das.

Während wir jetzt hier sitzen im Sommer 1982, ist es das Jahr, in dem du 40 Jahre alt wirst. Sicher für jeden Menschen eine magische Zahl.

Es ist schon eine magische Zahl, unter der ich mir komischerweise aber überhaupt nichts vorstellen kann. Es ist noch ein paar Monate hin, und ich denke einfach nur daran, was ich mir früher unter 40 Jahre vorgestellt habe. Mit früher meine ich: als ich 25 oder vielleicht auch, als ich 30 war. Da habe ich gedacht, Mensch, mit 40 – da bist du jenseits von Gut und Böse, dann ist alles vorbei. Heute sehe ich das natürlich völlig anders. Heute glaube ich, daß ich in meinem fünften Lebensjahrzehnt unheimlich viele Dinge vollbringen kann, und ich habe große Lust dazu. Ein bißchen wehmütig macht es einen natürlich schon, wenn man sieht, wie die Jahre vorbeigehen, aber ich glaube, das ist eher eine angelernte Melancholie als eine wirklich empfundene.

Diese 40 Jahre in deinem Leben bedeuten, mittlerweile rund zwei Jahrzehnte auch mit dem Lied zu leben. Was waren deine ersten Begegnungen mit dem Lied? Es war wahrscheinlich ein Chanson.

Ja, wahrscheinlich kam das daher, daß ich hier in Berlin auf dem französischen Gymnasium war und als Austauschschüler in eine französische Familie kam, die sich sehr für Chansons interessiert hat. Ich habe mir alles angehört, was bei denen damals auf dem Plattenspieler lag. Zufällig war das eben George Brassens oder die Frères Jaques. Das hat mir als Musikgenre sehr gut gefallen. Ich habe mich dafür sehr begeistert und dann auch näher damit befaßt; aber damals eigentlich – ich werde wohl vierzehn Jahre alt gewesen sein – nicht mit dem Hintergedanken, das irgendwann mal selbst zu machen oder es gar als Beruf zu machen. Ich bin in meiner Art eigentlich der erste in der Familie, der aus der Reihe tanzt. Ich konnte mir als Sproß einer Familie, die vorwiegend aus Lehrern oder Beamten bestand, kaum vorstellen, einmal einen so unseriösen Beruf zu ergreifen. Als es dann soweit war, war es sehr überraschend, nicht nur für mich, sondern auch für meine Eltern.

Wobei man sagen muß, daß du natürlich auch einen «anständigen» Beruf gelernt hast.

Das ist richtig. Aber das geschah auch weitgehend aus Ratlosigkeit, was ich eigentlich machen wollte. Als ich mit der Schule fertig war, wußte ich keineswegs, wie es weitergehen sollte. Dann gab mir mein Vater den wohlgemeinten Rat, eine kaufmännische Lehre zu machen. Das war ein Rat, den ich erstens gern befolgt habe, weil ich eben nicht genau orientiert war, und es war zweitens einfach ein prächtiger Gedanke. Denn ich muß sagen, daß ich in diesen zweieinhalb Jahren Lehrzeit viel mehr gelernt habe – nicht unbedingt von Betriebswirtschaft, sondern aus menschlichen Begegnungen und aus Einblicken in die Arbeitswelt – als in vielen, vielen Schuljahren vorher.

Du bist ein Mensch, der ganz starke frankophile Neigungen hat, sein ganzes Leben lang gehabt hat. Deine Karriere begann ja eigentlich auch in Frankreich.

Es ist ein purer Zufall, daß ich nun auch noch im französischen Sektor von Berlin sitze, oder vielleicht hat das sogar ein bißchen die Sache beeinflußt. Denn damals gab es, das war ein sehr wichtiges Argument für uns, die wir hier wohnten, den französischen Schulbus. Vielleicht war der unter anderem für meine Eltern mit ausschlaggebend: ein problemloser Transport von und zur Schule.

Nach dem französischen Gymnasium war ich eine Zeitlang als Austauschschüler in Frankreich und hatte natürlich sehr intensiven Kontakt mit der französischen Poesie. Ich war sieben Jahre mit einer Französin verheiratet. Ich hatte viele gute Freunde und Bekannte in Frankreich – in der Zeit, in der ich sehr intensiv in Frankreich gearbeitet hab. Das ist heute nicht mehr der Fall, ich schaffe es einfach zeitlich nicht mehr. Aber in der Zeit, in der ich mich dort drüben richtig verdungen habe, hat das sehr gut geklappt. Es war für mich eine gewisse Befriedigung, in dem Mutterland des Chansons selbst als Deutscher mit selbstgemachten Chansons ein Publikum und offene Ohren zu finden.

Als in Frankreich deine Karriere begann, hießt du nicht Reinhard Mey, sondern Frédéric Mey. Dein Sohn heißt auch Frédéric. Ich glaube, das mit dem Französischen ist kein Zufall, oder glaubst du an Zufälle?

Ich glaube daran, daß man lange genug auf die richtigen Zufälle warten muß. Es ist nicht ganz ein Zufall. Der französische Produzent damals überlegte, welchen Namen er nehmen könnte. Reinhard ergab schreckliche phonetische Schwierigkeiten, mit denen wir dieses etwas schwierige Produkt nicht noch zusätzlich befrachten wollten. So haben wir uns zu meinem zweiten Namen Friedrich, auf französisch dann Frédéric, entschlossen. Meine Frau hat das wohl gewurmt, daß es nur einen falschen Frédéric Mey gab. Als dann unser erster Junge auf die Welt gekommen ist, hat sie entschieden, daß es ein richtiger Frédéric sein soll. Ich hätte mit der mir angeborenen Bescheidenheit nie gewagt, meinen Namen auch noch meinem Sohn zu geben. Das war also das Geschoß meiner Frau.

Als du angefangen hast, Mitte der sechziger Jahre erfolgreich zu werden, warst du fast ein weißer Elefant auf dem deutschen Schlagermarkt: ein Mann, der poetische, einfühlsamere, wichtigere Texte hatte als all die Kollegen im Schlagergeschäft ringsherum. Es gibt sicher auch Leute, die deine Chansons als Schlager empfinden?

Ja, das ist durchaus möglich. Sicher gehöre ich zu diesem großen Markt mit dazu als eine Randerscheinung oder als ein Phänomen, wie auch immer man das nennen will. Und wenn das eine oder andere ein Schlager geworden ist, dann bin ich darüber nicht unglücklich. Ich habe die Lieder zunächst mal geschrieben, um mir selber ein Vergnügen, einen Spaß, eine Freude zu machen. Ich habe sie dann aufgenommen, und in dem Moment liegt es ja nicht mehr in meiner Hand, von dem Moment an muß das Publikum entscheiden: Wird das jetzt ein Schlager, oder wird es keiner.

Wenn ich ein bißchen zwischen den starren Grenzen, die bei uns zwischen Schlager und Chanson, zwischen E- und U-Musik gezogen sind, hin und her pendle und ein bißchen diese eine oder andere Grenze überschreite, dann bin ich eigentlich sehr froh darüber. Ich habe es nicht als Schimpfwort empfunden, wenn mir einer gesagt hat, das ist ein Schlager. Denn das bedeutet für mich ein Lied, das das Publikum angenommen hat, das die Leute gegebenenfalls nachsingen können. Ein Lied, an dem die Leute Spaß haben. Wenn ich davon ein paar geschrieben haben sollte, wäre ich nicht unglücklich.

Es hat sich natürlich in diesen zwanzig Jahren sehr viel getan. Es gibt sehr viele Liedermacher nach dir, die anspruchsvolle Texte schreiben, die sich aber durchaus von dir unterscheiden durch die Art ihrer Texte, durch ihre Aggressivität.

Ich glaube, es ist zwangsläufig, daß es gerade bei denen, die wir Liedermacher nennen, große Unterschiede gibt. Denn eigentlich bedeutet für mich Liedermacherei, seine Individualität und seine ureigenste persönliche Empfindung auszudrücken. Infolgedessen muß jeder Charakter andere Lieder schreiben. Deswegen hatte ich auch nie Angst, daß jemand kommt und Lieder wie ich schreiben kann, weil ich nur mit meiner Person Lieder so schreiben kann, wie ich sie schreibe. Ich kann dafür keine Lieder schreiben wie Konstantin Wecker, oder ich kann keine Lieder schreiben wie Hans Scheibner. Sie schreiben sich ihre Persönlichkeit von der Seele, und infolgedessen, glaube ich, treten die Liedermacher sich nicht gegenseitig auf die Füße.

Du hast dich, so scheint es mir, in diesen zwanzig Jahren selber so gut wie nicht verändert. Man kann, glaube ich, den Einstieg zu Reinhard Mey mühelos auch 1982 so finden, als wenn man es 1966 getan hätte.

Das stimmt. Es gibt dennoch, glaube ich, kleine Unterschiede. In der Sprache ein wenig und dadurch, daß ich dieselben Themen wie damals heute vielleicht ein bißchen anders behandle. Die Blickwinkel haben sich sicher im Laufe der Zeit und mit den Jahren, die dazwischen liegen, ein kleines bißchen geändert. Dann glaube ich, daß ich heute etwas pingeliger bin als damals, was ganz einfach daran liegt, daß ich früher ganz unbefangen an ein weißes Blatt Papier rangegangen bin und angefangen habe zu schreiben. Wohingegen ich heute eine ganze Weile vorher rumdruckse, auch mehr feile und bei manchen Worten viel, viel länger überlege als damals. Früher habe ich einfach impulsiv mein Blatt gefüllt, heute grübele ich stundenlang, bevor irgend etwas losgeht. Ich weiß, daß ich damals an einem Nachmittag spielend ein Lied geschrieben habe. So was passiert heute nicht mehr unter einer Woche oder unter zehn Tagen.
Das merkt man sicher ein wenig, wenn man es liest oder hört.

Was übrigens auch auffällt, ist, daß Reinhard Mey jeden Tag im Radio gespielt werden kann und auch gespielt wird, während Kollegen, jüngere Liedermacher, umstrittene Liedermacher, durchaus nicht so oft eingesetzt werden wie du. Du scheinst also doch jemand zu sein, an dem man sich nicht reibt, der nicht weh tut, der keine Diskussionen auslöst, sicher keine politischen Diskussionen. Gefällt dir das?

Die Frage ist eigentlich weniger, ob es mir gefällt oder nicht gefällt. Ich kann einfach nur so schreiben, wie ich schreibe. Ich habe mir immer zum obersten Grundsatz gemacht, das zu schreiben, wozu ich Lust habe, und nur das zu schreiben. Mein erstes Publikum und mein erster Kritiker muß ich zwangsläufig selber sein. Und infolgedessen kommen bei mir nur Sachen durch, mit denen ich selbst klarkomme. Und das scheint also diese Art Musik zu sein, wie ich sie von mir gebe, oder diese Art Text. Wenn ich schreibe, dann achte ich darauf, daß ich nicht durch Zufall mit Worten oder Sätzen Leute aus Versehen verletze, die ich nicht bewußt verletzen will. Denn es ist für mich ein unangenehmer Gedanke, Leute aus Versehen zu kränken, die ich nicht kränken wollte.

Und das kann einem sehr leicht passieren, wenn man impulsiv und aggressiv schreibt.

Ich habe oft sehr bissig und sehr böse einen Satz angefangen, eine Strophe angefangen. Dann ist mir gegen Mitte der Strophe aufgefallen, daß sich damit vielleicht Leute angesprochen fühlen könnten, die ich gar nicht gemeint habe. Dann habe ich es wieder verworfen.

Diese Angst, nicht zu verletzen, stammt die aus einer Angst, selber verletzt zu werden? Oder vielleicht aus einer idyllischen Art zu leben, mit der Chance, nicht in extreme Situationen zu geraten, so daß man sie auch nicht in Liedern verarbeiten muß?

Ich glaube, das kommt aus der Erfahrung, selbst verletzt worden zu sein. Ich habe es als sehr schmerzhaft empfunden, mit Worten, mit Polemik verletzt zu werden. An Stellen, wo es verdient war, habe ich das ganz gut verkraften können, weil ich gesagt habe: Da ist ein wacher Geist, der hat genau erkannt, was du falsch gemacht hast. Da habe ich mir aus solcher Kritik oder aus solchen Angriffen tatsächlich meine Lektion machen können.

Aber ich weiß, daß mich – wie ich es empfunden habe – ungerechtfertigte Angriffe oder Verleumdungen unheimlich getroffen und mir sehr schwer zu schaffen gemacht haben. Das ist eigentlich eine Münze, die ich nicht zurückgeben möchte.

Wenn man in einer Stadt wie Berlin lebt, die ja hochpolitisch ist, gibt es Themen, die einen unter Umständen so nah berühren, daß man gar nicht anders kann, als möglicherweise auch im Text aggressiv zu reagieren.

Da bin ich durchaus deiner Meinung, aber ich weiß nicht, ob ein so emotionsgeladenes Vehikel wie ein Lied dafür geeignet ist, eine sachliche und durchaus aggressive oder bissige Meinung vorzutragen.

Ich halte, wenn es um politische oder um sozialpolitische Zusammenhänge geht, die Emotion für eine nicht ganz unriskante Sache, da diese Themen ohnehin reichlich mit Emotionen befrachtet sind. Ich könnte flammende Pamphlete schreiben, aber nur als Texter. Dann darf ich nicht reimen, und ich darf keine Melodie darunterlegen, weil es damit eine ganz andere Durchschlagskraft kriegt. Ich halte das für nicht ungefährlich.

Du mußt mit der Sprache umgehen, mit ihr leben, mit ihr den Beruf ausfüllen. Wo sind deine Wurzeln in der Sprache? Welche Dichter, welche Poeten sind die für dich immer noch geltenden Vorbilder?

Sicher, der Geheimrat Goethe hat schon in der Schulzeit, obwohl ich in Deutsch immer große Schwierigkeiten gehabt habe, eine große Faszination auf mich ausgeübt.

Aber wen ich heute noch sehr schätze, ist Ringelnatz. Die Art und der Geist, sich auszudrücken, wie der Ringelnatz das gemacht hat, das bewundere ich sehr. Dann einen weit weniger bekannten Dichter, mehr lyrisch, Georg von der Vring. Das ist ein Mann, der mich mit seinem klaren und einfachen und schönen Deutsch sehr beeindruckt hat. Auf der anderen Seite geht es wieder in Richtung Ringelnatz, nur etwas früher: Der Witz und das Jonglieren mit der deutschen Sprache von Wilhelm Busch gefällt mir sehr gut.

Hättest du eigentlich gern in einem anderen Jahrhundert gelebt?

Ich kann es mir nicht vorstellen, weil meine Umwelt und die Dinge, auf die ich zurückgreife, und auch Dinge, die mir lieb und wert sind, so sehr mit Technik befrachtet sind, daß ich mir nicht vorstellen könnte, auch nur 50 Jahre vorher gelebt zu haben. Bei aller Kritik an der Zeit, in der wir leben – ich gehe sicher nicht mit verschlossenen Augen durch die Gegenwart –, kann ich mir keine andere Zeit vorstellen, in der ich lieber gelebt hätte als in unserer.

Du hast dich selber einmal einen phantasiebegabten Realisten genannt. Ich vermisse ein wenig den Realisten. Wo siehst du den bei dir?

Der Realist muß irgendwo dasein, denn sonst wäre ich nicht mehr. Irgendwann muß ich offensichtlich doch aus meinen Träumen und aus meinen Phantasiegebilden auf die Erde herabsteigen und hier weitermachen, denn sonst wäre ich inzwischen irgendwo ein ausgeflippter Träumer und würde vielleicht auf Pfaden in Katmandu wandeln. Das ist nicht

der Fall. Die Idylle, wie du es nennst, ist eine kleine Insel, ein Reservat, das ich mir erhalte, ohne deswegen zu vergessen, daß die Welt nach zwanzig Metern oder einer Viertelstunde Autofahrt bereits ganz anders aussieht. Ich begegne allen Dingen zunächst erst mal mit einem positiven Vorurteil. Das ist vielleicht auch ein Fehler, aber es ist meiner: daß ich zunächst einmal glaube, es wird schon irgendwie alles in Ordnung gehen. Zumindest für mich persönlich ist bisher auch immer alles in Ordnung gegangen, so daß ich also gar keine negativen Lektionen, aus denen ich was hätte lernen können oder hätte lernen müssen, gehabt habe.

Wenn wir bei der Phantasie bleiben, müssen wir auch davon reden, daß du gern in ein Flugzeug steigst. Ich nehme an, das hat nicht nur mit Technik was zu tun, sondern vor allen Dingen auch mit Phantasie.

Ganz sicher. Das sind Faszinationen, an denen schon ganz andere Leute sich die Zähne ausgebissen haben, sie auszudrücken. Antoine de Saint-Exupéry natürlich oder zum Beispiel auch Ringelnatz, der auch mit der Fliegerei zu tun hatte und – was vielleicht nicht so bekannt ist – ein paar sehr hübsche und sehr nachdenkliche leise Gedichte übers Fliegen gemacht hat. Dieses «Sich-Gedanken-Machen», das Losgelöstsein ist eine ganz eigenartige Faszination, die uns da in die Höhe lockt: der uralte Menschheitstraum, zu fliegen. Das geht bei mir soweit, daß ich, wenn ich gefragt werde, ob ich einen Wunsch habe, den ich gern erfüllt sähe, antworten muß: Ich habe wirklich nur den einen, aus eigener Kraft fliegen zu können. Das ist eine Vorstellung, jetzt und hier die Flügel auszubreiten, ohne einen Motor als Hilfswerk oder einen Drachen, den man sich umschnallt, hier am Tisch aufzustehen, die Arme auszubreiten, mit den Flügeln zu schlagen und aufzusteigen. Das wäre für mich der perfekte Fliegertraum.

Erzähl doch bitte mal, wie diese Begegnung stattfand: das Flugzeug und du. Da muß man eine Pilotenprüfung machen – und tausend Dinge gehören dazu, die rein technisch sind.

Da muß ich ganz kurz ausholen, um zu sagen, wie es dazu kam. Meine erste Begegnung mit dem Flugzeug war während der Luftbrücke. Es war die DC3, die da flog. Das war für mich faszinierend. Es war das erste Mal, daß ich Flugzeuge sah, und die brachten dann auch noch Nahrungsmittel. Das war also eine ganz tolle Angelegenheit für mich, infolgedessen war ich schon mal positiv aufs Flugzeug angewärmt.

Dann hat mich das nie ganz losgelassen. Als ich 25 und älter wurde, dachte ich, das sei ein Traum, den ich mir nie verwirklichen würde, weil ich Angst vor der Theorie hatte. Ich habe dann irgendwann mal einen Flieger getroffen, der gesagt hat, Mensch, das lernst du spielend, nachdem ich schon glaubte, damals, mit 30, sei ich schon so weit verkalkt, daß ich nicht mehr in der Lage wäre, etwas zu lernen.

Mit diesem Menschen habe ich dann angefangen, das Fliegen zu lernen. Er war Fluglehrer und hat mir innerhalb von zwei Monaten sehr viel über die Fliegerei beigebracht. Ich habe mich mächtig reingekniet und es schließlich mit Bravour und Begeisterung gemeistert. Dann hatte ich den Privat-Pilotenschein. Und als nächstes reichte es mir dann eben nicht mehr, nur bei schönem Wetter fliegen zu dürfen. Da gibt es für den Flieger eine ganz große Hürde, das ist die Instrumentenflugberechtigung. Und dann wird es wirklich akademisch.

Ich dachte, nachdem ich das eine geschafft habe, muß ich also die Herausforderung annehmen und das zweite auch noch machen. Ich habe mich – '76 war das – zur Instrumentenflugausbildung drei Monate lang in Klausur begeben, auf den Flugplatz Braunschweig, und habe diese Berechtigung erworben. Ich dachte, damit wäre nun alles vorbei. Doch irgendwann im vergangenen Jahr fing es wieder an. Ich wollte noch ein bißchen dazulernen. Dann habe ich mich in diesem Jahr mit der Hubschrauber-Fliegerei befaßt, mich noch mal in Klausur begeben und dann im Juni dieses Jahres die Berechtigung zum Privat-Hubschrauber-Führer erworben.

Wenn man eine solche Leidenschaft hat, kann ich mir vorstellen, daß man auch eins haben will – so ein Flugzeug. Hast du eins?

Nein. Ich hatte mal mit einem Freund zusammen eine Maschine gekauft. Das hat sich als ein völlig unrentables Unternehmen herausgestellt. Es gibt in der Luftfahrt nur die ganz großen Luftfahrtgesellschaften, die mit dieser Geschichte auch wirklich Geld verdienen. Alle anderen zahlen ewig Lehrgeld. Ich habe das sehr, sehr schnell gemerkt, bin ausgestiegen und habe mir zur Devise gemacht: Wenn ich irgendwo ein Flugzeug fliegen möchte, dann ist es das beste, es zu chartern. Dann ist es immer neu, immer sauber, und man hat nie den Ärger und auch die unendlichen Kosten mit dem Ding: daß es nämlich stillsteht und leise vor sich hinrostet, ohne daß man das Vergnügen hat, damit zu fliegen.

Eigentlich erscheinst du mir durchaus nicht als ein besonders mutiger Mensch. Beim Fliegen gibt es ja auch ein Risiko. Hast du Angst davor, oder ist das auch eine Herausforderung?

Ich habe keine Angst vor dem Fliegen, weil ich es ganz bewußt so betreibe, daß ich kein Risiko dabei eingehe. Ich bin kein Draufgänger. Ich glaube, wenn man einen Flug so gewissenhaft vorbereitet, wie man es tun sollte, dann ist es eine sehr risikoarme Angelegenheit. Ich weiß ganz genau, daß ich nach jedem Flug, den ich antrete, abends wieder nach Hause kommen möchte, und ich verhalte mich auch dementsprechend.

Hat dich das Fliegen eigentlich, abgesehen von der Technik oder dem philosophischen Gedanken dabei, der Erde nähergebracht oder weiter davon entfernt?

Es hat mich der Erde nähergebracht. Es hat mich über manche Dinge sehr intensiv nachdenken lassen. Ich habe einmal einen Zwischenfall gehabt, vor zwei Jahren, ein Triebwerkausfall bei einer einmotorigen Maschine, und habe eine Notlandung gemacht. Das war ein Schlüsselerlebnis, das mir erstens gezeigt hat, daß Notlandungen möglich sind, wenn man sich ein bißchen zusammennimmt und wenn man den Flug ordentlich vorbereitet. Und zweitens, daß das Leben eine verdammt schöne und angenehme Sache ist. Das hat mir gezeigt, daß ich sehr am Leben hänge.

Wenn du schon keine Angst vor dem Fliegen hast, wovor hast du Angst?

Ich habe Ängste vor jeder Art von Menschenansammlungen. Ich bringe es nicht fertig, zu einem Fußballspiel zu gehen. Die Platzangst, die vielleicht manche Leute im Flugzeug empfinden, empfinde ich, wenn ich in Menschenmassen eingeschlossen bin und merke, wie die sicher auch faszinierende Massenemotion übergreift. Es ist auf der einen Seite interessant, das zu spüren, auf der anderen beängstigt es mich sehr.

Ich habe natürlich Angst vor den ganz großen Bedrohungen, die unser Jahrhundert überschatten, das ist ganz klar. Als Jahrgang 1942 kann ich mir darunter auch noch was vorstellen, wenn es irgendwo heißt: Da ist Krieg. Das ist ganz sicher, daß mich das ängstigt. Nur sind das Ängste, die sind so groß. Das sind Ereignisse, die so elementar sind, daß man sich den ganzen Schrecken nicht nur so zum Spaß ausmalt. Es sind Ängste, die habe ich tief in mir, aber über die kann ich nicht fortgesetzt sprechen, weil sie einfach zu groß und zu schrecklich sind. Über solche Sachen redet man nicht.

Ich habe auch Angst, auf die Bühne zu gehen. Das ist jedesmal wieder eine ungeheuere Selbstüberwindung. Monatelang, wochenlang vor einem Auftritt habe ich Lampenfieber, da fällt es mir schwer zu schlafen. Das geht so weit, daß ich gelb im Gesicht werde, Bauchschmerzen kriege, richtige Leistungsängste, wie man das auch in anderen Berufen oder in anderen Situationen hat.

Da wir gerade im Hintergrund eine Elster hören: Fühlst du dich eigentlich in deiner kleinen, unmittelbaren Umgebung wohler, sicherer – auch mit der Natur – als mit Menschen? Die kommen in dein Konzert, weil sie ja deine Lieder lieben. Zu denen müßtest du eigentlich eine Beziehung haben, die angstfrei ist.

Das sind zwei ganz verschiedene Dinge. Die Natur ist etwas sehr Beruhigendes, und ich glaube, auf diese Art und Weise bin ich – nicht nur, weil ich mich *hier* wohl fühle, sondern auch irgendwo anders auf dem Land – ein recht erdverbundener und naturverbundener Kerl. Zum anderen ist natürlich die Angst gegenüber dem Publikum keine Panik, sondern das ist die immer neue Situation, der man sich stellt. Man kommt hin, das Publikum hat eine gewisse Erwartung, und jetzt habe ich in mir selbst die Spannung: Wird es mir gelingen, dieser Erwartung gerecht zu werden, und wie wird das ausgehen?

Aber wenn ich diese Herausforderung nicht immer wieder bräuchte, würde ich auch längst keine Tourneen mehr machen. Ich muß es eben doch irgendwann wieder haben, es ist scheußlich schön. Es hat was Beängstigendes und was Faszinierendes zugleich.

Deine Lieder sind ja, da interpretiere ich bestimmt nicht falsch, in der Regel selbsterlebte Geschichten. Muß man sich eigentlich in der Begeg-

nung mit dir seziert und beobachtet fühlen, möglicherweise als Teil eines späteren Liedes?

Das ist nicht auszuschließen, ganz sicher nicht. Ich glaube wirklich, daß 80 Prozent meiner Lieder oder deren Inhalte auf persönliche Beobachtungen oder auf Begebenheiten in meiner Umgebung zurückzuführen sind. Auch Menschen, die mir begegnet sind, Aussprüche, die sie gemacht haben, Situationen, die sich mir eingeprägt haben, dienen mir natürlich irgendwann dazu, ein Lied darüber zu machen oder in irgendeinem Lied wieder vorzukommen.

Als dein erster Sohn auf die Welt kam, warst du dabei. Das macht ja nicht jeder Mann.

Das sollte er aber, wenn ich das an dieser Stelle einfügen darf.

Dieser Meinung bin ich auch, aber was war das für ein Erlebnis für dich?

Es war ein Erlebnis, das mich sehr, sehr tief beeindruckt hat. Das hatte ich erwartet. Aber das, was ich dann erlebt habe, war einfach noch viel mehr als das, was ich mir darunter vorgestellt habe. Selbst wenn man eine Fernsehsendung darüber gesehen oder alle einschlägigen Bücher studiert und sich auf das Ereignis vorbereitet hat, wird man von dem Ablauf der Dinge, wie sie dann in Wirklichkeit sind, so überrumpelt und mitgenommen, wie man sich das vorher gar nicht ausmalen kann. Wenn ich eben gesagt habe, wer immer es möglich machen kann, sollte als Vater bei der Geburt mit dabeisein, dann meine ich, daß es auch dazu beiträgt, ein viel besseres Verhältnis zu der Frau zu bekommen, die das Kind auf die Welt gebracht hat. Das ist letzten Endes eine sehr wichtige Stunde im Leben einer Frau, ein Kind auf die Welt zu bringen. Und wenn sie mit ihrem Mann, der die nächste Bezugsperson sein sollte, über dieses Erlebnis nicht wie mit jemandem reden kann, der das selbst erlebt hat, wird das immer eine etwas einseitige Angelegenheit sein. Ich glaube, dieses wichtige und einschneidende Erlebnis sollte man, wenn es irgend möglich ist, zu zweit haben.

Liederschreiben, Bücherschreiben, überhaupt Schreiben kann eine sehr einsame Sache sein. Wie ist das bei dir?

Ich brauche viel Konzentration, und für die Konzentration brauche ich viel Ruhe. Das heißt, ich kapsel mich in einer Ecke des Hauses ab und habe dann meine festen Arbeitszeiten. In denen verlasse ich den Raum nicht und versuche auch, in dieser Zeit möglichst ungestört zu arbeiten. Das hat sich als gut durchführbar erwiesen. Es ist ein Schlauch für die Familie und für mich, das gebe ich zu. Ich hänge dann auch oft über dem Mittagessen noch einer Idee nach, die ich vor dem Mittagessen gehabt habe. Dann bin ich vielleicht zu dieser Zeit, in der man eigentlich für alle anderen Probleme ansprechbar sein sollte, nicht ganz präsent, weil ich immer noch diesem Gedanken nachhänge, so ein bißchen grüblerisch bin. Aber das geht nicht anders.

Wir haben ganz am Anfang dieses Gesprächs erwähnt, daß du in diesem Jahr 1982 40 Jahre alt wirst. Du erscheinst mir als jemand, der sehr

ausgeglichen, mit seinem Leben eigentlich sehr zufrieden ist. Du hast im Laufe des Gesprächs gesagt, daß einer deiner größten Wünsche sei, dich spontan aus eigener Kraft in die Lüfte zu erheben. Eine Frage zum Schluß: Sind nicht auch Lieder Flüge, die einen bringen, wohin man will, auch ohne daß man selbst dabei in die Luft geht?

Ganz sicher. Deswegen mache ich auch, glaube ich, so einen zufriedenen und glücklichen Eindruck. Ich habe das Glück, einen Beruf machen zu dürfen, in dem ich mir von der Seele schreiben und singen kann, was ich empfinde, was mich bewegt, was mich berührt. Das ist ein großes Glück, sich ausdrücken zu dürfen und Menschen zu finden, die einem zuhören und gegebenenfalls Beifall spenden.

Stephan Sulke

Ich bin der Typ von nebenan

STEPHAN SULKE, am 27. Dezember 1943 als Sohn deutsch-jüdischer Emigranten in Shanghai geboren, hat die Musikkritik durch sein Auftauchen in der Liederlandschaft gespalten. Während ihm die «Neue Zürcher Zeitung» bescheinigt, seine Kompositionen seien «von einer feinen Musikalität geprägt, aber zu vertrackt, um im seichten Lauf des Schlagerflusses Erfolg zu haben», verurteilt «Die Welt»: «Karge Melodien plätschern uninspiriert dahin und können ihre Dünnbrüstigkeit auch hinter teilweise bemüht wirkenden Arrangements nicht verstecken.» Der Riß geht mitten durch die Redaktionen. «Frankfurter Allgemeine» am 27. Oktober 1981: «Der Biedermann gerinnt ihm zum Klischee, und Stephan Sulke spielt ihn mit Bravour. Mal schmollende Unterwürfigkeit, mal verlogene Gerissenheit, Bauernschläue und bubenhafter Witz ...» – «Frankfurter Allgemeine» am 14. März 1983: «Seine geschickt vorgetäuschte Unterwürfigkeit, das entschuldigende Kopfschütteln und Schulterzucken im Applaus-Bad sind kalt kalkulierte Entertainertricks ... Leutselig nimmt er Mittelmaß und spießt dankbaren Bürgern Lauwarmes ins gebrochene Rückgrat.» Die Beobachtungen ähneln sich, der Kritiker muß urteilen: Er kann entweder dafür oder dagegen sein. Sulke traut den Leuten nicht, die für ihn sind, und er fürchtet die anderen. Im Alter von vier Jahren kam er mit seinen Eltern in die Schweiz, wo sein Vater starb und seine Mutter eine neue Verbindung einging. Es fehlte der Familie nie an Geld, ihm aber offenbar an Zuwendung. Als Teenager lebte er in den USA, startete mit achtzehn in Nashville ins Musikgeschäft und landete unter dem Künstlernamen Steff mit dem Song «Where Did She Go?» 1961 einen Top 20-Hit. Dann ging er nach Frankreich, besang die Single «Mon tournedisque» und nahm aus den Händen von Maurice Chevalier den «Prix du premier disque» als bester Nachwuchsinterpret entgegen. Der Überdruß, der vielen seiner Lieder die besondere Note gibt, muß ihn damals wohl bewogen haben, das Showgeschäft hinzuschmeißen und erst mal Jura zu studieren. Nach dem Examen gründete er im schweizerischen Biel eine Firma für hochwertige Tonanlagen, die er heute in alle Welt exportiert, danach in Genf ein Tonstudio, mit dessen Equipment er unter anderem die technisch perfekten Live-Schallplatten vom Montreux-Jazzfestival produziert. Daß er sich als erfolgreicher Geschäftsmann und ökonomisch unabhängiger Kosmopolit als *singer/songwriter, auteur/interprète,* also als Liedermacher selber wieder ans Mikrofon begab, war Resultat seiner inneren Unrast und nicht finanziellen Drucks: «Die Lieder spiegeln ein Stück meines Innern wider. Erfahrungen, die meine Seele anpieksen, kann ich nicht für mich behalten, die muß ich singen, sonst geh ich kaputt.» Insofern gehen die Kritiker-Deutungen fehl, die seinem Sarkasmus abgefeimtes Kalkül unterstellen. Er sitzt auf der Bühne am Flügel, singt und spielt und ist in den Figuren, die er auftreten läßt, immer ein bißchen er selbst: «Es gehört zweifellos zu den Stärken dieses Liedermachers, daß er Symptome und Stadien von Unmündigkeit, von Abhängigkeit und Unfreiheit auf der ganz persönlichen Ebene des Einzelfalles anzusprechen vermag» (Jochen Metzner im «Tagesspiegel»). Wahrscheinlich ist es purer Selbstschutz, wenn er immer wieder beteuert, nichts als ein Schlagersänger zu sein. Als solcher, scheint er zu glauben, sei er schmerzhafter Kritik nicht so sehr ausgesetzt. Doch wie man ihn etikettiert, ist wahrscheinlich nicht wichtig. Was zählt, hat Eckard Presler im «Stern» auf die beste und kürzeste Formel gebracht: «Beim Balance-Akt zwischen Kunst und Kitsch ist er bislang nicht abgestürzt.» Ungereimte Gedichte, Sprüche, Aphorismen und Karikaturen von Stephan Sulke sind 1982 unter dem Titel «Kekse» im Arena-Verlag erschienen.

Dezember 1983

Seit, glaube ich, fünfzehn Jahren denke ich darüber nach, was das ist – ein Interview. Es kann ein Flirt sein, es kann ein Kampf sein, es kann ein dummes Spiel von Frage und Antwort sein. Es kann aber auch die Möglichkeit einer komprimierten, intensiven Begegnung sein und viel über den aussagen, der befragt wird. Stephan Sulke, was möchten Sie am liebsten?

Flirt.

Sie sind ein unverbesserlicher Flirter, jedenfalls darf man das Ihren Liedern entnehmen, obwohl Sie in Ihren Liedern viele unerledigte Liebschaften haben, irgendwelche zurückgelassenen, irgendwelche, von denen Sie träumen. Haben Sie irgendeine gefunden?

Nein, ich hab nie was gefunden. Der Flirt ist, glaube ich, das Suchen und Nichtfinden. Und der nächste Flirt heißt, den gleichen Fehler wieder zu machen. Ich glaube, daß wir immer einander suchen und einander nie finden. Ein Fehler, den wir machen, ist es, einander überhaupt zu suchen. Denn wahrscheinlich sind wir einander so nah, daß wir es gar nicht nötig hätten, einander zu suchen.

Ich wundere mich eigentlich, daß Sie mir heute bereitwillig mehr als eine Stunde zur Verfügung stellen.

Bereitwillig haben *Sie* gesagt.

Also doch nicht. Denn ich kann mir eigentlich vorstellen, und das bestätigt das auch, daß Sie sich nicht so gern ausfragen lassen und Ihre eigene Meinung zu dem haben, was Journalisten mit den Künstlern so treiben.

Ganz ehrlich gesagt, ich hasse es. Da ist jemand, den Sie noch niemals gesehen haben, und dann duzt man sich während einer Viertelstunde. Und dann sagt man auf Wiedersehen, es hat mich gefreut – Sie. Dieses ganze Verlogene und Falsche an den meisten Interviews stößt mich irgendwie ab. Deswegen habe ich wahrscheinlich diesen Ruf, ein Interview-Feind zu sein. Ich bin eigentlich kein Interview-Feind in dem Sinne, sondern ich bin wahrscheinlich ein Feind der Lüge.

Man stellt sich als Künstler den Interviews, weil das ganz einfach zum Gewerbe gehört, das ist Promotion. Außerdem wollen die Leute wissen, was steckt dahinter, was ist das für ein Mann. Liegt Ihre Ablehnung nicht vielleicht auch daran, daß Journalisten oft die für Sie falschen Fragen stellen. Gibt es Fragen, die Sie gern mal gefragt worden wären?

Was die richtige Frage anbelangt, die hängt davon ab, ob das Thema Sie persönlich gerade interessiert. Das ist unter Umständen schwierig. Oft ist es auch so, daß man in einem provokativen Ton interviewt wird, der aber daneben ist. Ich gebe ein Beispiel: Wenn ich ein Mensch bin, der ganz außerhalb der Politik etwas macht, ist es daneben, mich in die Politik reinzuzerren. Das ist, als ob man einen Politiker plötzlich in die Malerei ziehen würde. Das macht es einfach irgendwo schwer. Es ist dann schwer, sich auszudrücken und die Dinge zu sagen, die man eigentlich auf dem Herzen hätte.

Was natürlich nicht ausschließt, daß Sie ein sehr engagierter Mann sind. Nach Ihren Platten zu urteilen, sind Sie am meisten engagiert beim Thema Liebe und Variationen dieses Themas.

Es gibt drei Dinge, die wichtig sind im Leben: Geld, Liebe und Gesundheit. Das sind die drei Dinge, die das Leben ausmachen. Die Reihenfolge ist jetzt unwichtig. Geld im Sinne der Möglichkeit, sich irgendwie zu erfüllen in dieser Geldgesellschaft, weil das Geld nun mal der Ausdruck dieser Gesellschaft ist.

Liebe, sich zu erfüllen in seinem Nicht-einsam-Sein, in seinem Anerkannt-Werden. Geld dann auch oft als Ersatz für die Liebe. Wenn eine Erfüllung in der Liebe da ist, wird Geld weniger wichtig, wenn eine Frustration in der Liebe stattfindet, ist Geld viel wichtiger. Es gibt ja Geldmenschen, die wirklich nichts anderes im Kopf haben als Geld, Geld, Geld. Und wenn Sie dann deren Liebesleben angucken, dann ist das eine grausige Einöde. Andererseits finden Sie Menschen, die in der Liebe eine Erfüllung haben und dann geldmäßig total uninteressiert sind.

Schließlich das dritte: die Gesundheit. Das ist allerdings eine Selbstverständlichkeit, die man allerdings viel zu oft zu selbstverständlich hinnimmt. Das sind die Banalitäten des Lebens, die das Leben nun mal ausmachen, und die mich dann auch beschäftigen.

Ihre Lieder sind Botschaften an Leute, die verstehen zu lieben, zu leiden, Schmerzen zu haben, und manchmal kommt hinten noch so eine kleine Schweinerei raus.

Danke für die Schweinerei. Ja, wenn's um Schweinereien geht ... ich meine, so viele Schweinereien hab ich gar nicht gesagt. Ich weiß nicht, ich glaube, es ist so: Wie es ist, weiß ich nicht; ich weiß nur, wie ich

glaube, daß es sei. Nämlich, daß ich als einzelner, also als einer von den vier Milliarden Heinis, die als Ungeziefer dieses Planeten hier rumrennen, versuche, aus meiner Einsamkeit irgendwie rauszustolpern und dazu irgendwelche Zeichen mache. Und wenn ein anderer kommt, der die gleichen Zeichen macht, dann glaub ich natürlich, ha, da ist auch einer, der ... Ist alles klar?

Dann aber kommen die Intellektuellen, die gescheiten Leute, die nach einer gewissen Zeit natürlich alles begriffen haben, die kommen dann an und sagen: Aha, so ist das, der will jetzt eine große Message bringen. Dabei ist das gar nicht so. Denn in Wirklichkeit ist das nur einer, der draußen auf See immer so SOS-Zeichen macht. Und es sind ein paar andere, die auch solche Zeichen machen, und man begreift plötzlich, daß man mit solchen Zeichen nicht ganz allein ist. Das ist schon alles, mehr will ich eigentlich gar nicht sagen. Mein Problem ist, daß gewisse, ich unterstreiche das Wort gewisse, Menschen mir Dinge hineininterpretieren wollen, die ich gar nicht sagen will. Ich will nur sagen: Hallo, ich bin auch da.

Was kommt denn eigentlich zurück, wenn Sie Hilfeschreie aussenden in Form von Liedern? Gibt's da vorwiegend ein Publikum, das Sie kennen, das Sie im Saal treffen? Was kommt zurück, kommt da Hilfe zurück?

Sie stellen mir sehr gemeine Fragen. Ich weiß es nicht so recht. Denn ein Konzert ist eine sehr undankbare Geschichte. Ein Konzert passiert ja erst, nachdem man bereits etwas an den Mann gebracht hat, um es vulgär auszudrücken. Ohne Kartenverkauf würde ja niemand mit Ihnen ein Konzert machen. Um ein Konzert zu machen, braucht es ja Geld. Man muß den Saal finden, Werbung treiben, es müssen ja auch Leute reinkommen und so ... okay. Es ist also bereits vor dem Auftritt ein gewisses Stadium erreicht, das nicht unbedingt dasselbe ist, das man eigentlich gesucht hat. Und dann steht man also da, bibbert vor Angst – jedenfalls ich, ich weiß nicht, wie es bei anderen ist. Also ich steh dann da und kotz mir den Arsch los – vor lauter Angst. Man hat ein wahnsinniges Bedürfnis, etwas auszudrücken, und es sind Menschen da, die bereits irgendwie erahnt haben, was man eigentlich sagen will. Also: es ist SOS.

Es gibt eine süße kleine Geschichte. Ich mag die Geschichte, deswegen möchte ich Sie Ihnen mal erzählen: Zwei Enten laufen mit ihren

Wackelbeinchen durch die Wüste – viele, viele Kilometer, so acht Stunden lang, und sagen keinen Mucks. Die laufen und laufen und laufen. Nach acht Stunden sagt schließlich ein Entchen zum andern: Quak. Da sagt das andere Entchen: Du, das wollte ich eben auch sagen. Das ist es, was man eigentlich auch sagen möchte. Man möchte eigentlich auch quak sagen, als wollte man die Notbremse ziehen und sagen: Hallo, ich bin auch noch da. Du, ich bin zwar allein, aber bist du nicht auch allein? Hör mal, ich bin auch allein.

Man ist in einem Saal, plötzlich sind da 500 oder 1000 Leute, die sind auch alle allein, und so ist man zu tausend allein. Das wird irgendwie sehr seltsam, manchmal recht schwierig. Also, mein Problem ist, daß ich Dinge sehe und diese Dinge irgendwo hinausschreien möchte. Dann sind plötzlich so viele Leute da, die das auch noch hören möchten, und dann genier ich mich beinahe, es so laut zu sagen. Aber ich glaub, das ist halt das Leben.

Lassen Sie uns über das Lächeln sprechen, das für mich bei der Betrachtung Ihrer Person eine große Rolle spielt. Jeder hat Kriterien, nach denen er einen Menschen beurteilt. Ich glaube am Mund eines Menschen zu erkennen, wo seine Verletzbarkeiten, Schwierigkeiten, Sensibilitäten sind. Ihr Mund gibt sehr viel Auskunft über das, was Sie innen fühlen, während in Ihren Augen ein permanentes Lächeln über alles ist – eine Art von Ironie, von Über-der-Situation-Stehen. Und es fällt mir auf, daß auf den Plattenhüllen am Anfang ein ganz ernster Stephan Sulke zu sehen war, und mit der Anzahl der Platten wird auch das Lächeln größer auf den Covern.

Um den letzten Punkt vorwegzunehmen: Wahrscheinlich liegt es daran, daß ich ein bißchen weniger unreif geworden bin, daß ich also weniger Angst habe vor dem, was ich nun eigentlich doch bin. Denn ich bin kein tieftrauriger, brödelnder Melancholiker. Früher hatte ich einfach Angst vor dem Lächeln, vor dem festgehaltenen Lächeln, und habe mich in meiner Pseudo-Traurigkeit verschanzt.

Dann der Mund. Der Mund ist das Instrument, mit dem man spricht und mit dem man küßt. Das ist ziemlich viel. Daß der viel sagt, liegt auf der Hand. Und das Lächeln in den Augen, das kann man nicht verhindern. Die Augen sind wahrscheinlich doch irgendwo der Spiegel der Seele. Und wie ich nun mal das Leben sehe, ist es ein Staunen mit dem

hilflosen Lächeln eines Menschen gegenüber der Gewalt und der Unendlichkeit der Welt, weil ich erkenne, daß ich nichts bin im Verhältnis zur Welt, daß meine Sorgen unwichtig sind. Und weil ich dennoch begreife, daß ich die riesenhafte Größe habe zu erkennen, daß es überhaupt eine Welt gibt. Ich weiß nicht, wer das mal gesagt hat: Wenn ich physisch die Dinge anfasse, dann erdrückt mich das Universum. Wenn ich sie aber mit dem Geist anfasse, dann kann ich das Universum umfangen. Diese Dualität ist faszinierend. Einerseits gibt sie mir eine Größe, die mich in die Nähe einer Gottheit setzt, andererseits gibt sie mir eine Kleinheit, die mich in die Nähe eines Elektrons setzt. Und das ist doch eigentlich etwas, über das man lächeln kann.

Was kann das Lächeln bewirken, das Sie Angst haben läßt?

Es ist wahrscheinlich die Angst vor mir selber. Wenn Sie vor sich selber nicht sicher sind, dann sind Sie auch vor den anderen nicht sicher. Ganz sicher wird man nie sein, aber wenigstens einigermaßen, nicht allzu unsicher. Wenn die Unsicherheit überhandnimmt, haben Sie auch Angst vor dem Lächeln, weil das Lächeln wahrscheinlich doch das Entwaffnendste ist, was es gibt. Haßtiraden, Frontalangriffe haben mir eigentlich wenig ausgemacht, Spott eigentlich auch wenig. Aber die leise Ironie eines Menschen, der in seinem Blick ein leichtes Lächeln hat und mich damit splitternackt hinstellt, kann einem auch noch die Schuhe ausziehen. Die instinktive Angst davor, daß das so sein könnte, hat mich vielleicht dazu gebracht, daß ich mein Lächeln auf Fotos vertuschen wollte. Weil man das Gefühl hat, es könnte sich gegen einen selber wenden.

Auf der einen Seite scheinen Sie mit erwachsenem Alter Ihre Angst inzwischen überwunden zu haben. Auf der anderen Seite, wenn ich das Gespräch bis zu diesem Punkt nehme, haben Sie immer noch welche. Ich stelle zum Beispiel fest, daß Sie mich bis jetzt noch nicht angeschaut haben. Warum nicht?

Man sagt mir das immer wieder, daß ich die Leute nicht angucke, wenn ich mit ihnen spreche. Andererseits gucke ich die Leute ganz fest an, wenn ich ihnen zuhöre. Sie stellen mir die Fragen. Und da ich mich konzentrieren muß auf das, was ich sage, gucke ich nach innen.

Aber natürlich ist die Angst da. Die Angst ist immer da. Die Angst bleibt, bis es aus ist.

Es kommt, glaube ich, eine Zeit beim Menschen, in der er die Angst irgendwie in den Griff kriegt, das heißt, daß er sie relativieren kann. Zuerst hat man doch Angst vor allem. Als ich jung war, achtzehn Jahre, zwanzig Jahre, hatte ich wirklich Angst vor allem.

Und jetzt, wovor habe ich Angst? Im Moment habe ich überhaupt keine Angst. Und wenn ich nachdenke ... Ich habe Angst, daß ich plötzlich eine Krankheit haben könnte, die sehr weh tut. Das ist eigentlich die einzige Angst, die ich im Moment habe. Habe ich Angst vor anderen Menschen – nein. Diese Angst hatte ich mal, aber die ist weg.

Ein guter Grund, einfach mal eine Rückblende zu machen. Stephan Sulke, einfach schon durch seine Biographie ein Kosmopolit, Berliner, durch die ganze Welt gereist, mit einigen Erfolgen in anderen Ländern – Frankreich, Amerika ...

Erfolge, das waren eigentlich Mini-mini-Erfolge, Mikro-Erfolge.

Sie haben immerhin einen Preis gekriegt in Frankreich, das soll man nicht unterschätzen.

Wissen Sie, was ein Preis ist? Das ist ein Silberbecher, der mit der Zeit anläuft, den man immer wieder putzen muß, damit er glänzt.

Treiben Sie nicht ein wenig Understatement? Ein Preis ist mehr als nur so ein Silberbecher. Für einen jungen Mann – und Sie waren jung, als Sie den Preis bekamen – doch sicher eine wichtige Sache.

Ja, schon, aber wissen Sie, der einzige Preis, der wirklich zählt, ist das «Ja» derjenigen, die Sie erreichen wollen. Was nützt Ihnen das? Schauen Sie, das ist wie ein Film, der einen mittelmäßigen Erfolg hat, und sich zwanzig Oscars einholt. Dann habe ich lieber einen Film, der tausendmal mehr Erfolg hat und keinen Oscar kriegt. Wenn die Professoren sagen, der ist ein Genie, aber der Mann auf der Straße reagiert nicht, dann ist das nicht das Gelbe vom Ei. Was nützt mir ein Schallplattenpreis, wenn ich viel später einmal erkenne: Das war eigentlich Schrott, was du damals gemacht hast, lieber Sulke. Und wenn sie dir auch noch einen Preis dafür gegeben haben, dann waren es entweder Idioten, oder es waren Lügner.

Sprechen wir trotzdem von diesen beiden Ländern, in denen Sie zumindestens ja mal angefangen haben zu singen und erfolgreich zu singen: Amerika und Frankreich. Und es scheint so, als wären Sie dann vor der Musik geflohen, denn Sie haben eine ganze Weile nichts getan in dieser Branche, sondern haben studiert – Jura.

Ja, und Elektronik. Das war so: In Frankreich wäre es mit dem Singen fast losgegangen, aber ich war damals einfach noch nicht stark genug. Ich hatte noch nicht mein eigenes Ich gefunden, und es war auch eine ganz blöde Zeit. Es war die Zeit, in der das klassische französische Chanson gerade im Sterben lag und dieser ganze «Neue Deutsche Welle»-Kram à la française hochkam. Da saß ich irgendwie zwischen Stuhl und Bank, wußte nicht so recht, war mit einem Fuß da und mit dem anderen Fuß dort. Wahrscheinlich war ich nicht reif.

Amerika war eine andere Geschichte. Auch dort war es ein gewisses Manko an Reife. Aber dann ist noch dieser blöde Vietnamkrieg gekommen, da ist man dann in Sachen hineingezogen worden, die man lieber umgehen wollte. Irgendwann hatte ich die Schnauze voll.

Dazu kommt halt immer das Milieu, das war in Frankreich so ein «What Have They Done To My Song»-Syndrom, und in Amerika ähnlich. Ich als europäisch erzogener liberaler Mensch, der vollblütig aus einem – mag sein für diese Leute – dekadenten Kontinent herkommt. Wenn so einer in einem Schallplattenvertrag unterschreibt, er dürfe nicht heiraten, dann ist das so pervers und so daneben, daß es nicht echt werden kann. Das hat es dann auch bewirkt, daß der kleine Sulke irgendwann mal gemerkt hat, daß er da auf dem falschen Dampfer sitzt.

Hat Ihnen das Studium Sicherheit gegeben, oder wozu war es notwendig?

Ich komme aus einem stinkbürgerlichen Milieu, das überdies noch vom Zweiten Weltkrieg geschockt war – in die falsche Richtung geschockt war. Eigentlich hätten meine Eltern begreifen sollen, daß kein Papier was nützt, daß kein Brett unter den Füßen was nützt und daß kein Goldbarren was nützt: Wenn es knallt, knallt es einfach. Dann nützt überhaupt nichts mehr. Also kann man sich fragen, was soll das? Man könnte eigentlich genausogut in den Tag hineinleben. Dennoch wurde mir immer eingehämmert: du solltest, und du müßtest. Das war das eine. Das andere war einfach meine eigene Existenzangst im Sinne des Nicht-wissen-Wohin, und was machen. Gleichzeitig das Chaos in meinem eigenen Kopf, da ich nicht gerade ein disziplinierter Mensch bin. Und dann halt die gesunde Reaktion, die sagt: Also, wenn wir jetzt diesen Kopf ein bißchen in Ordnung bringen würden, indem wir mal etwas machen, bei dem du einfach logisch denken mußt, dann schadet dir das nicht. Das habe ich dann auch durchgehalten. Im nachhinein weiß ich nicht, ob es mir was gebracht hat. Wahrscheinlich habe ich nur ein bißchen Zeit verschwendet.

Also es scheint sich doch wie ein roter Faden durch Ihr Leben etwas sehr Wichtiges zu ziehen: Selbstfindungsprozesse, also immer zu dem kommen, was vielleicht als Entwurf von Anfang an angelegt war.

Aber das ist ja das menschliche Leben. Das menschliche Leben ist doch nur ein Wurf zu sich selber hin. Man kommt als Fremder auf die Welt und sollte, wenn man ein erfülltes Leben gehabt hat, in einer Nähe zu sich selbst sterben. Sich selber finden geht nur durch das Sich-selber-Suchen. Man weiß ja nicht, wo man suchen soll, wenn man nicht weiß, wo man ist. Man weiß nur, daß man nicht bei sich ist. Ich gebe ein Beispiel. Ich wußte, daß ich Talent habe. Aber gleichzeitig wußte ich, daß das, was ich machte, so schlecht war, daß ich mich eigentlich dafür schämen sollte. Dann wußte ich, daß ich eine mittelmäßige Intelligenz habe, aber ich wußte auch, daß ich absolut unfähig war, diese Intelligenz in irgendeiner rationalen Weise zu steuern. Dann geht man zum Beispiel studieren. Jurisprudenz ist ja wirklich was Knallhartes. Da geht es nicht darum, ob sie es gerecht finden oder ungerecht, daß jemandem die Hand abgeschnitten wird oder so, sondern das ist dann einfach so. Wenn *das* ist, dann passiert *dieses*. Man lernt auch eine gewisse Bescheidenheit, wenn man sieht, wie jemandem auf dieser Welt die Hände abgeschnitten werden, wenn man sieht, daß die Dinge tatsächlich so sind, daß das Grauenhafte einfach passiert, daß es konstant da ist. Dann kommt doch irgendwann eine mächtige Freude, daß man die Hand noch hat.

Wenn man mit so vielen Unsicherheiten lebt und sich ihnen aussetzt, gibt es natürlich auch Schutzmechanismen. Heirat kann so etwas sein, auch ein Land wie die Schweiz könnte so was sein.

Die Schweiz war Zufall. Ich bin mit fünf Jahren zum erstenmal in die Schweiz gekommen, und wir waren staatenlos. Meine Eltern sind in den Ferien in die Schweiz gekommen. Mein Vater ist gestorben – und da stand meine Mutter staatenlos da und wußte nicht so recht, wie und was. Dann ist sie auf irgendeinen Schweizer geplumpst und hat ihn geheiratet. Dann ist sie halt dageblieben. Und was machen Sie mit so einem fünfjährigen Stöpsel, den können sie ja nicht wegschmeißen. Da bin ich halt auch dort geblieben. Ein Großteil meines Lebens habe ich dort gelebt. Es ist ein schönes Land. Es ist ein Land, das alles, was nicht seit 500 Jahren dort lebt, schlimmer behandelt als wir hier die Türken. Ich glaube nicht, daß das ein Schutzmechanismus ist.

Dann Heirat. Meine Einstellung zum Heiraten ist eigentlich eine sehr distante. Ich glaube, daß der Mensch nicht gemacht ist, um allein zu leben. Der Mensch ist ganz sicher ein gesellschaftliches Wesen. Und ich glaube, eines der großen Unglücke unserer Zeit ist, daß die Familie langsam, aber sicher zerstört wird. Ich glaube, es gäbe weniger Drogensüchtige in den Straßen und es gäbe weniger Altersheime, wenn die Leute mehr zusammenbleiben würden.

Ich glaube auch an das soziale Netz der Familie. Ich glaube nicht an einen Staat, der Renten auszahlen sollte. Ich glaube eher an Kinder, die ihre Eltern so unterstützen sollten, wie die Eltern ihre Kinder unterstützen sollten. Da kriegt dann die Heirat genau diese Funktion wieder. Es ist einfach ungerecht, wenn Sie mit einer Frau zwanzig Jahre zusammenleben ohne irgendwelche juristischen Zwänge. Dann, nach zwanzig Jahren, kommt eine neue, die ihm eigentlich besser gefällt. Und dann sagt er der anderen: Geh pfeifen, es ist zwischen uns nicht mehr das, auf Wiedersehen. Das finde ich eine verdammte Sauerei.

In Ihrem Kopf wohnen eine Menge Gestalten: Säufer, Huren, Freaks, auch der Mann von nebenan. Haben die alle Platz bei Ihnen, immer noch?

Ich weiß nicht, wie ich das «immer noch» verstehen soll? Ja, die haben schon Platz. Ich weiß nicht, ob die gleichzeitig da wohnen. Das Gehirn ist ja ein seltsames Haus, und es ist immer nur einer, der nach vorn kommt. Ich sagte Ihnen vorhin, daß ich glaube, daß das Leben nichts anderes als ein «Sich-selber-Finden» ist. Es fasziniert mich immer wieder, wie einerseits nicht zu sich gefunden wird, wie also kaputtgegangen wird, andererseits die unglaublich phantasievollen Wege des Kaputtgehens, die es gibt. Ich glaube auch, daß das Erreichen, die Harmonie, nichts Interessantes ist. Das viel Interessantere ist das Nicht-harmonisch-Sein. Der Gammler, der unter der Brücke liegt, ist im Verhältnis zur Gesellschaft nicht harmonisch. Die Hure, die 60 Jahre alt ist und besoffen irgendwo rumliegt, ist im Verhältnis zur Gesellschaft nicht harmonisch. Und der Typ von nebenan, der so aussieht, als hätte er kein Innenleben, aber der halt auch kotzen muß vor Angst, der ist auch nicht harmonisch. Und die faszinieren mich.

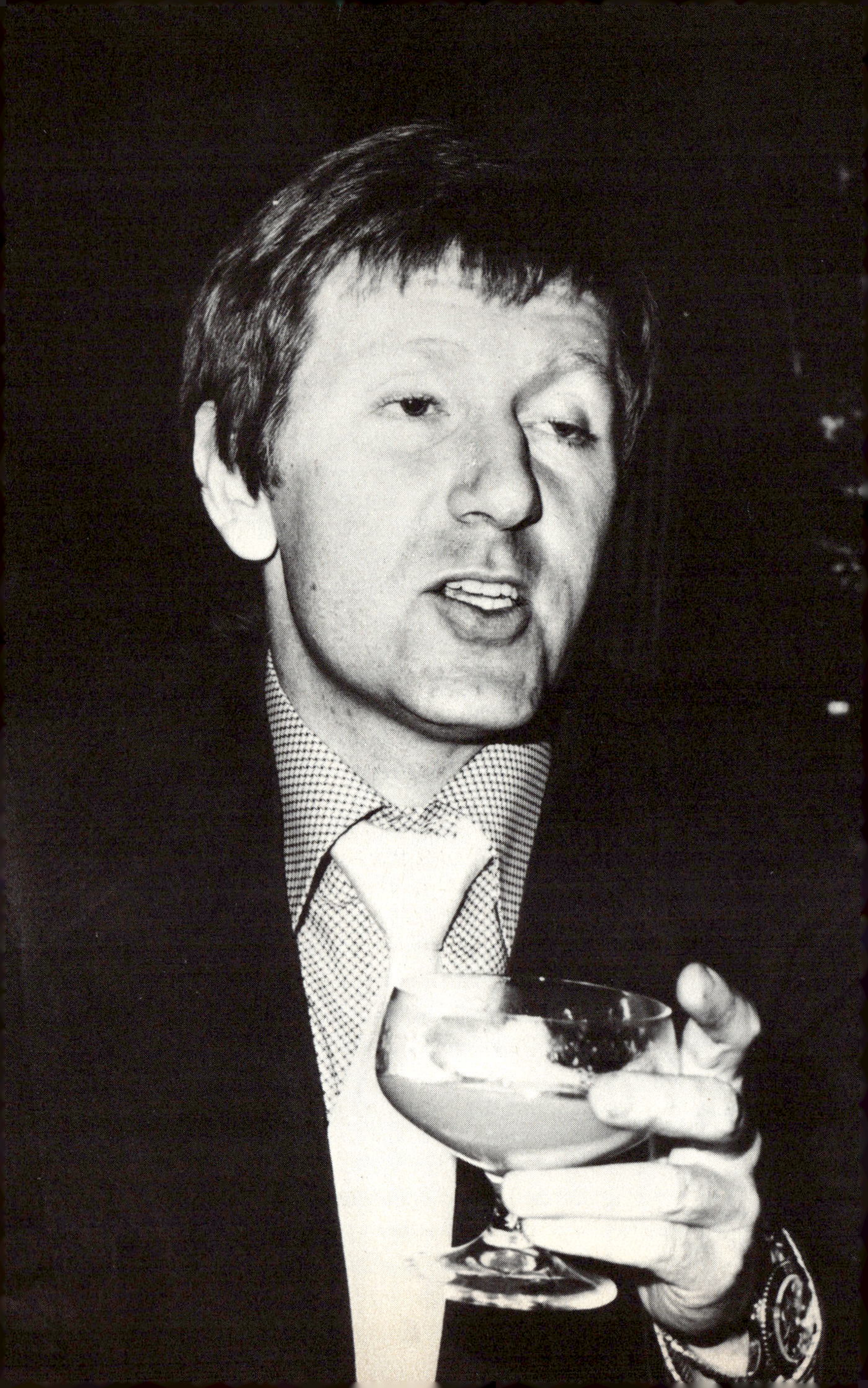

Begegnen Ihnen die Gestalten, die Sie jetzt aufgezählt haben, und noch viele andere, eigentlich nur in Ihrem Kopf oder auch in der Realität?

Ich habe manchmal den Verdacht, daß ich selbst alle diese Leute bin. Ich habe manchmal den Verdacht, daß ich die Hure bin, daß ich der Gammler bin, und daß ich der Typ von nebenan bin. Daß es eigentlich nichts anderes ist als ein Reflex meines eigenen Horrors dessen, was alles in mir ist. Wieso beeindruckt mich so ein Mensch, wenn ich ihn mal zu Gesicht bekomme. Wahrscheinlich doch nur, weil er in mir ist, weil ich vielleicht er sein könnte oder sie sein könnte oder vielleicht mal sein werde. Es steht ja nirgends geschrieben, daß ich nicht mal unter irgendeiner Brücke liegen werde. Ich glaube schon, daß es eher in meinem Kopf ist.

Ich kann mich genau erinnern. Ich war achtzehn Jahre alt und wohnte in einem Glaspalast im fünften Stock. Unten vor dem Haus war ein Platz, da fuhren immer viele Autos vorbei. Es war ganz neu, daß man Isolierglas hatte. Da konnte man also rausgucken, ohne von unten viel zu hören. Ich kann mich an ein Bild erinnern. Es war an einem Novembertag, und es peitschte ein Westwind über die Straße. Die Busse, die Lastwagen und die Autos fuhren da drunten, totenstill. Und über diese Straße, zwischen diesem Verkehrschaos, ging von der einen Seite auf die andere Seite eine alte Frau. Ich glaube, ich habe noch nie und nie wieder ein so wehmütiges Mitleid gehabt wie damals. Ich hatte einen richtigen Schock. Die Frau tat mir plötzlich so unheimlich leid. Wie die da einsam im Regen, alt, über diese Straße lief. Ich habe viel später erst begriffen, daß sich das nur in meinem Kopf abspielte. Wer sagte mir, daß die Frau unglücklich war? Vielleicht war sie absolut glücklich. Vielleicht ging sie zu ihrer Tochter rüber und freute sich auf den Tee. Vielleicht war es ihr auch scheißegal. Vielleicht war sie besoffen, ich weiß es nicht. Es war nur in mir. Daher habe ich oft den Verdacht, daß die Dinge eher in meinem Kopf sind als in der Realität.

Wenn man von so viel Phantasie umgeben ist und in ihr drinsteckt, müßte man sich doch eigentlich sehr für Kinder interessieren, bei denen die Phantasie noch nicht manipuliert und gesteuert ist.

Zu Kindern habe ich ein seltsames Verhältnis. Erst mal habe ich keine, soviel ich weiß. Zweitens habe ich relativ wenig persönliche Erfahrungen mit Kindern. Drittens stoßen mich Kinder oft ab in ihrer grenzenlosen Grausamkeit. Ich habe ein bißchen Mühe, wenn ich höre: Ach, ist der niedlich, und in Wirklichkeit hat der Kerl eine Katze am Schwanz genommen und gegen den Baum geschlagen oder seine kleine Freundin an den Haaren über die Straße gezerrt, Dinge, die für einen Erwachsenen doch ziemlich schrecklich sind. Mit welcher bewußtlosen Grausamkeit Kinder Dinge machen können, das schockiert mich ein bißchen.

Zudem habe ich den schweren Verdacht, daß die Kindheit erst im Erwachsensein anfängt, daß die Kindheit in Wirklichkeit nur ein ganz kleines Erwachsensein ist. Es fällt mir immer wieder auf, wie humorlos Kinder sind. Kinder können lachen, aber sie können nicht lächeln. Und Humor ist ja lächeln. Sie können nicht grau sehen. Sie können nur schwarz und weiß sehen. Soweit ich mich zurückerinnern kann, war die Kindheit eine schreckliche Zeit. Es war eine Zeit der Angst vor Erwachsenen, der Angst vor Lehrern, der Angst vor den Freunden, die stärker waren als man selber. Für mich war es auch eine Zeit der kindlichen Freude, Weihnachtsbaum und so. Aber irgendwo war das alles nicht so real. Es scheint mir erst später real geworden zu sein. Ich habe einfach den Verdacht, die echten Kinder sind die Erwachsenen.

Sie beschreiben Kinder nur von der einen Seite. Ich sehe sie anders, viel poetischer und viel zärtlicher als Sie. Aber sicher ist das, so wie Sie es sehen, eine Beschreibung Ihrer eigenen Kindheit, Ihrer Erfahrung, und sicher auch ein Grund, warum Sie keine Kinder haben.

Das mag sein. Die Poesie der Kinder, scheint mir, ist keine bewußte Poesie. Das Bild, das ein Kind malt, empfinde ich als poetisch, aber das Kind selber empfindet es nicht als poetisch.

Wissen Sie, die Kindheit ist auch so ein Zustand des Noch-nicht-Seins. Das ist ein Irgendwo-Hingehen. Ich habe manchmal den Verdacht, daß wir in einer Zeit leben, in der wir der Kindheit etwas aufidealisieren, das gar nicht dort ist, weil wir den Schlüssel zum Paradies als Erwachsene verloren haben und uns dessen irgendwo bewußt werden. Und weil es keinen Gott mehr gibt und man sich dort nicht mehr hinflüchten kann, suchen wir irgendwo anders das verlorene Paradies.

Haben Sie für sich den Schlüssel gefunden?

Nein, schön wäre es. Dann hätte ich längst einen Selbstmord gemacht, wenn ich ihn gefunden hätte.

Sie haben Mitte der siebziger Jahre angefangen, nach einer größeren Pause, wieder Lieder zu machen, sich mit Musik zu beschäftigen und wieder in dieses Geschäft zu gehen, das Sie ja eine lange Zeit gehaßt haben. Warum? War das eine Art von «Müssen», nämlich die eigenen Gedanken, das Chaos im Kopf ausdrücken zu müssen?

Konkret ist das eine lustige Anekdote, die tatsächlich so passiert ist, die ich nicht erfinde. Ich hatte ein Studio in Genf, ich kann mich genau erinnern. Ich hatte wenig Beziehung zu der deutschen Musikszene. Ich wußte nur, daß sie schrecklich war. Wobei ich sagen muß, daß ich ein großer Feind des schlechten Schlagers bin. Ich beschwerte mich darüber: Wieso wird eine solche Scheiße in Deutschland produziert, wieso müssen die einen so gotterbärmlichen Kitsch machen. Können die denn nicht ein Liebeslied machen, das ein bißchen echt ist.

Das war die Zeit, als Reinhard Mey einen Höhenflug hatte. Und ich sage zu einem Bekannten: Schau mal, da gibt's nur einen, der etwas sagt, bei dem wirklich was passiert ist. Aber was der macht, kann man doch auch noch mit Musik umgeben. Dieser Bekannte sagte mir: Auf deutsch geht das nicht. Da sage ich dem: Du hast wohl einen Pieps, was heißt hier, auf deutsch geht das nicht! Und Heine und Rilke, das ging doch, und Brecht, das ging doch, was soll der Quatsch! Nee, sagt er mir, die Sprache ... Du kannst nicht auf deutsch sagen: Ich liebe dich.

Ich sagte ihm, wenn du jetzt mit einer deutschen Dame ins Bett gehst, fängst du dann plötzlich an, spanisch mit der zu reden, oder wie soll das sein? Du kannst doch einer Frau sagen: Ich liebe dich. – Sagt er: Aber spürst du nicht, wie spitz das ist: Ich liebe dich? – Ja, weil du den Erlkönig im Kopf hast, dieses Ich liiiebe dich. Dann bist du halt woanders. Aber du kannst doch sagen: Ich hab dich lieb, ich liebe dich. – Ja, ich weiß nicht, ob du das sagen kannst. – Und dann sage ich: Paß auf, ich werde dir beweisen, daß man das kann. Und dann habe ich mich hingesetzt und habe ein Lied geschrieben, ein ganz gewöhnliches Liebeslied, in dem ich mir als Thema genommen habe: Wie sag ich es ihr, wie sage ich das, was ich eigentlich nicht den Mut habe zu sagen. Das ist dann das Lied geworden: «Du, ich lieb' dich». Und dann, weil ich nun mal so einer bin, habe ich es auch bis zum bitteren Ende geführt. Ich habe es aufgenommen, und plötzlich hatte ich Lust. Dann habe ich noch ein paar andere Lieder gemacht, einfach zum Spaß. Ich hatte ja das eigene Studio. Da ist der Händler in mir wieder erwacht: Jetzt haben wir also die Investitionen der Zeit und des Magnetbandes gemacht, jetzt müssen wir einen finden, der uns das verscherbelt. Es gibt doch diese Musikmesse in Südfrankreich, die heißt MIDEM, da treffen sich alle schönen Typen der Schallplattenbranche der ganzen Welt und sitzen rum und machen nichts. Da bin ich hingegangen.

Es gibt eine Firma in Deutschland, die heißt CBS, eine echt deutsche Firma. Da war so ein Typ auf der Messe, dem habe ich das vorgespielt, der hat gesagt: Mensch, das gibt es ja nicht! Dann hat er mit mir für dieses Band einen Vertrag gemacht. Leider ist er gerade gestorben, als die Platte rauskam, so daß sie also nicht sehr gepusht worden ist. Also haben die, glaube ich, 20 Platten verkauft oder 25, auf jeden Fall etwas ganz Enormes. Da war ich natürlich stinksauer; da war ich beleidigt. Wie konnte mein Kunstwerk nur 25 Platten verkaufen!

Ich bin also wieder ins Studio gegangen und habe eine ganze LP gemacht. Dann habe ich mich ins Flugzeug gesetzt, bin nach Hamburg geflogen und habe diese ganzen Schallplattenfritzen abgeklopft, wie sie da alle heißen. Alle haben gesagt, das wär toll. Ich fragte: Ja, und? – Ja, ja, toll, wir müssen es uns überlegen! – Das war so gegen sechs Uhr abends. Ich hatte eine Liste der Schallplattenfirmen, da war noch eine in Stuttgart, eine ganz obskure. Die rufe ich um sechs Uhr abends an. Irgend so ein Typ nahm ab. Ich sagte: Hören Sie mal, ich bin der und der, Ihnen entgeht ein großer Künstler. Und, o Staunen, der Typ stotterte am Telefon rum und sagte: Ich www...warte auf Sie. – Ich sagte: Ja, das wird aber acht Uhr. – Er sagte: Ja, das geht. Dann bin ich so um halb neun in Stuttgart angetrudelt. Ich ging zu dem hin, spielte ihm das Band vor; es war noch einer da. Irgendwie waren die mir sympathisch, und ich denen wahrscheinlich auch. Wir fanden das alle toll. Dann sagten die: Alles klar. So hat das angefangen.

Dann kam natürlich der Punkt, der für Sie – kann ich mir vorstellen – mit einer gewissen Schwellenangst besetzt war. Irgendwann mußte ja aus dem Sänger, Komponisten und Schreiber seiner Lieder auch ein

Performer werden. Das heißt: raus auf die Bühne. Da entsteht wahrscheinlich eine neue Angst.

Das ist toll, was Sie eben sagen, das haben Sie sehr gut analysiert. Es ist genau das passiert. Ich hatte so eine Angst! Und weil ich ein Feigling bin, überdies ein intelligenter, habe ich mir gesagt: Komm, Sulke, jetzt machen wir das doch. Aber wir machen das natürlich ganz clever. Wir fangen irgendwo in der Schweiz an, und wenn du auf die Schnauze fällst, dann merkt es keiner. In Zürich gibt es ein kleines Theater, das Hechtplatztheater, da haben ungefähr 150 Leute Platz. Dort habe ich angerufen und gesagt: Hören Sie mal, ich bin ein Genie, Sie müssen mich mal nehmen.

Das Theater gehört der Stadt Zürich, da braucht es normalerweise zwei Jahre, bis man mal reinkommt. Nach sechs Monaten hatte ich es dann plötzlich. Ich wohne in der Nähe von Bern, habe also meine Lautsprecher und so weiter eingepackt und bin hingefahren, um sieben Uhr abends. Ich hatte so eine Angst vor diesen 150 Leuten, daß ich halb gelähmt auf die Bühne gegangen bin. Dann wußte ich nicht, womit ich anfangen soll und habe einfach gestottert: Du lieber Gott, komm doch mal runter. Der Saal ist umgefallen vor Lachen. Jetzt ist es mittlerweile so, daß ich wahrscheinlich ohne weiteres leben könnte, ohne Platten zu machen, daß ich aber todunglücklich wäre, ohne etwas auf der Bühne zu machen.

Ist diese Sekunde der Wahrheit, die vor dem Auftritt, immer noch die schlimmste?

Überhaupt nicht. Lampenfieber in dem Sinne habe ich eigentlich nie gekannt. Bei mir kommt das Lampenfieber immer, wenn ich schon draußen bin, leider. Das ist dieses Gemisch aus einer Wahnsinnskonzentration, aus Sich-total-Verlieren, weil man etwas interpretiert, zu dem man voll steht, und aus einer grenzenlosen Traurigkeit, weil man nie etwas davon hat. Man ist der einzige im Saal, der nichts davon hat.

In dem Moment, in dem Sie was haben können davon, ist es schon vorbei. Sie stehen mutterseelenallein wie ein gewaschener Hund auf der Bühne, und die Leute sind alle weg. Unglücklich oder glücklich, wie auch immer, aber Sie haben nichts davon gehabt. Während der Show haben Sie auch nichts davon, weil Sie ja nicht dabei sind. Es ist ein ganz seltsames Ding.

Die Sekunde der Wahrheit kommt bei Ihnen also erst nach der Show?

Nein, ich glaube, währenddessen. Aber ich habe nichts davon, weil ich mit dem Kopf irgendwo anders bin.

Nimmt Ihnen das Publikum im Laufe der Zeit die Einsamkeit weg?

Erstaunlicherweise geht man eigentlich auf die Bühne, um Einsamkeit loszuwerden. In Wirklichkeit wird man viel einsamer. Man ist so was von allein auf einer Bühne. Das ist schon beinahe wie auf einer fremden Galaxie.

Gibt es für Sie Herausforderungen, die Sie bisher noch nicht gehabt haben? Gab es Situationen, in denen Sie an die Schmerzgrenze gekommen sind, psychisch und physisch?

Es gibt ein Erlebnis, das mir wirklich geblieben ist. Das war eine rein theoretische Diskussion. Also, ich habe mich in einem Kreis von Freunden hingestellt, habe für Stärke plädiert und gesagt: Nur Schwächlinge können Situationen nicht in den Griff kriegen. Und einer, übrigens Notar von Beruf, also muß er es ja wissen, sagte: Das ist Quatsch, Sulke, was du da erzählst. Ich gebe dir ein Beispiel: Du hast eine Wand vor dir, eine Knarre mit einer 9-mm-Kugel in der Hand, und vor dir stehen deine Mutter und deine Frau. Du hast die Wahl, eine der beiden abzuknallen, nicht beide. – Ich sage: Das ist eine blöde Situation, die gibt es nicht. – Sagt er: Okay, die gibt es nicht. Aber nehmen wir mal an, es gäbe sie. – Sage ich: Ja, gut, dann erschieße ich mich halt. – Sagt er: Okay, jetzt schließen wir das auch aus. Einfach rein theoretisch, du kannst dich nicht erschießen, du kannst nur eine von beiden erschießen. Welche nimmst du?

Das ist eine Situation, die für mich absolut ausweglos wäre und an der ich wahrscheinlich zerbrechen würde. Meine Ratio würde mir sagen: Erschieß die Mutter, die hat länger gelebt, und mit der lebst du nicht zusammen. Aber ich würde die Frau nie wieder mit den gleichen Augen angucken können. Die andere Möglichkeit wäre, erschieß die

Frau und laß die Mutter leben. Dann würde ich wahrscheinlich meine Mutter hassen bis zu meinem letzten Atemzug.

Es ist ausweglos. Ich wüßte nicht, wie mir helfen. Und da die Natur und das Leben viel phantasievoller sind als wir, gibt es solche Situationen ganz bestimmt. Irgendwann mal können die auf einen zukommen, und wie ich da reagieren würde, wüßte ich nicht. Eins weiß ich, es gibt ganz sicher Situationen, die nicht lösbar sind, an denen man zerbrechen kann.

... die Ihnen aber ganz offensichtlich noch nicht passiert sind. Dieses extreme Beispiel auf Ihr Leben übertragen: Sind Sie ein entscheidungsfreudiger, mutiger Mann, oder sind Sie das Gegenteil davon?

Ich bin ein ausgesprochener Feigling. Mein Vater soll immer gesagt haben, man soll die Dinge an sich herankommen lassen. Ich lasse die Dinge so weit an mich herankommen, bis sie mich beinahe überrollen, dann bequeme ich mich endlich zu der leichtesten Lösung.

Ende dieses Jahres, genauer gesagt vier Tage bevor es zu Ende ist, werden Sie 40 Jahre alt. Auch eine Zahl, die angst macht?

Nein, Zahlen machen mir keine angst. Das stört mich überhaupt nicht.

Wenn Sie schon Schwierigkeiten haben, anderen Menschen – wenn es nicht unbedingt sein muß – in die Augen zu sehen, können Sie das mit sich selbst? Vor einem Spiegel stehen, sich angucken und eine Feststellung treffen – heute.

Na ja, ich kann mich schon angucken. Vor einem Monat habe ich mich angeguckt und gesagt: Sulke, du bist zu fett. Dann habe ich mir das abgewöhnt. Nicht das Angucken, das Fettsein. Wenn ich mich aber generell anschaue, mal einfach so anschaue, dann stelle ich doch immer wieder fest, daß ich mir eigentlich sehr nahe bin, daß mich das, was ich da sehe, nicht überrascht. Und das würde wahrscheinlich Harmonie bedeuten. Also glaube ich doch, daß ich einigermaßen in mir selber gerade stehe.

Sind Sie jemand, der den Maßstab für Qualität ausschließlich bei sich selber ansetzt, oder sind Sie der Kritik gegenüber offen, wenn sie gut ist? Verletzt Sie Kritik?

Kritik verletzt immer. Derjenige, der sagt, Kritik mache nichts aus, der lügt. Kritik muß verletzen, weil Kritik immer etwas Herabsetzendes ist. Und herabsetzen tut immer weh, das ist eine klare Sache.

Gute Kritik kann durchaus sehr konstruktiv sein und weiterhelfen.

Aber sie tut halt weh. Ich kenne nur eine Kritik, die was wert ist, nämlich die sagt: Du, das ist Scheiße, was du da gemacht hast. Alles andere ist ja Quatsch. Was nützt es mir, wenn einer sagt: Es ist genial, was der gemacht hat. Die Kritik, die was nützt, ist jene, die sagt: Das ist schlecht. Und die Dinge sind ja nicht halb gut oder nicht ganz gut. Sie sind entweder so was von schlecht oder sie sind eben so was von gut. Entweder ist etwas gut, oder es ist schlecht. Es gibt nichts zwischendrin.

Wir haben am Anfang vom Lächeln gesprochen. Ist das inzwischen so weit gediehen, daß daraus ein befreites Lachen wurde?

Leider nicht. Ich kann zwar schon lachen, aber es ist immer noch ein Lachen, das eine leise Traurigkeit mitschleppt. Wissen Sie, ich glaube an das Ganze, das Lachen und die Traurigkeit gehören zusammen, machen die Einheit. Wahrscheinlich bin ich ein lachender Melancholiker oder ein melancholischer Lacher.

Also zieht sich durch Ihr persönliches Leben als Melodie die Melancholie und der Blues?

Nein, denn der Blues ist eine tiefe Traurigkeit aus einer traurigen Situation heraus.

Der Blues ist die Gemütsstimmung desjenigen, der unten im Keller ist und nicht rauskann aus dem Keller. Und ich bin nicht im Keller, eigentlich bin ich ja in der Sonne. Ich glaube, Wehmut ist das richtige Wort, dieses Wissen, daß es zwischen den Fingern davonläuft, und daß es dabei so wahnsinnig schön ist.

Gibt es ein Lied, das für ihre momentane Stimmung, für Ihre Lebenssituation immer noch ganz genau stimmt?

«Ich bin der Typ von nebenan».

Dabei sind Sie es doch schon lange nicht mehr.

Doch, im Kopf schon – voll.

Hans Scheibner

Beiß doch dem Psychiater mal ein Ohr ab

HANS SCHEIBNER, am 27. August 1936 als Sohn eines Maschinenbauers in Hamburg geboren, hat sich in seinem schreiberischen Hauptberuf (der Brotberuf galt ihm immer als nebensächlich) schon frühzeitig «Lästerlyriker» genannt. Sein Spott, den er in Gedichten und Prosatexten, in Zeitungskolumnen (etwa beim «Hamburger Abendblatt») wie in Songs vorträgt, gilt links und rechts gleichermaßen. «Scheibner», schrieb Peter Müller in der «Berliner Morgenpost», «ist keine Kuh heilig. Dadurch hat er sich schon oft genug offenem Schußwechsel von beiden Seiten ausgesetzt.» Mit dem Titelstück seiner dritten LP, «Was in Achterndiek in der Nacht geschieht» nach dem Märchen vom Fischer un sinner Fru, artikulierten Mitte der siebziger Jahre Brokdorf-Demonstranten ihren Anti-Atomkraft-Protest. Seine «Neuen Lästerlieder» von 1977 mit dem LP-Titel «Heiliger Marx» und der persönlichen Attacke gegen den Sangesbruder Hannes Wader trug ihm Lob von rechts und Boykott von den Linken ein. Er selbst sieht sich «in erster Linie als Demokrat: Grundsätzlich stehe ich links, doch linke Verbohrtheit ist mir genauso zuwider wie jede andere.» Ein Ereignis aus der Familiengeschichte hat von Kind an sein Denken geprägt: Die Mutter, die als Sekretärin für ein gewerkschaftseigenes Unternehmen gearbeitet hatte, erhielt von den Nazis Arbeitsverbot. Scheibner besuchte die Schule bis zur mittleren Reife, machte eine Lehre als Verlagskaufmann und volontierte bei der Tageszeitung «Die Welt», deren Redaktion er wieder verließ, «weil mir die journalistischen Praktiken unehrlich erschienen». Von 1959 bis 1969 hat er sich als kaufmännischer Korrespondent einer Lackfirma, danach bis 1980 als Werbeleiter einer Firma für Dosierpumpen und Wasseraufbereitungsanlagen das Brot verdient, daneben allerdings ständig geschrieben und gesungen. 1967 tritt er in der Veranstaltung «Werkstattgespräche» des Hamburger Schriftstellerverbandes erstmals mit eigenen Texten vors Publikum, nachdem er schon vorher im «theater 53» in Stücken von Goldoni und Wolfgang Borchert als Schauspieler dilettiert hatte. Noch 1968 offerierte er seine Texte in Hamburg als «Dichter auf dem Markt», mit Beginn der siebziger Jahre wurde die Lästerlyrik in Büchern gedruckt und auf Langspielplatten veröffentlicht. Buchtitel im Christians-Verlag: «Herr ES, stark auf sein Innen achtend» (vergriffen), «Wenn die Nachtigall zuschlägt», «Spott zum Gruße», «Im Tal, wo die Tretmühlen stehn», «Höhenflüge über der Blechlawine», «Darf der das?», «Keine Angst vorm Feuer – wir löschen mit Benzin»; im Rowohlt Verlag: «Spott ist allmächtig». LP-Titel: «Wenn die Nachtigall zuschlägt», «Scheußlich, wie die Drossel singt», «Was in Acherndiek in der Nacht geschieht», «Heiliger Marx», «Das macht doch nichts, das merkt doch keiner», «Darf der das?», «Scheibnerweise», «Live» (Doppelalbum), «Wo bist du, Lysistrata?».

Mit seinem Partner Berry Sarluis, der ihn am Piano begleitet und (neben Hans Georg Moslehner) Kompositionen zu seinen Texten beisteuert, tritt Scheibner regelmäßig auf kleinen und größeren Bühnen auf, singt Songs und rezitiert Lyrik und Prosa. Das Fernsehen hat sich sein Talent für die satirische ARD/NDR-Serie «... scheibnerweise» gesichert, die zweimal jährlich ausgestrahlt wird. Im ZDF gab sein bissiger Humor der Waterkant-Show «Von Küste zu Küste» die Würze. Im NDR-Hörfunk bringt er die Hörer durch hinterlistige Klassiker- und Märchenbearbeitungen zum Schmunzeln. Und natürlich blieben auch Versuche der Plattenindustrie nicht aus, sich der «Textfabrik» Scheibner für andere Interpreten zu bemächtigen. Seine «größten Hits» dieser Art liegen allerdings schon viele Jahre zurück: «Ich möcht so gern am Fließband stehn» für Meyers Dampfkapelle und «Schmidtchen Schleicher mit den elasch-tischen Beinen» für Niko Haak. Warum die Hit-Kette danach abriß, erklärt er in diesem Interview. Er meidet den Lärm der Schlagerparaden, seine wirklichen Volltreffer erreicht er mit leisen Tönen. Renate Schostack in der «FAZ»: «Scheibner hat Verständnis für die kleinen Unsitten und Untugenden der Menschen, ihre seltsame sommerliche Lust an Grillparties etwa, die Widersprüche im Verhalten sich biologisch ernährender Alternativer, die Heuchelei von Politikern bei Fernsehauftritten ... Daß die besten Stücke öffentlichen, nicht privaten Themen gelten, zeigt, daß man es hier mit einer außerordentlichen kabarettistischen Begabung zu tun hat.»

September 1984

Sag mal, hast du eigentlich bei so einem Herrn mal auf der Couch gelegen, dem du am liebsten ein Ohr abbeißen würdest?

Nein, und ich werde mich auch immer mit Händen und Füßen dagegen wehren, weil ich die Psychiater für ... also, ich hab was dagegen. Ich finde, daß die Psychiatrie, das habe ich mal irgendwo gelesen, die Krankheit ist, für deren Therapie sie sich hält.

Kommt für dich also nicht in Frage?

Nein.

Angeraten wurde es dir auch noch nicht? Vielleicht von einem bösen Kritiker zum Beispiel?

Nein, die haben mir immer ganz andere Sachen angeraten.

Mir ist aufgefallen, als ich dein Fließband-Lied hörte, daß zwischen einem Fließbandarbeiter und einem lästerlichen Lyriker gar kein so großer Unterschied besteht. Wenn du von deiner Lyrik leben willst, und das tust du ja schon seit vielen Jahren, dann mußt du eigentlich wie am Fließband arbeiten. Und wenn ich richtig informiert bin, steht im Telefonbuch hinter deinem Namen Hans Scheibner: Textfabrik, was ja ganz schön mit Fließband zu tun hat.

Das ist natürlich eine ironische Bezeichnung. Sie bezieht sich auf Erich Kästner, der einmal gesagt hat, er sei der Besitzer einer kleinen Versfabrik. Da ich nun nicht nur Verse, sondern auch andere Texte mache, habe ich mal irgendwann geschrieben: Das ist meine kleine Textfabrik. Das hat sich natürlich dann wieder kein Mensch vorstellen können, wenn im Telefonbuch stand: Scheibner, Text. Fabrik. Da haben die Leute gedacht, der hat jetzt eine Textilfabrik. Da habe ich Angebote von irgendwelchen Spinnereien bekommen, die mir ihre Maschinen angeboten haben.

Das ist doch auch nett. Laß uns mal im Doppelsinn bleiben: Wenn dir Leute Spinnereien angeboten haben, dann sind wir ja beim Thema.

Ja, Maschinen zum Spinnen. Aber um wieder auf das Thema zu kommen: Du sagst, das ist eine Fließbandarbeit. Das ist es eben im Grunde nicht. Es ist einfach viel Arbeit. Aber das finde ich schön. Der Unterschied zur Fließbandarbeit ist eben gerade dieser – und darüber bin ich so froh, daß ich jetzt seit einigen Jahren von dem leben kann, was *ich* machen will. Ich werde es nie vergessen, daß ich zwanzig Jahre lang als Angestellter gearbeitet habe, zwar nicht am Fließband, aber doch immerhin in der Industrie. Ich habe meinen Job eigentlich immer gehaßt. Aber ich mußte ja Geld verdienen.

Die meisten von denen, die mit Liedern und von Liedern leben können, haben natürlich mal einen anständigen Beruf gelernt. Du warst gelernter Verlagskaufmann.

Ja, ja, dafür haben meine Eltern gesorgt. Ich wollte ganz früher natürlich zum Theater.

Wieso: natürlich?

Ich kann mir das gar nicht anders vorstellen. Das Theater, auf der Bühne stehen, das war früh schon ein Traum für mich, das wollte ich immer gern. Und in der Schule hatten wir einen Lehrer, der hatte unheimlich viel Verständnis dafür. Der hat mit uns zum Beispiel «Der zerbrochne Krug» aufgeführt, und danach habe ich dann schon in der Schule mein erstes kleines Stück geschrieben, irgendein satirisches Liebesdrama, in dem alle Mädchen unserer Klasse vorkamen. Aber nach der Schule habe ich mich in eine idealistische Welt aus Klassikern und alten Philosophen eingesponnen. Das war so Mitte der fünfziger Jahre.

Damals haben alle Leute um mich herum am Wirtschaftswunder gebaut. Und wenn man noch jung ist, dann denkt man: Was soll das bloß alles, das ist ja schrecklich. Da sieht man nur Materialismus um sich herum. Dadurch habe ich mich so verkrochen in so höhere Sphären. Meine Eltern waren da sehr besorgt.

Ich würde dich ganz gern wieder auf die Erde zurückkriegen. Frage natürlich noch nach deiner Vergangenheit: Aus welchem Elternhaus kommst du, wer waren deine Eltern und Geschwister?

Mein Vater ist Maschinenbauer gewesen. Er war ein ganz einfacher Mann. Er hatte aber immer musische Interessen. Er hat sich mit allen möglichen wissenschaftlichen Fragen beschäftigt, einfach so autodidaktisch. Zum Beispiel hat er sich für nichteuklidische Mathematik interessiert, hat mir zu erklären versucht, daß eins und eins nicht immer zwei ist. Dann hat er sich auch mit den Klassikern beschäftigt. Er hat mir zum Beispiel beigebracht, was ein Hexameter und ein Pentameter ist. Das hat er sich alles neben seiner harten körperlichen Arbeit angelesen.

Ich weiß noch: Einmal mußte ich in der Volksschule ein Fest organisieren. Da hat er zu mir gesagt: Schreib doch für jeden einzelnen Schüler einen kleinen Vierzeiler. Ja, habe ich gesagt, das mache ich. Und dann habe ich mich hingesetzt und konnte das nicht. Da hat mein Vater diese Vierzeiler geschrieben. Ich bin damit zur Schule gegangen, hatte großen Erfolg und habe natürlich gesagt, daß sie von mir sind. Das hat mich aber so gewurmt, daß ich gedacht habe, das muß ich auch mal selbst machen. Das war eine der ersten Anregungen, mich mit Sprache und Sprachrhythmus zu beschäftigen.

Sprache spielt für dich natürlich eine ganz große Rolle. Dein Lieblingsblickwinkel, der des kleinen Mannes, ist eigentlich immer geblieben in deinen Texten. Kommt das vielleicht aus dem Elternhaus?

Natürlich kommt das aus dem Elternhaus. Ich bin nicht fähig, reine Phantasiegeschichten zu erzählen, von Sachen, die ich nicht kenne. Ich muß mich immer an das halten, was ich wirklich beobachtet habe, oder was ich mir wenigstens als Realität vorstellen kann.

Ja, und mein Leben, das spielte sich immer unter den sogenannten

GER
ORCHESTER
Heute Ab
Hans Sc
ERG
CHTE
'78

kleinen Leuten ab. Ich hab eben Verlagskaufmann gelernt und mit ganz einfachen Angestellten zusammengesessen und die kennengelernt – das prägt einen dann.

Ich denke auch, der sogenannte kleine Mann – also der, der weder ganz oben steht und irgendwelche große Lehren verkünden kann oder der ein ganz großer Bösewicht ist, sondern der in der Mitte –, das ist eigentlich der, der das ganze Zusammenleben, die Grundsubstanz der Gesellschaft bildet. Bloß, der wird im Grunde nie gefragt. Der ist natürlich kein Revolutionsheld, keine heroische Figur, sondern eben der Nachbar von nebenan mit allen Schwächen und Stärken des Menschen.

Wenn du dich so sehr damit identifizieren kannst oder mit den Augen des kleinen Mannes gucken kannst, liegt es natürlich nahe zu sagen, du seist auch kein großer Held. Wahrscheinlich ist der kleine Mann auch ein Teil von dir.

Nee, ich bin ganz bestimmt kein großer Held.

Du greifst gerade nach der Weißweinflasche. Dabei fällt mir ein Lied von dir ein, in dem das Wort Prostitution vorkommt. Und das sagst du auch so – Prost-itution, klingt bei dir immer wie Prost. Könnte das bedeuten, daß du am liebsten mit den Huren säufst?

Prost-itution? Das weiß ich jetzt gar nicht. Nein, ich habe aber ein Lied gemacht «Eva oder der Nuttenwalzer».

Das meine ich. Aber beantworte meine Frage. Säufst du am liebsten mit den Huren oder mit den anderen Leuten?

Nein, nein, das will ich nun nicht sagen, daß ich am liebsten mit den Huren sauf. Also, mit Huren würde ich auch gern saufen, aber das ist wirklich immer ein Problem, diese Geschichte mit Huren oder mit Prostituierten ...

Siehst du, wie du Prost-ituierte sagst.

Also: Prostituierte ... die wird dann von den Dichtern immer ungeheuer idealisiert. Daran stimmt häufig was nicht. Der einzige, der das wirklich konnte, meiner Meinung nach, war Brecht. Oder auch Klabund.

Aber wenn ich sehe, in welchem sozialen Elend und in welcher Verlorenheit solche Menschen leben, dann kann ich das einfach nicht mehr richtig gut finden. Ich würde ja gern mit Huren saufen, mir ist das scheißegal.

Warum sagst du würde, *hast du nicht?*

Nee, die akzeptieren mich ja auch nicht. Für die bin ich ja schon wieder eine etwas gehobenere Schicht. Ich kann noch nicht mal mehr in den Puff gehen, dann erkennen die mich ja gleich.

Das ist natürlich ein Problem. In deinen Liedern kommen alle möglichen Tiere vor, der Butt, der Maulwurf, die Forelle und der Igel. Und wenn du über Mädchen singst – auch über Huren, aber auch über andere –, dann haben die auch Namen. Da gibt es Ulla Martens und Elke Eiler. Sind das alles Mädchen, die dir begegnet sind, oder sind das Phantasiegeschöpfe?

Da ist immer was Wirkliches dran. Elke Eiler, da stimmt sogar der Name, das fußt auf einer wahren Geschichte. Ulla Martens auch, nur der Name stimmt nicht. Aber ich habe das wirklich mal erlebt, daß jemand seine ganze Beamtenlaufbahn hinwirft und sagt: Ich weiß zwar nicht, ob das alles gutgeht, aber ich mache das. Das empfinde ich selber ja sowieso. Unter diesen sogenannten kleinen Leuten – ich mag das Wort gar nicht –, überhaupt um einen herum sieht man so viele Tragödien und große Taten. Menschen, die einfach ihren Weg gehen, die sich nicht beirren lassen, die nicht große Philosophien in Anspruch nehmen, sondern einfach tun, was sie wollen, die was riskieren und was wagen: Das, finde ich, ist das Leben, und das ist das Gute, das Große, das es immer noch gibt – und alles unter sogenannten kleinen Leuten.

Wenn man ein Lästerlyriker ist wie du, muß man natürlich in diesem Lande mit der Kritik leben. Natürlich, wie in jedem anderen Land auch, aber hier hat man vielleicht mit dem Schubladendenken noch mehr zu tun als vielleicht in einem anderen. Und du hast das Problem, daß du ganz offensichtlich zwischen den Stühlen sitzt. Manche auf der linken Seite wollen dich rechts ansiedeln, und die Rechten wollen dich links ansiedeln, und du selber ziehst dich mit Humor aus der Affäre?

Nee, ich ziehe mich nicht aus der Affäre. Aber ich stelle fest: Nach so vielen Jahren, in denen ich angegriffen und verteufelt wurde: Ich bin immer noch da. Und ich habe erlebt, daß viele Leute, die zum Beispiel verbiestert auf der ganz linken Seite standen und vielleicht heute noch stehen, daß sie irgendwie weg vom Fenster sind. Nicht deswegen, weil sie nicht mehr gefragt sind, sondern weil das nicht stimmt, weil das nicht aufgeht. Und nichts anderes war es, was ich schon vor zehn Jahren gesagt habe.

Wenn man heute Leute hört wie Cohn-Bendit, ja, wie gemäßigt ist der Mann geworden.

Ich habe vor zehn oder vor acht Jahren gewagt, eine Platte zu machen, die «Heiliger Marx» hieß. Das war genau in der Zeit der Sympathisantendebatte, da war die ganze Terroristenkiste ungeheuer angesagt, und alles war am Kochen. Und ich habe bloß immer gedacht: Mensch, ich hatte mir doch immer vorgenommen, ich will hinter keiner Fahne herlaufen, ich will keiner Hysterie folgen. Ich möchte gern, bevor ich irgend jemanden totschlag, noch mal einen Augenblick nachdenken dürfen, ob das auch richtig ist. Ich habe mir immer das Recht herausgenommen, meinen Gegner wenigstens anzuhören, bevor ich ihn verdamme. Ich kann zum Beispiel nicht für Gewaltlosigkeit eintreten, indem ich Gewalt anwende. Also, ich bin vielleicht doof, aber das kann ich nicht begreifen. Und mehr habe ich nie gesagt.

Und genau das scheint dich suspekt zu machen, daß du bereit bist, erst mal die Argumente zu hören. Es gab ein Lied, das du geschrieben und gesungen hast über einen linken Liedermacher oder Liedersänger. Das Lied heißt «Hans Wacker», und es meint ganz offensichtlich Hannes Wader, diesen Mann, der mit seinen Arbeiterliedern in der linken Szene prominent geworden ist, und dem du vorgeworfen hast, daß er in seiner rechten, luxuriösen Mühle wohnt. Das hat man dir sehr übelgenommen. Man hat nicht verstanden, warum du ihm diesen Denkzettel verpassen wolltest mit deinem Lied.

Das wird man vielleicht nie verstehen. Da muß man ja zwei Gedanken auf einmal im Kopf behalten. Das können die meisten Menschen nicht. Ich habe doch niemals Hannes Wader oder irgendeinem anscheinend anderen Kommunisten übelgenommen, daß er eine Mühle hat oder ein Schloß oder weiß der Teufel was. Soll er das doch haben. Das ist doch überhaupt nix. Jeder Mensch kann eigentlich tun, was er will, das ist ja klar. Aber wenn einer sagt «Ich will jetzt wie der heilige Franziskus leben!» hat aber einen Keller voller Golddukaten und geht jeden zweiten Tag irgendwohin und frißt sich voll, dann ist er für mich ein komischer heiliger Franziskus!

Oder die Kirche, wenn sie die göttliche Armut predigt und in Wirklichkeit sich ungeheuere Pfründe anlegt. Das ist doch ein Widerspruch.

Ebenso meine ich: Kommunismus, da muß man doch wissen, was das ist. Das ist ja nicht so was wie Sozialdemokratie oder die FDP oder irgendwas dazwischen, so 'ne Partei, die nur so 'n Programm hat, sondern der Kommunismus, der Marxismus, ist eine Existenzlehre. Die geht bis auf Hegel und noch weiter zurück. Der Marxismus geht davon aus, daß die Geschichte sich mit Notwendigkeit vollzieht, daß man sich in den Dienst dieser Geschichte stellen muß, daß irgendwann die Arbeiterklasse siegen wird, und zwar mit Notwendigkeit, daß das wie ein Baum wächst, der irgendwann die Frucht des Sieges trägt. Und jeder muß nach dieser Lehre wissen, daß er sich in einem Übergangsstadium befindet. Marx und Engels haben gesagt: Bevor dieses Ziel erreicht wird, wird viel Blut fließen müssen. Und es werden schreckliche Dinge geschehen müssen, aber das alles wird gerechtfertigt durch das große Ziel.

Wie man dazu steht, ist eine andere Sache, darüber können wir nachher reden.

Wenn einer aber sagt: Ich will diesem Ziel dienen, ich will jetzt wirklich Kommunist werden, dann muß er das auch machen, und dann muß er wissen, was das ist. Ich ziehe den Hut vor allen Leuten, die das gemacht haben, die auch in viel schwereren Zeiten dafür ihren Kopf hingehalten haben. Die nicht mehr an sich gedacht haben, sondern die für den Sieg der Klasse gekämpft und ihr Leben eingesetzt haben. Für diese aufrechten Kommunisten war es ganz selbstverständlich, daß ihr ganzes Besitztum natürlich der Partei gehören mußte.

Ich habe Hannes Wader damals – wir haben uns ja auch darüber unterhalten – nicht vorgeworfen, daß er Kommunist ist, sondern daß er ein schlechter Kommunist ist. Dahin sollte die Kritik gehen.

Es gibt eine Menge Lehren auf dieser Welt, vom Christentum bis zum Marxismus. Für welche hast du dich entschieden?

Ich bezweifele, daß es wirklich gute Lehren gibt. Es gibt vielleicht Laotse, oder wie der heißt. Das ist aber keine Lehre, der sagt einfach nur: Frieden wäre und Gerechtigkeit auf der Welt, wenn niemand sich mehr Freiheiten rausnähme, als er jedem anderen zugesteht. Das ist praktisch fast 'ne mathematisch lösbare Geschichte. Das ist aber keine Lehre.

Das schlimme ist gerade, daß die Menschheit immer wieder Heilslehren mit Absolutheitsanspruch hervorgebracht hat. Das Christentum ist eine Lehre mit Absolutheitsanspruch. Der Marxismus ist eine solche Lehre mit Absolutheitsanspruch. Das schlimme an diesen Ideologien ist, daß sie nichts neben sich dulden dürfen. Denn in dem Moment würden sie zusammenbrechen. «Es gibt keine Götter neben mir.» Das steht zwar in der Bibel. Aber das nimmt der Kommunist auch für Marx in Anspruch. Wenn ich als Kommunist sage: Ja, ich könnte mich aber auch irren, dann ist der ganze Kommunismus im Eimer.

Du hast doch eine gute Lösung für dich gefunden, den Lieblingsblickwinkel des kleinen Mannes, der eine gesunde Naivität besitzt, trotz allen Wissens, und der mit gesunden Augen und wahrscheinlich auch mit einem ganz gesunden Herzen sich anguckt, was auf der Welt geschieht, und darauf sein Lied macht.

Das ist richtig. Ich hänge keiner Lehre an, sondern ich bin der Meinung Lessings, der gesagt hat: Wenn Gott in der einen Hand die ewige Wahrheit hätte und in der anderen Hand das ewige Suchen nach der Wahrheit, und er würde mich fragen, welche Hand wählst du?, dann würde ich sagen, das ewige Suchen, denn die ewige Wahrheit ist mir viel zu groß und viel zu schwer, die kann ich nicht ertragen.

Du zitierst Lessing, aber du meinst dich.

Ja doch, das stimmt für mich. Gott sei Dank gibt es hin und wieder in der ganzen Menschheitsgeschichte immer noch einmal wieder diese – für meine Begriffe – wahrhaft humanistische Idee.

Ich habe mir hier zwei Kritikerzitate über dich aufgeschrieben. Das erste lautet folgendermaßen: «Zum Sänger fehlt Scheibner die Stimme, zum Poeten die Sprachkraft, zum Satiriker der Biß, zum Entertainer der Witz.»

Ja, das war eine Kritikerin, Gabriele Lorenz, von der «Münchner Abendzeitung». Wenigstens mal eine, die mich überhaupt nicht mag. Das ist besser als so lala!

Ich möchte ein ganz anderes Zitat dagegensetzen, um das Thema Kritik noch ein bißchen mit dir zu besprechen. Ein Kritiker schrieb: «Das Publikum war begeistert und amüsierte sich köstlich. Das sollte dem Autor zu denken geben.»

Das ist auch toll, nicht? Hahaha, das hast du gelesen?

Ja.

Ich weiß auch nicht, das finde ich fabelhaft.

Steckt da vielleicht der ganze Sinn der Kritik drin? Daß sie einfach nicht akzeptieren können, wenn einer Erfolg hat und beim Publikum ankommt. Ist das schon bedenklich hier in diesem Lande?

Nein, das ist natürlich die Situation des Kritikers. Man muß sich ja auch mal in die Haut des Kritikers hineinversetzen. Der Kritiker ...

Kannst du das?

... versuche ich ... der möchte ja auch gut dastehen. Guck mal, er kann doch schon von Berufs wegen nicht immer derselben Meinung wie das Publikum sein. Er muß ja mal wenigstens dokumentieren, daß er derjenige ist, der mehr versteht als das Publikum, der tiefer blickt. Aber die Kritik hat in diesem Falle vielleicht auch einen ernst zu nehmenden Aspekt: Man muß vorsichtig sein, wenn man die Masse auf seiner Seite hat. Aber die Masse habe ich doch gar nicht auf meiner Seite, das ist doch das Paradoxe. Also, wenn ich nun irgendein Schlagerfuzzi oder Blödelbarde wäre, der Millionen von Menschen hinter sich hat. Aber ich bin ja immer noch froh, wenn ich meine Säle voll kriege. Es ist ja gar nicht so, daß mir die Leute in Scharen zuströmen.

Hättest du das gern?

Natürlich hätte ich das gern! Man kann doch nicht gleichzeitig wollen, daß die Leute einen hören und dann wieder sagen: Oh, nun hören sie mich, das ist doch verdächtig, da muß doch mit mir etwas nicht stimmen. Nee, das geht nun mal leider nicht. Das geht irgendwie nicht auf.

Ja, aber mit den Liedern, die du schreibst – immer noch bei dem Blickwinkel des kleinen Mannes –, hört dir der kleine Mann ja wahrscheinlich gar nicht zu. Es hören ja ganz andere Leute zu.

Das glaube ich nicht.

Glaubst du nicht?

Nee, in meine Vorstellungen kommen so viele Leute, einfache Leute, die nicht nur gern lachen, sondern auch ein bißchen zum Nachdenken angeregt sein wollen. Viele kommen auch zu mir, die sich darüber freuen, daß jemand sich noch mit der Sprache auseinandersetzt und die meine Art von Humor einfach mögen und wollen. Aber bei der Gelegenheit ein ganz anderes Beispiel: Ich mag Heinz Erhardt sehr. Ich meine, daß er mit einigen humoristischen Werken neben Valentin oder Morgenstern wirklich bestehen kann – er ist für mich mehr als ein Volkskomiker. Aber als er starb – an demselben Tag starb auch Arno Schmidt. Da hat die «Zeit» vier Seiten geschrieben über Arno Schmidt und «Zettels Traum». Da war nicht eine einzige Zeile über Heinz Erhardt. Und ich sag dir: In 50 Jahren wird kein Mensch mehr über «Zettels Traum» und Arno Schmidt und schon gar nicht mehr über die Redakteure der «Zeit» reden, aber über Heinz Erhardt werden die Menschen immer noch lachen. Das hat damit was zu tun, daß Heinz Erhardt ein lebendiger Mensch war, der lebendig das Volk begriffen hat. Das kommt an, das ist echter Humor, da merkt jeder, da steht ein Mensch dahinter mit all seinen Schwächen und Blödheiten, die jeder in sich selbst wiedererkennt.

Wie lange bist du jetzt auf der Bühne?

Ach, ich mach das schon seit zehn Jahren.

Eigentlich schon ein bißchen länger.

Wenn man mitrechnet, daß ich früher in der «Wendeltreppe» mit meinen kleinen Versen aufgetreten bin, ja.

Es gibt eine Tradition in diesem Land, die fast ungebrochen ist, die literarische Kleinkunst.

Ja.

Da gibt es große Figuren aus der Vergangenheit, aber auch, Gott sei Dank, noch in der Gegenwart. Hanns Dieter Hüsch ist mit Sicherheit ein auch von dir geschätzter Künstler.

Hüsch finde ich gerade aus all den Gründen auch gut, die wir schon besprochen haben. Er hat sich auch nicht vor einen Karren spannen lassen, sondern ist seinen Weg gegangen. Hanns Dieter Hüsch ist für mich eine Art Diogenes von heute.

Auch er hat nach wie vor nur ein kleines Publikum, aber ein sehr beständiges, wie du.

Oh, er hat mehr Publikum als ich. Das ist ja gerade das gute. Der ist ja auch so viele Jahre in Deutschland durch die Kulturämter gezogen. Und jetzt hat er doch einen erstaunlich großen Kreis auch des jungen Publikums, Hanns Dieter Hüsch.

Wenn man in dieser Szene arbeitet und an sich künstlerisch ähnlich gelagerte Typen vorbeiziehen sieht, die ein großes Publikum erreichen und große Schallplattenumsätze haben (Liedermacher haben in den siebziger Jahren ein Riesenpublikum gehabt, größer als Schlagersänger zum Beispiel), dann hat man doch sicher auch die Versuchung, mal einfach einen Hit zu machen. Du hast ja ein paar gemacht.

Ja, ja, die hat man auch. Das ist sowieso etwas, was Leute wie Ringelnatz oder Tucholsky in dem Sinne ja noch nicht kannten. Die haben eben nicht solche Medien vorgefunden wie wir heute. Die sind alle noch in ihren kleinen Bierkneipen in Berlin aufgetreten, in München. Für die wäre das bestimmt auch eine Versuchung geworden, mal so einen Hit oder so was Ähnliches zu landen. Nimm zum Beispiel mal Kreisler. «Tauben vergiften im Park» ... ist ein satirisches Lied, aber es ist ungeheuer losgegangen.

Und so etwas gibt es eben nur durch die Verbreitung, durch die Medien. Das hat es früher nicht gegeben in diesem Sinne.

Es kommen natürlich auch Plattenproduzenten, die Texte brauchen, auf einen Mann wie dich zu. Und es gab ja auch Versuchungen dieser Art. Es gelang dir ja auch zum Beispiel mit dem holländischen Entertainer Niko Haak, für den du mit «Schmittchen Schleicher» einen Hit gemacht hast.

Ja. Dafür brauche ich mich, meine ich, auch nicht zu schämen.

Sind Versuchungen dieser Art öfter an dich herangetragen worden?

Das schon. Nur das hat irgendwie nie geklappt, weil ich zuviel eigene Interessen hatte. Ich kann mich nicht hinsetzen und irgendwie Texte machen, vordergründige Schlager oder so. Dazu habe ich einfach zuviel, was ich gern sagen möchte. Auch dabei kann man allerdings wieder in so ein Schubladendenken verfallen.

Ich finde gerade in letzter Zeit, in diesem unserem Lande, hat es Songs, sogenannte Schlager, mit erstaunlich guten Texten gegeben.

Zum Beispiel?

Was zum Beispiel Gitte in letzter Zeit gesungen hat, finde ich toll. Als ich mir das anhörte, dachte ich, Mensch, verdammt noch mal, das ist gut geschrieben. Und auch viele Texte von Klaus Lage zum Beispiel. Was kann man dagegen sagen? Da kann man nicht mehr die Nase rümpfen und sagen: Das ist nur ein Schlagertext.

Du bist ein Mann, der ohne Frage eine gewaltige Stimme hat, der Textverständnis hat. Du trittst seit über zehn Jahren mit deinem ständigen Pianisten, Berry Sarluis, auf und hast auch noch einen anderen Partner, Georg Moslehner, der mit dir zusammen komponiert. Du könntest ja eigentlich, in diesem Lande, zu dieser Zeit, auch mit einer großen Band auftreten und beispielsweise mit größeren musikalischen Arrangements arbeiten.

Das wäre für mich nicht das richtige. Ich möchte gern diese einfache Form behalten.

Meine eigentliche Stärke ist wahrscheinlich das reflektierende Lied, das ist ja das, was man satirisch braucht. Man singt nicht nur Gefühle oder reine Lyrik, sondern Reflexionen auf die Wirklichkeit.

Wir führen dieses Interview am Abend nach einer Show, die du gemacht hast. Und ich habe ab und zu den Eindruck, daß du eigentlich ein Moritatensänger bist. Eigentlich könnte eine Bildertafel auf der Bühne stehen, und du könntest mit dem Zeigestock zusätzlich zu dem Text noch die Bilder anzeigen.

Also, das finde ich gut, das hör ich irgendwie gern.

Aber das hast du noch nie gemacht?

Doch, das habe ich auch schon mal gemacht, zum Beispiel diese Kartoffel-Ballade, die ich heute abend auch gebracht habe, dazu habe ich mal so eine Moritatentafel angefertigt. Das ist ein Stilmittel. Man muß es eben ein bißchen überhöhen, wenn man das schafft – ich weiß nicht, ob ich das schaffe. Ein Moritatensänger war Brecht auch. Die ganze «Dreigroschenoper» ist eine einzige Moritat. Die Moritat stellt ja die Wirklichkeit dar, dann überzeichnet sie sie ein bißchen und – das Sensationelle daran – packt dadurch. Der Moritatensänger ist – aus unserer Sicht – unfreiwillig komisch gewesen. Und ich möchte es nicht unfreiwillig, sondern freiwillig komisch, das ist der Unterschied.

Die Moritat war aber auch Zeitung vergangener Jahrhunderte, als es noch keine Zeitung gab. Da zog der Moritatensänger über die Dörfer und erzählte den Leuten, was geschehen war.

Ja, das ist richtig.

Und du erzählst den Leuten ja auch, was geschehen ist, aber aus deinem Blickwinkel.

Insofern bin ich mit dem Moritatensänger wieder gleich. Der konnte ja auch nicht so aktuell sein, der mußte mit einer Geschichte vielleicht ein

halbes Jahr rumziehen, inzwischen hatten sich schon ganz andere Geschichten ereignet. Und ich möchte auch, daß meine Texte nicht nur das aktuelle Tagesgeschehen behandeln, sondern das eigentlich Wesentliche daran herauskristallisieren.

Nun sind die Medien dieses Jahrhunderts, in dem die Bilder laufen lernten, auch an dir nicht vorbeigegangen. Du hast eine Fernsehsendung, und in dieser Fernsehsendung kannst du *also die Bilder zum Laufen bringen.*

Wie ist deine Situation heute in den Medien? Wir haben die Zeit der Wende. Lassen sie dich noch alles singen?

Nee, keineswegs. Das ist ja die schizophrene Situation in den öffentlichen Medien. So wie der Proporz dort vollzogen wird, das ist traurig, es ist im Grunde ein Witz, aber kein guter.

Wir leben in einer Demokratie, und wir könnten es uns leisten, eigentlich alles zu sagen. Wir können ja auch Pornographie verkaufen, und inzwischen haben wir gemerkt, daß dadurch im Grunde kein Schaden angerichtet wird, nicht so viel Schaden jedenfalls, als würde man die Pornographie verbieten.

Und genauso finde ich: Die Ängstlichkeit der Politiker davor, daß sie angegriffen werden, die erzeugt ja überhaupt erst dieses muffige Klima. Es wäre ein Beweis des Funktionierens unserer Demokratie und des Mutes der verantwortlichen Leute in diesem Land, daß man endlich mal von dieser kleingeistigen Tüftelei loskommt, wer einmal SPD gesagt hat, muß auch gleich einmal CDU sagen. Wohlgemerkt: Es ist meines Erachtens in Ordnung, wenn linke und rechte, konservative und progressive Meinungen in gleicher Weise und meinetwegen Menge vertreten sind. Aber jede Seite soll sagen dürfen, was sie denkt, selbst wenn es übertrieben ist. Ich glaube, daß sich dadurch ganz von selbst eine gewisse Zuverlässigkeit der Darstellung einstellen würde. Die Kontrahenten müssen ja immer vor dem Fernsehzuschauer bestehen – und der nimmt es übel, wenn er merkt, daß er hinters Licht geführt wird.

Tatsache ist aber, daß du seit Jahren diese Fernsehsendung «Scheibnerweise» machen kannst. Du bereitest gerade wieder eine Produktion vor. Also, sie lassen dich immer noch.

Ja, sicher. Es mag damit zusammenhängen, daß ich viele Dinge mache, die sich im Literarischen bewegen. Es ist einfach nicht meine Stärke, wie Hildebrandt oder Polt direkt das Aktuelle zu behandeln. Das kann ich nicht so gut, muß ich ehrlich zugeben. Ich will es auch nicht so, weil ich immer noch literarische Ambitionen habe. Und es mag sein, daß ich dadurch – meinetwegen wie früher Werner Finck – meine Sachen etwas doppelbödiger verpacken kann.

Du bewegst dich auf ein halbes Jahrhundert zu, sprich: irgendwann wirst du fünfzig sein, das ist nicht mehr so lange hin.

Drei Jahre ist es noch hin.

Immerhin, aber so lange ist es nicht mehr hin. Da macht sich ein Mann, ein Mensch seine Gedanken. Du wirst dich sicher nicht mit der 35-Stunden-Woche zufriedengeben und auch nicht mit 65 abtreten?

Ich möchte gern so lange ich kann meinen wachen Sinn behalten. Und solange es noch Menschen gibt denen ich was sagen kann und die das hören wollen, bin ich froh. Ich habe ja immer davon gelebt, daß ich nicht einer Mode nachlaufen muß, sondern im Gegenteil, daß ich versuchen muß, den Moden zu entkommen. Und das kann man vielleicht noch mit 50, oder 55, oder 60. Wenn ich anfange zu verkalken, werde ich es vielleicht selber nicht merken, und darauf muß man aufpassen.

Du hast also – Lieblingsblickwinkel des kleinen Mannes – auch nur kleine Ziele?

Nein, ich habe das allergrößte Ziel, das man überhaupt haben kann.

Nämlich?

Ich möchte so lange wie möglich ein selbständig denkender Mensch bleiben. Ich möchte so lange wie möglich versuchen, meine eigenen Vorurteile immer noch mal zu überprüfen. Ach was: Manchmal wäre ich am liebsten Wilhelm Busch.

Georg Danzer

Das Jahr, das kommen wird

Im Oktober 1983 verlor Georg Danzer seine künstlerisch, kommerziell und persönlich wohl wichtigste Bezugsperson: den Plattenproduzenten Gerhard Kämpfe. Die Berliner Staatsanwaltschaft warf Kämpfe finanzielle Manipulationen vor, im Juristen-Jargon «Scheckreiterei». Kämpfe tauchte unter, blieb aber mit Danzer in telefonischem Kontakt. Im Januar 1984 kündigte Danzer gegenüber Kämpfes Firma «Show-Contact» alle Verträge und erklärte in Rundschreiben an die Medien, er habe mit Gerhard Kämpfe nun nichts mehr zu tun. Die ebenfalls im Januar 1984 produzierte Danzer-LP «Menschliche Wärme» zeigt den Künstler musikalisch – auf dem Cover-Foto auch optisch – in einer Krise. Fernsehauftritte, beispielsweise in der ARD/SWF-Sendung «Ohne Filter», lahmten dahin. Mit der LP «Weiße Pferde» war Danzer im August 1984 mit neuen Musikern und einem geänderten künstlerischen Konzept wieder im Aufwind. Er spricht darüber. Gerhard Kämpfe arbeitet nach Bewältigung seiner juristischen Probleme wieder in Berlin. Aktuelle Anmerkungen von ihm im Anschluß an das zweite Danzer-Interview.

Zweites Gespräch: November 1984

Wir haben uns eine ganze Weile nicht gesehen, es ist in dieser Zeit eine Menge passiert. Doch bevor ich anfange, detaillierter zu fragen, stelle ich fest, daß du ein Kreuz an deinem Hals trägst. Das scheint ganz neu zu sein.

Ich könnte jetzt natürlich ausweichen und sagen, es sei ein wichtiges Geschenk von einer wichtigen Person; dann müßte ich nicht darauf eingehen, warum es denn gerade ein Kreuz ist. Meine Anhänglichkeit an dieses Souvenir wäre dann auch wesentlich leichter erklärbar. Nein, ich habe mir das Kreuz gekauft, bevor ich im Frühjahr 1984 auf Tournee gegangen bin. Ich bin von Salzburg weggeflogen, weil ich mit meiner Familie eineinhalb Jahre am Attersee gelebt habe. Da lag dieses Kreuz am Flughafen im Juweliergeschäft. Und ich habe plötzlich ganz spontan dieses Bedürfnis gehabt: Ich möchte mir das Kreuz kaufen und mir um den Hals hängen. Ich bin nicht katholisch, auch nicht protestantisch gottgläubig. Ich kann dir nicht erklären, warum ich mir das Kreuz gekauft habe, aber ich kann dir sagen, ich hänge sehr dran, und ich werde es um nichts in der Welt abnehmen.

Vielleicht komme ich später noch einmal auf das Kreuz zurück. Ich möchte zuerst auf das Interview zurückkommen, das wir genau vor vier Jahren gemacht haben, 1980.

Du warst in einer vollkommen anderen Situation. Du warst ein viel beschützterer Georg, als du es heute bist. Denn du hattest einen Produzenten, Gerhard Kämpfe, der wohl mehr war als ein Produzent. Er war ein Freund, ein Wegbegleiter und vielleicht sogar das kritische Gegenüber für dich – vielleicht aber auch nicht. Erklär bitte noch mal deine Situation, wie sie damals war. Es gibt inzwischen einen Bruch. Ihr seid nicht mehr zusammen. Du gehst deine eigenen Wege.

Ich muß da jetzt was einbringen ins Gespräch, das vielleicht für dich unangenehm ist, weil du es wahrscheinlich nicht weißt. Am 9. August vorigen Jahres hat sich mein Vater erschossen, und seit diesem Zeitpunkt bin ich der letzte Mann in der Familie. Ich trage auch seither den Ring, den er bei seinem Tod am Finger hatte. Es ist ganz komisch, daß man den Vater als Mann so verinnerlicht hat. Viel mehr als der Tod meiner Mutter hat mich der Tod meines Vaters getroffen, weil man mit dem Vater sich selbst identifiziert. Das war also der erste Verlust. Dabei habe ich auch einen Teil meines persönlichen Optimismus verloren, weil mir plötzlich bewußt wurde, daß auch ich eines Tages sterben würde; daß nicht *man*, sondern jeder *seinen eigenen* Tod stirbt. Das war ein sehr großer Schock für mich.

Kurz darauf habe ich die Geschichte mit Gerhard Kämpfe gehabt. Da habe ich einen ganz wichtigen Freund verloren, einen Manager, einen Produzenten und eine Person, die mich, wie ich erst jetzt bemerkt habe, sehr stark beschützt und abgeschottet hat: Gerhard, mach das, Gerhard, tu dieses ... Ich habe sehr viel delegiert an ihn. Ich habe mich eigentlich auf seiner Stärke, seiner Fähigkeit, mit beiden Beinen im Leben zu stehen, sehr stark ausruhen können.

Ich habe über den Gerhard einmal geschrieben, er sei ein Mensch, der in die Jauche fällt, wieder raussteigt und nach Chanel duftet. Dazu stehe ich auch, das stimmt auch heute noch – nach wie vor. Er ist wieder zurück, und das freut mich. Es ist aber nicht einfach zu erklären, warum mich das freut. Vielleicht kommen wir noch später drauf.

Tatsache war, daß ich plötzlich völlig allein dagestanden bin: Vater weg, selbst der letzte Mann in der Familie; Freund, Manager, Produzent weg. In der Band hat's dann auch gekriselt, weil ich ja diese Band so nahe an mich herangelassen hatte in all den Jahren und wir wirklich eine Art Kollektiv waren. Das begann eigentlich mit der LP «Traurig, aber wahr», bei der ich zum erstenmal darauf bestand, «Georg Danzer und Band» auf die Hülle zu schreiben. Daraus hat sich ein sehr starkes Kollektiv-Feeling entwickelt, obwohl die Band nie, wenn ich nicht dabei war, zusammen gespielt hätte. Ich war schon ein sehr starker Katalysator. Aber innerhalb der Band hatten sich Spannungen persönlicher Natur entwickelt, und das wurde mir einfach *too much*. Ich habe dann am 7. Juli nach einem Open-air, das wir noch gemeinsam spielten, gesagt: Wir lösen die Band auf. Die Musiker wußten das schon vorher, weil ich es schriftlich an jeden einzelnen geschickt hatte. Dann stand ich also ohne Band da und hab gesagt: So, jetzt muß ich ganz einfach neue Musiker finden. Das war eigentlich relativ einfach, ich hatte es mir schwerer vorgestellt. Eigentlich habe ich genau die Leute bekommen, die ich mir gewünscht hab.

Diese Band hat mir sehr geholfen, nicht durch Musikalität, sondern durch ... Liebe eigentlich. Ich wollte das Wort jetzt vermeiden, weil es so abgelutscht ist, aber ja, die haben mich geliebt. Die sind ins Studio gegangen und haben gesagt: Wir machen jetzt eine gute Platte, dem Georg zuliebe. Wir sehen, daß der das dringend braucht. Sie spürten, daß ich im Laufe des letzten Jahres auch große Kraft entwickelt hatte. Aus den Liedern der LP «Weiße Pferde» kommt das sehr stark heraus.

Diese Kraft habe ich eigentlich nur daraus bezogen, daß ich mir gesagt hab, wenn du dich jetzt fallenläßt, wenn du jetzt wehleidig bist, wenn du jetzt beginnst, mit dir selber Mitleid zu haben ... Die ganzen Sachen, die dir widerfahren sind, die müssen doch was Positives haben, daraus mußt du ja was lernen können, die müssen ja einen Sinn haben. Ich glaube schon, daß mein Schicksal einen bestimmten Sinn hat. Drum habe ich mir diese ganze Kraft zusammengerafft, die ich in mir verspürt hab und hab diese Platte gemacht. Für manche Leute mag das vielleicht wirken, als wäre diese Platte eine Kettensprengerei. Sie wurde auch schon so bezeichnet. Dazu stehe ich auch, und ich finde überhaupt nichts Negatives daran, wenn jemand versucht, Ketten zu sprengen, von denen er sich eingeengt fühlt.

Darf ich noch mal zum Anfang dieser Konfrontation zurück, die sich jetzt plötzlich entwickelt hat. Du hast mich konfrontiert mit dem Tod deines Vaters, von dem ich tatsächlich nicht wußte. Das gibt für mich einen ganz neuen Aspekt für dich und dein Leben. Ganz sicher, so scheint es mir, ist es so, daß der Tod deines Vaters eine erstmalige ganz große Herausforderung an dich war. Die Entscheidung, dich von deinem Produzenten zu trennen, ist ja mehr oder weniger auf deinem eigenen Mist gewachsen, die hast du ja gefällt, und die Entscheidung, dich von deiner Band zu trennen, auch die ist nicht an dich herangetragen worden. Also war möglicherweise Gerhard Kämpfe auch noch eine Art Vaterersatz. Dein Vater taucht heute übrigens zum erstenmal in einem Gespräch zwischen uns auf. In dem Interview vor vier Jahren haben wir sehr intensiv über deine Mutter geredet. Ist der Vater so wichtig geworden, seit er nicht mehr da ist? Oder war er das immer?

Die Mutter ist '79 gestorben. Ich habe da ganz schnell und spontan drauf reagiert und eine Geschichte über den Tod meiner Mutter geschrieben. Und ich habe meiner Mutter ein Lied gewidmet auf einer Platte, die schon älter ist. Daß mein Vater für mich besonders wichtig war, kann ich nicht sagen. Mein Vater war im Grunde genommen ein Mann, der immer gewünscht hätte, daß aus mir was anderes würde, als tatsächlich geworden ist. Er wollte, daß ich was Sicheres mache, daß ich Beamter werde. Was sich halt alle Väter wünschen. Aber mein Vater war ein mir gegenüber sehr loyaler Mensch.

Mein Vater war bis '56 KP-Mitglied. Er ist dann, wie diese Ungarn-Geschichten waren, unter Protest aus der österreichischen KP ausgetreten. Er war ein Mensch, der nach dem Motto gelebt hat: Es ist alles Scheiße. Alle Mächtigen sind Bücher ... also: Bücher sagt man bei uns in Wien zu Leuten, die ... also eigentlich Verbrecher.

Diverse Male wurde er wegen meines Betragens in die Schule gerufen. Unter anderem fiel mir mal ein großes Springmesser aus der Tasche, was zu einer großen Konferenz Anlaß gab, und man wollte mich von der Schule ausschließen. Mein Vater wurde vorgeladen, ging in die Schule, kam zurück, gab mir wortlos das Messer zurück und sagte: «Schau, daß es dir nicht mehr aus der Tasche fällt. Jedesmal, wenn ich in die Schule gehe und die Arschlöcher sehe, könnte ich mich anspeien.»

Mein Vater hat zu mir gehalten und eigentlich meine Lehrer abgelehnt. Er hat nicht gesagt: Lern was, oder gehorche denen oder jenen. Er war eigentlich ein Anarchist, ein Mann, der in die Berge ging, der aus mir unbedingt einen Bergsteiger machen wollte, was ihm nie gelungen ist. Der aus mir einen Sportler machen wollte, was ihm teilweise gelungen ist. Ich war irgendwie sehr stolz auf meinen Vater.

Mein Vater hatte seit zehn Jahren Prostatakrebs gehabt und eines Tages gesagt: So, jetzt reicht's. Erst bei seinem Tode habe ich erkannt, daß ich als Kind meinem Vater immer nachgeeifert hab, daß ich es ihm eigentlich immer recht machen wollte, auch als Halbwüchsiger, daß mein Vater für mich ein Vorbild, eine große Instanz war. Das hat sich bei mir soweit verinnerlicht, daß ich von dem Tag an, als er tot war, plötzlich Hodenschmerzen bekommen hab. Ich habe monatelang laboriert an Schmerzen, für die niemand einen Anlaß finden konnte. Ich bin zu -zig Ärzten gegangen. Die haben alle gesagt: Sie sind gesund, das ist psychosomatisch, ich kann Ihnen leider nicht helfen.

Mittlerweile habe ich das überwunden, aber ich rede immer noch mit meinem Vater. Ich habe jetzt bei den Aufnahmen zu einer Platte im dunklen Studio gesessen, als alle schon weg waren, und hab mit meinem Vater geredet. Natürlich gibt er mir keine Antwort. Aber die Sache ist nicht ausgestanden. Er hat mich im Stich gelassen, weil er nicht anders konnte, weil er es nicht mehr ertragen konnte. Auch wohl aus dem Grund, daß ich ihn vorher im Stich gelassen hatte. Ich habe mich im Grunde viel zuwenig um ihn gekümmert, habe eigentlich gesagt: Na, der Vater lebt sein Leben – und ich leb halt meins.

Erst als ich seine Tagebücher und die Sachen, die er hinterlassen hat, durchgeforstet hab, ist mir klargeworden, wieviel er über mich geschrieben hat. Er hat die Tage gezählt, wann ich wieder aus dem Urlaub zurückkommen würde. Von seiner Seite war zu mir eine starke Bindung vorhanden, die von mir ausgeschlagen wurde.

Nun bist du ja inzwischen selber Vater. Hat dieser Tod deine Rolle als Vater deiner eigenen Kinder verändert?

Ja, sicherlich. Ich sehe meine Kinder plötzlich mit anderen Augen. Ich sehe sie manchmal so, wie sie sein werden – in zehn, zwanzig Jahren. Ich glaube, daß ich mein Leben so einrichten muß, daß ich nie so an meinen Kindern hängen werde, daß ich mein Schicksal und mein Lebensglück von der Zuneigung meiner Kinder nicht abhängig mache. Ich möchte nie um Zuneigung buhlen müssen, wie es mein Vater offenbar getan hat. Lieber die Kinder früh entlassen und selbständige Menschen aus ihnen machen, und bloß nicht glauben, die Kinder seien dann im Alter das Schöne, woran man sich halten und worauf man sich verlassen kann. Du mußt dein Leben ganz einfach selber gestalten. Und wenn du alt bist, mußt du eben für dich selber einstehen.

Zu dem einen Teil der Frage hast du Antworten gegeben, zum anderen noch nicht: was den anderen Halt in deinem Leben ja bedeutet. Nicht nur die Familie, auch dein ehemaliger Produzent und die Band, die du ja von dir aus von dir gelassen hast. Gehört das alles in denselben Topf?

Das hat sicherlich miteinander zu tun. Ich war bis vor kurzem wahrscheinlich nicht erwachsen. Wobei erwachsen bloß so ein Begriff ist. Irgend jemand hat einmal gesagt, erwachsen sei man dann, wenn man keine Hoffnungen oder keine Zukunftspläne mehr hat. In diesem Sinne werde ich sicher nie erwachsen werden. Aber ich habe mich gern hinter Leuten versteckt. Ich habe gesagt: Ruf an, mach das oder das. Unangenehme Sachen habe ich immer delegiert und mich schnell zurückgezogen. Ich bin ja schließlich Künstler; meine Arbeit findet im Studio, auf der Bühne oder im stillen Kämmerlein statt – hinter der Schreibmaschine und hinter der Gitarre.

Mittlerweile mache ich das meiste selbst. Ich habe die Ute Möller, der ich als meiner Agentin nie all das zumuten würde, was ich früher dem Gerhard ohne weiteres zugemutet hab. Der war halt auch ein Mann, dem man gesagt hat: Hör zu, kannst mir nicht irgendwie auch in privaten Bereichen helfen, was ihn letztlich eigentlich überhaupt nichts anging. Ich habe mit Gerhard sehr viel Zeit verbracht. Wir waren gemeinsam in Kenia und sind dort durch den Busch gekrochen. Wir haben wahnsinnig viele Sachen miteinander erlebt. Das bindet aneinander.

Die Lösung von ihm fand eigentlich auch nicht aus dem Grunde statt, daß ich mich als Freund von ihm verraten fühlte, sondern weil zu diesem Zeitpunkt so viele Dinge schockartig zusammenkamen, daß ich gesagt habe: Alles, was mich jetzt noch zusätzlich beschwert und belastet, muß weg. Ich war wie einer, der über Bord gefallen ist. Ich trieb im Meer und habe alles, was mir an Kleidung, Schuhwerk oder sonstigem Ballast am Leib klebte, abgestreift. Ich habe versucht, mich vollkommen nackt und bloß zu machen, um über Wasser zu bleiben.

Ich habe dieses Gespräch mit der Frage angefangen – nicht wissend, daß es tatsächlich so ist –, ob du vor vier Jahren ein beschützterer Georg warst und heute ein ungeschützterer bist. Geht es dir jetzt besser als damals?

Mir geht es natürlich viel besser, weil du dich hinter fremdem Schutz nie wirklich sicher fühlen kannst, weil dieser Schutz jederzeit fallen kann. Wenn du dich nicht selber zu schützen in der Lage bist, dann ist dieser fremde Schutz eine Gnade, ein Geschenk, das dir aber auch wieder genommen werden kann. Ich kann mich heute erstens selbst besser beschützen, zweitens sehe ich aber die Notwendigkeit des Sich-Schützens um jeden Preis nicht mehr ein. Weil ich jetzt stark bin und Kraft habe, kann ich mir leisten, mich zu öffnen und auch verletzt zu werden. Aber diese Verletzungen beeinträchtigen eigentlich meine seelische oder geistige Stabilität nicht. Nicht einmal dieser Motorradunfall, den ich in Spanien hatte, als es mir fast den rechten Fuß abgerissen hat, hat mich wirklich beeinträchtigt. Ich bin im Spital gelegen und habe mir jeden Tag angeschaut, wie der Arzt in meiner Wunde rumdoktert, und habe mir gedacht: Na ja, ist doch egal, ist doch cool. Jetzt liege ich hier im Bett und kann nachdenken, lesen, schreiben, Radio hören. Es war eigentlich ganz korrekt, daß mir das passiert ist. Ich habe keine Sekunde mit meinem Schicksal gehadert. Ich hadere eigentlich seit einem guten dreiviertel Jahr nicht mehr mit meinem Schicksal. Ich nehme alles an, jeden Schmerz, aber auch jede Freude, und zwar ohne schlechtes Gewissen. Die Freude: Ich esse morgens auch meinen Käsekuchen mit großem Vergnügen, wenn dreitausend Kilometer weiter weg die Menschen hungern, weil mit dem Verzicht auf den Käsekuchen diesen Menschen nicht geholfen wäre. Ich habe ganz einfach kein schlechtes Gewissen mehr dafür, daß es mir gutgeht, weil ich den Schmerz nicht verdränge und auch die Sachen, die mir reingewürgt werden, so nehme, wie sie kommen.

Für mich besteht eine riesige Differenz, eine mächtige Spannung zwischen diesen beiden Interviews, die – wie gesagt – vier Jahre zwischen sich haben. Als wir damals geredet haben, war Georg Danzer der große Liedermacher in Deutschland. Die Konzerte waren total ausverkauft. Es standen Tausende von Leuten auf, um dir zu huldigen mit Feuerzeugen und angezündeten Streichhölzern. Diese Stellung mußt du dir jetzt wiedererobern. Hat das für dich auch etwas Schönes?

Ich kann mir diese Position in dieser Form nie mehr erobern. Damals war Rock 'n' Roll angesagt, und diese Liedermacher-Masche war damals enorm en vogue, weil wir etwas gepredigt haben und vor etwas gewarnt haben, wovon alle geglaubt haben, das werde nie kommen. Ich kann heute nicht mehr auf die Bühne gehen und «Gebt uns endlich Frieden» singen. Da gehen die Feuerzeuge aus ganz anderen Gründen an – das ist Nostalgie. Hier stehen die Pershing und drüben die SS-20, und Reagan hat die letzte Wahl gewonnen. Vor vier, fünf Jahren war das ein rebellisches Lied, und heute ist es ein nostalgisches Lied.

Natürlich hat sich das Klima verändert, die politische Situation hat sich ebenfalls verändert, sie hat sich verschärft. Heißt das für dich, daß du politischer geworden bist, oder das Gegenteil?

Ich bin nicht politischer geworden, als ich es war, und ich werde auch nie weniger politisch sein, als ich es war. Bloß halte ich es für absolut sinnlos, immer über dieselben Dinge vor denselben Leuten zu singen und mitzuerleben, daß sich absolut nichts ändert. Daß diejenigen, die zugehört haben, immer weniger werden und abwandern in die schikken Lager der hedonistischen Zerstreuung, die breitgefächert in unserer Gesellschaft angeboten wird. Es hat keinen Sinn, mit der Gitarre auf

die Bühne zu gehen und über den Frieden zu singen, wenn ein Großteil der Leute eigentlich vor der Glotze sitzt und Fußball schaut. Wir müssen, wenn wir da wirklich was ändern wollen, auf staatsbürgerliche, legale Methoden zurückgreifen. Vereint sind auch die Schwachen stark, das ist Schillers «Wilhelm Tell», glaube ich, und: «Der Starke ist am mächtigsten allein.»

Wir müssen uns in gewisser Hinsicht schon darüber im klaren sein, was wir wollen, umweltmäßig, politisch etc. Und wenn wir es durchsetzen wollen, dann müssen wir uns zusammentun. Aber das muß ich nicht als Künstler machen, das kann ich genausogut als Staatsbürger tun. Ich möchte auch nicht als sogenannter Prominenter betrachtet werden, der sich irgendwo in eine Menschenkette eingliedert, und alle finden das toll. Und dann kaufen sich zwei, drei Leute eine Schallplatte von mir deshalb, weil sie mich einmal an der Hand gehalten haben – in dieser Menschenkette. Da möchte ich lieber nicht als Künstler in dieser Menschenkette sein, sondern als ganz anonymer Mensch, der auch eins mit der Gummiwurst rübergezogen kriegt vom Polizisten, weil er eben nicht so bekannt ist.

Man kann dir sicher nicht vorwerfen, daß du jemals eine Masche gehabt hast oder versucht hast, mit dir und deinen Liedern eine zu stricken. Die besten Lieder von dir kamen immer aus dem Bauch, das wird sicher auch heute so sein. Wie fühlt es sich an in deinem Bauch, verglichen mit dem, was du vor vier Jahren rausgeholt hast?

Da fällt mir jetzt der Grönemeyer ein: «Flugzeuge im Bauch». Das ist ein tolles Lied, das ist wirklich eine großartige Zeile. Ich habe auch Flugzeuge im Bauch, andere als der Grönemeyer. Meine fliegen vielleicht in eine andere Richtung. Ich spüre ganz einfach, es tut sich was, und es ist alles plötzlich ganz anders, als es vorher war.

Es gab 1984 zwei LPs von dir. Eine heißt «Menschliche Wärme», die ganz sicher auch mit den Situationen zu tun hat, die du durchlebt hast im letzten Jahr. Es ist für mich eine Platte, die – schon äußerlich am Cover erkennbar – total anders ist als die zweite aus jenem Jahr, die «Weiße Pferde» heißt. Auf dem Cover von «Menschliche Wärme» ist ein melancholischer, sehr in sich selbst zurückgezogener Georg zu sehen, und ich finde, die Platte ist auch so, durchzogen von großer Melancholie.

«Menschliche Wärme» war die letzte Platte einer Phase. Diese Phase hat '81 mit «Ruhe vor dem Sturm» begonnen. Es gab auf dieser Platte den Song «Frieden», da wurde zum erstenmal in breiten Kreisen vom politischen Georg Danzer gesprochen, weil dieses Lied «Frieden» auch für die sich damals gerade installierende Friedensbewegung sehr tragfähig war. Die «Menschliche Wärme» war der letzte Versuch, all das, was von '81 bis '84 mit mir und um mich herum passiert ist, noch einmal zu fassen. Das ist mir teilweise aber entglitten. Ich habe einen Brief zu Hause liegen, den ich mir aufgehoben habe, und in dem sinngemäß steht: «Früher hast Du mir mit Deinen Liedern Mut gemacht, jetzt

«Mein ganzer Reichtum …

… ist mein Lied», dichtete Georg Herwegh 1840. Praktisch gesehen ist das nicht viel, es sei denn, der Poet konnte als Liedermacher seinen Lebensunterhalt verdienen.

Heute schaffen das nur wenige, denn allzu trügerisch ist der Erfolg. Sicherlich auch ein Grund, warum so viele bei ihren Einkünften lieber auf Nummer Sicher gehen.

machst Du mir angst.» Das war für mich der springende Punkt, da habe ich erkannt, daß ich mir selber auch angst mache, und daß ich keinen Ausweg sehen kann in der Richtung, in die ich mit dieser Platte noch gearbeitet habe. Das heißt nicht, daß da nicht trotzdem Lieder drauf sind, die ich auch weiterhin in Konzerten spielen werde. Das Flugzeuglied zum Beispiel, weil mir ganz einfach diese Aussage wichtig ist: daß über unsere Köpfe Flugzeuge fliegen und unsere Kinder eines Tages vielleicht fragen: Wieso habt ihr euch das bieten lassen? Wie wir unsere Eltern gefragt haben: Wieso habt ihr damals mitgemacht?

Laß mich noch bei der LP «Menschliche Wärme» bleiben. Der Song «Eine Utopie» hat ja schon thematisch sehr viel mit der nachfolgenden Platte «Weiße Pferde» zu tun.

Richtig. Das ist eigentlich der einzige Titel, wo schon irgendwo ein Anknüpfungspunkt für die nächste Platte ist. «Utopie» ist allerdings eine Zeigefingernummer, in der einer nicht wirklich etwas erträumt, sondern glaubt, ein Zukunftsmodell aufstellen zu können, nach dem alle sich zu verhalten hätten. Also, es ist sehr indoktrinierend, dieses Lied. Wir sind die Menschheit; da wird noch vom Kollektiv gesprochen: Wir wollen nicht mehr.

Mittlerweile kann ich nur sagen: Ich bin ein Mensch, ich will nicht mehr. Was ihr wollt und was ihr seid, das ist letztlich euer Problem und eure Verantwortlichkeit. Ich würde heute nicht mehr in diesem kollektivistischen Terminus sprechen: wir. Ich sage heute eigentlich immer: ich. Ein sehr großes Nein und ein kleines Ja.

Ich möchte ein wenig von außen den Übergang knüpfen zu der «Weiße Pferde»-LP. Auf dem Cover bereits ein Pirat, ein Abenteurer, ein Mann, der über die Meere segelt oder vielleicht auf weißen Pferden durch die Lüfte fliegt. Es ist ja auch nicht ganz uninteressant, darauf wirst du ja wahrscheinlich bestanden haben, daß die Platte keine schwarze, sondern eine weiße Platte ist. Weiß ist eine Farbe, die auch assoziative Bedeutung hat: neu, unschuldig, unbefleckt.

In unserem Kulturkreis ist Weiß sicherlich diese Unschuldsfarbe: Hoffnung, Friede, Freude, Eierkuchen, heiraten. In Indien oder in China, im

Fernen Osten ist Weiß die Trauerfarbe. In unserem Kulturkreis hat Weiß eine sehr starke Symbolkraft.

Für dich welches Symbol?

Ein weißes Blatt Papier, das ich jetzt mit neuen Zeichen zu füllen in der Lage bin. «Weiße Pferde»: Natürlich denken sehr viele in Richtung Heroin und White Horses, das ist in vielen Sprachen Synonym für die Droge. Bekannt ist wahrscheinlich aber auch, daß White Horses eine Umschreibung für die Brandung ist, für die Schaumkronen auf den Wellen.

Auch Kokain ist weiß.

Ja, es gibt von Patty Smith auch eine Platte, die so heißt: «White Horses». Mein Song ist vielleicht am besten erklärt, indem ich die Wahrheit sage. Die Wahrheit ist, daß ich gern und oft in Spanien bin, immer an einem bestimmten Platz, daß ich dort einen Freund habe, der sehr viele Pferde hat, darunter sind auch einige weiße. Und wenn er Zeit hat und die Pferde Auslauf brauchen, dann treibt er sie ganz zeitig am Morgen über den Strand. Das Bild dieser Pferde im Wasser hat sich für mich verselbständigt. Wenn ich an «da unten» denke und Sehnsucht habe, dann sehe ich unter anderem auch immer dieses Bild. Also, das sind nicht die weißen Pferde der Camargue, über die es mal einen Film gab, sondern die weißen Pferde von Punta della Mona. Das ist dort, wo ich immer wieder hinfahre.

Das habe ich ganz bewußt aufgegriffen, obwohl mir ganz klar war, daß weiße Pferde ein sehr starkes Klischee sind. Doch Pferde, die ungesattelt, ungezähmt und auch wild sind, die – nicht verfügbar für den Menschen, nicht domestiziert – durchs Wasser rennen, haben für mich eine starke Symbolkraft. Ich wünsche mir so sehr, daß ich so leben könnte.

Und wenn du sagst: Abenteurer, Pirat ... Das Foto auf der Platte ist nach dem Laufen von meinem Kumpan, mit dem ich immer Laufen gehe in der Früh, mit einer Schnappschußkamera aufgenommen worden. Und das ist vielleicht auch ein wichtiger Punkt: Seit Anfang März diesen Jahres habe ich begonnen, so gut wie täglich sechs Kilometer zu laufen, jeden Tag, bei Nebel, Schnee, Regen, jeden Tag sechs Kilometer.

Das hat mich körperlich, geistig und seelisch sehr stark verändert. Man sollte es gar nicht für möglich halten: Laufen ist wirklich eine Meditation, eine Sache, die in den Kopf geht.

Das alles hat mit deiner persönlichen Wende zu tun, die man ja wirklich als solche bezeichnen kann.

Ja, das kann man.

Haben sich deine Stimulanzien verändert gegenüber dem, was früher war?

Ich nehme keine Drogen mehr, ich trinke eigentlich ... Das meinst du ja wohl mit Stimulanzien ...

Du kannst es auslegen, wie du willst.

Okay. Es hat sich insoweit etwas verändert, als ich meinem Körper nichts mehr antue, das in irgendeiner Form extrem schädigend ist. Du siehst, daß ich nach wie vor rauche und einen Wein trinke. Aber ich nehme keine Drogen mehr, überhaupt keine. Ich rauche nicht einmal mehr Haschisch, weil mir das einfach zu blöd ist. Nicht so sehr aus dem Grund, daß ich jetzt ein extremer Drogengegner wäre, das bin ich nicht.

Von mir aus soll jeder reinziehen, was ihm guttut, oder wovon er glaubt, daß es ihm guttut. Ich möchte nur nicht einem Kollektiv von Menschen angehören, für die die Droge der zentrale Mittelpunkt ihrer Lebensinteressen geworden ist. Ich möchte keine Freunde haben, mit denen man nur über das einzige Thema reden kann: Wie beschafft man es sich, wo kommt es her, und überhaupt: Das letzte Mal haben wir doch so einen irrsinnigen Flash gehabt.

Ich möchte mich wirklich über Platten, über Erlebnisse, Sonnenuntergänge, über Weiber von mir aus – Entschuldigung: über Frauen – unterhalten, aber nicht über Abhängigkeiten. Wenn das die einzige Basis einer Freundschaft oder einer Kollegialität sein soll, daß man gemeinsam abhängig ist, dann scheiße ich drauf.

Also haben sich auch deine Freunde verändert?

Ich war soweit, daß ich auf der letzten Tournee ganz strikt Direktiven herausgegeben habe, daß – wie ich das von Frank Zappa weiß – wer Drogen nimmt, rausfliegt.

Deine Droge ist also die Phantasie – und was noch?

Na, brauchst du mehr? Phantasie ist doch eigentlich ... Du willst mich da auf was festnageln.

Nein, nein, ausholen will ich dich.

Ich habe schon einmal bei einem Interview mit dir und mit dem Sigi etwas von mir gegeben, das mir meine Frau heute noch vorhält. Diesen Fehler werde ich nicht noch einmal machen. Ich habe einmal gesagt, ich warte immer noch auf die Frau, in die ich mich hineinfallen lassen kann wie in ein Sprungtuch. Ich war damals schon verheiratet, und ich weiß auch gar nicht, was ich damals damit gemeint habe. Aber meine Frau war sehr verletzt durch diesen Ausspruch. Ich möchte sie nicht zusätzlich verletzen durch neue Sprüche.

Wenn wir von deiner neuen Freiheit sprechen – und ganz offensichtlich ist es so, daß du eine neugewonnene Freiheit hast –, dann gehört, glaube ich, auch dazu, daß man alles aussprechen kann, was man denkt und was man meint. Wenn sich deine Frau durch Aussprüche von dir verletzt gefühlt hat, dann heißt das doch nur, daß sie einen Teil von dir nicht gewußt hat – den du vielleicht selber von dir nicht gewußt hast. Das wäre doch ein Thema, über das man reden könnte.

Ich weiß, daß es sehr polemisch ist, was ich sage: Zu einer neuen Freiheit gehört auch, daß man Dinge verschweigen darf, über die man nicht reden will.

Baust Du jetzt Tabuzonen auf?

Nein, keine Tabuzone. Ich weiß aber nicht, warum ich jetzt über das Thema Sexualität und Frauen sprechen sollte. Die Leute haben sowieso ein ganz bestimmtes Bild von mir. Es läuft in der Branche sowieso ein

ganz bestimmtes Image von mir ab. Das möchte ich weder bestätigen noch durchbrechen.

Das verstehe ich nicht ganz. Wenn es ein falsches Image gibt, wärst du doch der einzige, der das korrigieren und die Wahrheit über dich sagen könnte. Das wäre doch das einzig Interessante.

Ich will vielleicht gar nichts über mich sagen, das ist so wie bei den Liedern. Ich will niemandem erklären, was ich mit «Weiße Pferde» gemeint habe. Da soll sich jeder, der es wissen will, seinen Reim darauf machen. Egal, was ich jetzt sagen würde über mich: Die einen würden es glauben, die anderen würden es nicht glauben; das ist mir auch wirklich ziemlich wurscht. Ich habe früher immer geglaubt, es sei *mein* Problem, was die Leute von mir glauben. Mittlerweile bin ich der Meinung: Es ist *ihr* Problem, was sie von mir glauben.

Die Partnerschaften, die Freunde haben sich verändert. Heißt das, daß du heute weniger Freunde brauchst als früher, weil du mit dir selber so beschäftigt bist und so viel zu tun hast?

Für mich sind Freunde nicht Menschen, die dieselben Bücher lesen wie ich, dieselbe Musik machen oder dieselbe Partei wählen würden, wenn sie überhaupt wählen gehen. Für mich ist ein Freund ein Typ, mit dem ich unter dem Auto lieg und die Hand ausstrecke und es liegt, ohne daß ich sagen muß: «Den 13er bitte», der 13er Schraubenschlüssel in meiner Hand.

Was du jetzt beschrieben hast als Freundschaft ist ja etwas, das man nicht spontan finden kann, sondern das wächst ja. Sind das Freunde, die mit dir gewachsen sind, auch mit deinen Veränderungen? Oder sind das neue Freunde?

Das sind schon Freunde, die mit mir gewachsen sind. Ich habe eigentlich außer diesen Freunden nie andere Freunde gehabt. Ich habe keine stark und häufig wechselnden Männerfreundschaften, weil Männer zueinander nur sehr schwer Vertrauen fassen, das sollte man gar nicht für möglich halten.

Es klingt vielleicht sogar anachronistisch, weil ja Männer im Krieg Kameraden sind und überhaupt angeblich immer zusammenhalten, wenn es gegen die Frauen geht. Aber im Grunde sind Männer immer Rivalen. Und wenn Männer einmal wirklich zueinander soweit Vertrauen fassen, daß sie sich einander so öffnen, wie es bei uns der Fall ist, dann hält das ewig.

Das finde ich merkwürdig. Bei unserem Interview vor vier Jahren waren die Rivalen eigentlich die Frauen. Sie waren diejenigen, die auf der anderen Seite standen, mit denen man Kriege führte, gegen die man kämpfte. Hat sich denn auch da etwas verändert?

Das hat sich sehr verändert. Ich betrachte Frauen überhaupt nicht mehr als Rivalen.

Auch nicht als Kriegsgegner?

Nein, überhaupt nicht. Frauen sind toll, Frauen sind warm, Frauen sind weich, Frauen sind verzeihend. Frauen können auch sehr hassen. Frauen bestehen aus einer mütterlichen Erde, Frauen sind die besseren Menschen, glaube ich.

Was bringt dich dazu, das zu sagen? Ein *Erlebnis – oder mehrere?*

Viele Erlebnisse. Aber im Grunde genommen glaube ich, daß Frauen mehr spüren und mehr wissen – nicht im Sinne einer Wissenschaft, eher im Sinne einer Weisheit. Frauen sind näher am Leben und näher am Tod. Sie sind auch ruhig. Sie sind wie die Hopi-Indianer in der Lage, sich an einen Platz zu setzen und das Leben vorbeiziehen zu lassen, ohne daß es wirklich vorbeizieht. Sie fließen, sie strömen.

Männer sind Hektiker, Männer müssen immer irgendwas pushen, irgendwas erobern, irgendwas gewinnen, irgendwas in den Griff bekommen. Dieses furchtbare Wort: «Das kriegen wir schon in den Griff.» Alles muß heutzutage «in den Griff» gekriegt werden. Frauen machen das viel weniger, es sei denn, sie sind verdorben von unserer Männergesellschaft.

Wärst du manchmal gern eine Frau?

O doch, ich wäre sehr gern eine Frau. Nicht, weil das jetzt eine neue sexuelle Variante für mich wäre, sondern weil ich mir vorstelle, daß ich damit sehr gut leben könnte, daß ich eigentlich sehr glücklich sein könnte damit. Mich hat neulich jemand gefragt, was ich mir wünschen würde, in einem früheren Leben gewesen zu sein. Da würde ich mir wünschen, eine Frau gewesen zu sein: nicht ein König, nicht ein Bettler, ganz einfach das andere Geschlecht.

Mir gefällt das Thema sehr gut, Georg, weil es – wie gesagt – widersprüchlich von dir aufgenommen wird und die Aussagen von dir dazu sehr widersprüchlich sind. Ich stimme im wichtigsten Punkt, wie ich dich sehe, aber sicher mit dir überein.

Es ist schön, das zu sein, was man ist.

Nach deiner Platte «Weiße Pferde», auf der ich eine Menge neu er-

wachter Abenteuerlust finde, frage ich dich, welcher Art Abenteuer es sind, die du jetzt suchst?

Heller hat einmal gesagt, die wahren Abenteuer seien im Kopf. Das finde ich nicht, das sind Phantasien. Wenn ich Abenteuer sage, meine ich ganz konkrete Sachen. Ich würde jetzt zum Beispiel gern mit einem Freund durch die Sahara fahren oder irgendeinen Blödsinn machen, ganz einfach was machen, wobei ich nicht dauernd daran denken muß, daß ein paar tausend Kilometer weiter weg der Verkehr geregelt abläuft und die Kreuzungen von Rot nach Grün und von Gelb nach Rot schalten. Ich möchte eigentlich, daß mir das wurscht ist.

Warum sagst du: Ich würde gern … Warum sagst du nicht: Ich werde *mit einem Freund in die Sahara fahren?*

Weil ich im Moment noch nicht weiß, mit wem ich's machen will und wann ich's machen werde. Im Moment würde ich es gern, aber du kannst sicher sein, daß ich es auch tun werde, so Gott will, und alles für mich so weiterläuft, daß ich es machen kann.

Ich bin an einem Wort hängengeblieben in dem Song «Weiße Pferde». Das Wort heißt Vorstadtkinderinstinkt. Hast du dir alle diese Instinkte bewahren können?

Es gibt nur einen Vorstadtkinderinstinkt: schaun, wo man bleibt.

Das klingt so, als ob man damit Schluß machen könnte, aber ich möchte damit noch nicht ganz Schluß machen. In diesem Gespräch, dem Gespräch vor vier Jahren und unseren gelegentlichen Gesprächen dazwischen wurden von dir Situationen beschrieben, in denen du dich an irgendwas oder irgendwem festgehalten hast. Wir haben angefangen mit dem Kreuz, das plötzlich um deinen Hals hängt, hältst du dich jetzt daran fest?

Nein, das Kreuz hält sich an mir fest.

Soweit bist du schon?

Klar, soweit bin ich schon.

Nachrede von Gerhard Kämpfe, Februar 1985

Georg Danzer ist nach der Trennung von dir und nach der offenbar für ihn ziemlich schwierigen Phase ohne seinen Mentor wieder ins Plattenstudio gegangen. Er ist wieder auf die Bühne gegangen, hat Fernsehshows gemacht und einen bläßlichen Eindruck hinterlassen in der Öffentlichkeit. Er wirkte wie ein gebrochener Mann. Kann es sein, daß du als sein Partner zu stark warst? Wir wissen ja aus unseren früheren Gesprächen, daß die Trennung von seiner Mutter für ihn ein großes Problem war. Kann es sein, daß der «Vater» Gerhard Kämpfe für ihn ebenfalls ein Problem war?

Es klingt mörderisch arrogant, wenn ich das jetzt bestätige. Aber ich habe ja mit den Musikern diskutiert, ich habe mit allen Leuten diskutiert, die den Georg seit Jahren kennen und auch schätzen. Ich glaube, das ist der Punkt. Ich habe all die Dinge, zu denen ich nicht in der Lage war, weil mir einfach diese poetische und hochmusikalische Ader fehlt, in ihn hineininterpretiert. Ich habe von ihm wirklich permanent oberste Leistung gefordert in bezug auf seine Aussagen, auf seine Musik, ja sogar in bezug auf sein Leben. Georg hat sich ab und zu darüber beschwert, indem er sagte: Du kennst mich besser als jeder andere Mensch auf der Welt, und das ist manchmal beängstigend.

Diese Signale habe ich nicht immer richtig verstanden. Man muß die Fähigkeit besitzen, die Eitelkeit zu bewältigen, die in einem groß wird, wenn man entdeckt, daß ein so talentierter und sensibler Künstler sich einem gegenüber so sehr aufmacht. Da muß man fürchterlich aufpassen, daß man den anderen nicht so sehr beeinflußt, daß er sich in einem vielleicht ganz angenehmen, aber dennoch einengenden seelischen Käfig befindet. Und das habe ich wohl gemacht.

Georg hat mir vorgeworfen, daß ich in Schwierigkeiten war. So blöd es jetzt klingt: Er hat mir vorgeworfen, ihn in eine Situation gebracht zu haben, daß er in dem Augenblick, als ich Schwierigkeiten hatte, nicht in der Lage war, völlig selbständig zu reagieren. Das klingt jetzt ein bißchen pervers – aber ich glaube, das war das Problem.

Es gab, für die Leute in den Medien von außen sichtbar, 1984 eine Zeitlang einen blassen, gebrochen erscheinenden Georg Danzer. Und dann gab es plötzlich wieder eine LP, «Weiße Pferde», und er erschien wieder gestärkt. Es hat den Eindruck gemacht, daß er jetzt seine eigenen Kräfte entdeckt, weil er sie entdecken mußte. Wie siehst du ihn heute, nach dieser langen Zeit, die dazwischenliegt. Fehlt dir der Künstler oder, wenn das nicht der Fall sein sollte, fehlt dir der Freund?

Als ich die Einladung bekam, noch mal über Georg Danzer zu reden, habe ich mir klargemacht, wie wütend ich bin, wie sehr ich enttäuscht bin von seinen Reaktionen, wie viele Punkte – es gibt etliche – ich ihm vorwerfen werde bei diesem Gespräch hier. Je länger ich aber jetzt rede, desto weniger Lust habe ich, auf diese Punkte einzugehen. Das hängt wahrscheinlich damit zusammen, daß man ein solches Kapital an Gefühl für einen anderen Menschen, auch wenn der darauf rumtrampelt, nicht aus dem Fenster schmeißen kann.

Ich kenne Georg zu gut, als daß ich nicht wüßte, daß er wahrscheinlich intellektuell, philosophisch, vor sich hin rhetorisierend dieses Gefühl umschifft und klarmacht, daß er davon vollkommen weg ist. Ich kenne ihn eben aber auch gut genug, um zu wissen, daß auch er darunter leidet. Also, ich kann darauf nur antworten, es ist für mich einer der schwersten Verluste, die ich hatte, solange ich bewußt über Partnerschaft nachdenken kann. Deswegen ein schwerer Verlust, weil es eine tolle und schöne Zeit war. Die Beobachtung, was er in der Nach-Kämpfe-Zeit künstlerisch gemacht hat, beschränkt sich auf seine Fernsehsendungen, seine Platten. Ich finde, er hat auf dieser Platte «Weiße Pferde» so ziemlich auf allem rumgetrampelt, was wir uns mal erdacht und gemacht hatten. Deswegen hat mir die Platte überhaupt nicht gefallen. Und ich hab wirklich versucht, ganz ernsthaft abzuchecken, ob ich das nicht aus Eitelkeit, aus Trotz oder aus Rachsucht empfinde. Wenn man so sagt: Ach toll, ich bin weg, und jetzt kann er mal sehen, was er ohne mich macht. Ich glaube, über dieses Gefühl bin ich wirklich weg und auch erhaben. Die eine oder andere Nummer auf der LP fand ich ganz dufte, aber es war wirklich etwas ganz anderes, als ich von ihm erwartet hätte. Ich glaube aber, daß dieser Mann genug künstlerisches Potential und auch genug Eigendynamik hat, um aus diesem Tief wieder nach oben zu kommen. Ich kann heute sogar sagen, nachdem das alles eine ganze Weile her ist und die Dinge sich stabilisiert haben, daß ich es für ihn hoffe.

Ich möchte die Frage noch einmal präzis an dich stellen. Welcher Verlust, ganz ehrlich, schmerzt dich mehr: der Verlust des Künstlers oder des Freundes?

Ich kann, ohne darüber nachzudenken, nur ganz instinktiv sagen, der Verlust des Freundes. Das Verhältnis Künstler und Produzent, Manager und Verleger war nur deswegen so gut, weil das innere Verständnis so gut war. Zuerst war die Freundschaft, und dann kamen erst die beruflichen Dinge. Und deshalb trauere ich natürlich, wenn ich schon darüber nachdenke, mehr um den Verlust des Freundes. Ich hätte ganze Säcke voller Ratschläge für ihn, bin aber im Augenblick, offen gestanden, nicht in der Lage, über meinen Schatten zu springen und zu sagen: Ich mach den ersten Schritt und gehe auf ihn zu. Das könnte ich nicht, dazu ist leider zuviel zwischen uns. Aber ich bedaure, daß eine solche Verbindung, die sehr selten ist, ein so unrühmliches Ende gefunden hat.

Ich glaube, Georgs große Verletzbarkeit resultiert daraus, daß er mehr als andere Menschen geliebt werden will. Aus diesem Geliebtwerdenwollen heraus, dem wir alle natürlich in unterschiedlicher Stärke unterliegen, er aber extrem, zwingt er sich manchmal in Selbstdarstellungen, die nicht natürlich von innen nach außen fließen, sondern die er konstruiert. Er glaubt, daß das Bild, das er dann schafft, es möglich macht, daß man ihn liebt. Das macht ihn aber verletzbar und verwundbar, weil er natürlich als sehr intelligenter und sehr sensibler Mensch in dem Augenblick, wo er es gemacht hat, spürt, daß er es gemacht hat. Aber er schafft es noch nicht, das selbst zu korrigieren.

Ich glaube, daß Georg einen echten Entwicklungssprung gemacht haben wird, wenn er das nicht nur erkennt, sondern auch ändert; wenn er begreift, daß seine Umwelt sehr wohl den Menschen Georg Danzer so lieben kann, wie er wirklich ist. Er hat es nicht nötig, von innen nach außen diese Zurschaustellung mehrerer Georg Danzers vorzuführen, um geliebt zu werden. Im Gegenteil, diese Selbstdarstellung stößt manchmal sogar ein bißchen ab und hindert vielleicht denjenigen, der auf ihn zugeht, nun wirklich den letzten Schritt zu tun. Das ist ein großes Problem, das er hoffentlich bewältigen wird.

Heinz Rudolf Kunze

Wir leben alle im Erdgeschoß

HEINZ RUDOLF KUNZE hat sich seit 1984 auch als Musikschriftsteller und -kommentator hervorgetan. In einem vielbeachteten Aufsatz im Szene-Magazin «Tip» setzte er sich mit dem Schlager- und Rocksänger Peter Maffay auseinander. Für den Rundfunk, NDR und RIAS, schrieb er mehrteilige Sendereihen über Randy Newman und David Bowie, die auch in der «Idole»-Buchserie des Ullstein-Verlages erscheinen.

Kunze über Maffay: «Einer, der hartnäckig den alten Rock 'n' Roll-Traum träumt, ist mir sehr viel lieber als alle Depeche Modes dieser Welt zusammengenommen, die alles in der Popmusik Mögliche auf ein stilvolles Geschäft der Verschlagenheit zusammenschrumpfen lassen mit ihrer nach Erdbeer-Shakes riechenden Marschmusik für den nächsten Weltkrieg, wie Hanns Dieter Hüsch richtig sagt. Es ist unbestreitbar, daß du Zigtausende von Menschen aufwärmen kannst, und das kann nicht *nur* verwerflich sein. ‹Ich habe Respekt vor diesem Überzeugungstäter›, hat mir mal ein A & R-Mann gesagt, der nie mit dir zu tun hatte, und ich stimme ihm zu. Aber wann kommst du endlich hinter den Seifenblasen hervor, die sich bei dir als Inhalte aufspielen? Kannst du dir nicht endlich einen Texter suchen, der diesen Namen verdient und der begreift, daß ‹Blowin' In The Wind› und ‹Vom Winde verweht› nicht dasselbe sind?» (aus: «Tip» 7/1984)

Kunze über Newman: «Das Erfrischendste an Randy Newman ist wohl, daß er unbestechlich die Welt selbst zur Sprache kommen läßt.

Seine Lieder sind selbst immer ein Stück Welt, nie Lieder über Welt. Nie gibt er sich dazu her, uns Phrasen über die Verbesserung aller Zustände anzudienen. Mag sein, daß er aus diesem Grunde nie ein Megastar wie Dylan geworden ist. Viele Hörer halten ihm einfach nicht stand, sie wollen nicht vom Sänger mit der Wirklichkeit allein gelassen werden, sie vermissen den dazwischengeschalteten, sich ständig in den Vordergrund drängenden Helden, der ihnen vorkaut, wie es weitergehen soll. Und da finden sie ja in der deutschen Liedermacherlandschaft genug Komparsen» (aus: «Idole» 2)

Kunze nach dem nachstehenden Gespräch: «Ich bedanke mich für den Respekt, mit dem dieses Interview geführt worden ist, und lege Wert darauf, daß das auch im Buch steht.»

Zweites Gespräch: Januar 1985

Seit unserem ersten Tonband-Gespräch sind mehr als drei Jahre vergangen. Es war eine merkwürdige Situation. Du kamst nach Berlin, voll im Feuer deines Anfangs. Wir hatten uns vorher nicht getroffen. Mir gegenüber saß ein korrekter junger Lehrer, noch etwas zugeknöpft. Die Situation änderte sich im Laufe des Abends. Nach deinem Auftritt kam ein ganz anderer Heinz Rudolf Kunze zum Vorschein. Ganz schön viel Kunze an einem Tag. Du erinnerst dich?

Der Auftritt war noch voll von jenen Verkrampfungen, die ich – ich weiß nicht, ob es anderen auch so geht – mitbringe, wenn ich in eine neue Stadt komme, die allgemein und mit Recht als wichtig angesehen wird. Von der man also weiß: Wenn es weitergeht in deinem Beruf, dann wirst du dich hier noch oft stellen müssen. Bevor man zum erstenmal in einer der wenigen Metropolen nachdrücklich seine Visitenkarte hinterlassen hat, ist man doch sehr gespannt, weil man viel gehört hat über die Mentalitäten der verschiedenen Städte. Im Vorfeld gibt es viele Leute, die einen warnen oder ermutigen oder Anekdoten zum besten geben, wie es in bestimmten Hauptstädten ist. Vieles von diesen angeblichen oder tatsächlichen Mentalitäten habe ich inzwischen überprüfen können. Aber damals hatte ich kaum Vergleiche und war dementsprechend gespannt, ob meine Art, mich auszudrücken, meine Bilder- und Themenwahl hier etwas auslösen. Das ist ja dann erfreulich passiert in einem kleinen Laden, wo der Rapport sehr schnell hergestellt werden konnte durch die große Nähe, die zwanghafte, drangvolle Nähe.

Den Laden, das Folk Pub, gibt es inzwischen nicht mehr.

Es tut mir immer weh, wenn ich ein Ende erlebe. Seit meiner Kindheit geht mir das so. Wenn etwas abgerissen, begradigt, weggemacht wird, das mit mir zu tun hatte und das irgendwie nach mir riecht, irritiert mich das sehr. Ich habe dann das Gefühl, ich bin da irgendwo wie an eine Gletscherspalte getreten, und da ist jetzt etwas abgebrochen.

Nun warst du ja zu diesem Zeitpunkt nicht mehr ganz ohne Erfahrung in diesem Beruf. Aber die Bühnenerfahrungen hast du erst in diesen Jahren gesammelt. Damals haben wir sehr viel über diese mittelmäßige Stadt Osnabrück gesprochen, aus der du zwischenzeitlich auch fliehen wolltest, aber nicht geflohen bist.

Die Flucht hat sich als immer unnötiger erwiesen, weil das berufliche Karussell, das damals in Gang gekommen ist, inzwischen ein solches Tempo erreicht hat, daß die Zeit, die ich zu Hause verbringe, von Jahr zu Jahr dramatisch geschrumpft ist. Ich bin mittlerweile so wenig und so bruchstückhaft zu Hause, daß es fast egal ist, wo dieses Zuhause steht. Das einzige, worauf es mir dann ankommt, ist Ruhe – nicht rausgehen und nicht irgendwelche Reize in sich hineinstopfen müssen, sondern eine Burg zu haben, wo ich in Ruhe am Schreibtisch, umgeben von Büchern und Geräten und Familie, mal wieder auftanken kann, um mir das einfallen zu lassen, was ich dann draußen wieder vorbringen will.

Ich schätze, daß ich mittlerweile nur noch ein Drittel des Jahres zu Hause bin. Und das wird allem Anschein nach noch weniger werden. Das heißt, ich bin so häufig in anderen Städten, die mir gut gefallen, daß ich in meinem privaten Lebenszeitraum keine großen Städte mehr brauche.

Laß uns doch noch eine Weile bei Osnabrück verbleiben. Du sagst, es sei dir fast egal, wo du wohnst. Ich glaube, so egal ist das gar nicht. Möglicherweise ist für dich gerade Osnabrück ein Regulativ, gerade diese mittelmäßige Stadt.

Ich bin ein über die Jahre, glaube ich, ein sehr vorsichtiger Mensch geblieben. Ich bin sicherlich charakterlich, typologisch das exakte Gegenteil von einem Mann wie Konstantin Wecker, mit dem ich mich mittlerweile sehr gut angefreundet habe. Ich bin absolut kein Mensch, der das, was er schreiben will, zu erleben und auszuprobieren sucht. Ich bin also keiner, der ständig die Politik der eigenen Haut bereitet.

Es gibt – darauf bin ich stolz, das finde ich absolut nicht blutleer, sondern dichterpraktisch – bei mir einen Überhang von Dingen, die ich nicht erlebt habe, die ich mir habe einfallen lassen. Es gibt Ausgedachtes, Aufgeschnapptes, in das dann sicherlich mein eigenes Restleben partikelhaft reinkommt – das geht wohl jedem so. Aber ich schreibe nicht nach der Maßgabe, durch jeden Morast gewatet sein zu müssen, den man dann beschreibt. Ich führe ein sehr unauffälliges Leben, wenn ich zu Hause bin. Ich gehe kaum raus. Das einzige, was ich mache, sind meine Runden mit dem Hund. Es gibt kaum Lokale, wo man davon ausgehen kann, mich abends zu treffen. Es gibt einen Buchladen, in den ich oft gehe. Es ist schon so, daß mich jetzt in dieser relativ kleinen Stadt viele Leute kennen und ansprechen, aber nicht auf lästige Weise. Ich fühle mich nicht verfolgt oder beobachtet. Osnabrück hat, wenn man so will, das gewisse Nichts, das ich brauche, um halbwegs zur Ruhe zu kommen.

Es wird im Laufe der Jahre immer schwieriger, die eigene Arbeit einzurichten und einzustimmen auf das ständige Unterwegssein. Ich habe damals, als wir gesprochen haben, noch keine Ahnung gehabt, wieviel von dem, was ich inzwischen gesungen habe, in Zügen, auf Beifahrersitzen oder in Wartesälen geschrieben worden ist. Die Sachen werden kürzer, flüchtiger, knapper und direkter. Die verklausulierten, ehrgeizigen Bilder verschwinden, und die Geschichten, die erzählt werden, werden härter, verbal weniger verstiegen.

Man entwickelt gleichzeitig eine geradezu kindische Neigung zu konstanten Dingen. Das heißt, wenn ich diese Pfeife, die ich jetzt in der Hand halte, irgendwohin mitnehme, ist das wenigstens ein Stück, das ich von Berlin nach München und von Hamburg nach Köln schleppen kann.

Und von Osnabrück in die weite Welt?

Und von Osnabrück in die Welt, genau. Genauso kommt einem übrigens auf einer langen Tournee auch die Bühne vor. Mir geht es jedenfalls so. Der Bühnenaufbau mit seinen genauen Placierungen von Ver-

stärker hier, Klavier da, Schlagzeug da, ist ja, wenn man für 40 Konzerte tourt, das einzig konstante Arrangement von Möbeln. Die Bühne kriegt den Charakter deines Zimmers. Nur wenn du auf die Bühne gehst, hast du das Gefühl: Ich bin wieder zu Hause. Die Hotels, die Busse und die vorbeiziehenden Landschaften – wenn auch alles immer gleicher wird in diesem Land – unterscheiden sich doch ein bißchen. Nur die Bühne ist jeden Abend gleich. Das ist der Punkt, wo man, wenn die Tournee läuft und eingespielt ist, nicht mehr verkrampft ist, sondern durchatmet. Man geht raus, das Licht geht an und man denkt: zu Hause. Du hast bei dir zu Hause, nachdem du lange weg warst, das Licht angeknipst.

Schönes Bild. – Aber nun etwas anderes: Ich habe Wecker gefragt: Finden bei dir die wahren Abenteuer im Bauch oder im Kopf statt? Er antwortete: Nie im Kopf. Aber genau das würdest du wahrscheinlich für dich in Anspruch nehmen?

Wecker hat mir letzte Woche bestätigt, daß Schreiben für ihn nur aus dem Bauch geht. Ich als akademisch rotzfrecher Anfänger habe mich vor Jahren über diese Art zu schreiben eher mokiert und sie als dem Sinnlichen oder dem Erlebbaren zu verhaftet angesehen, so daß der Vogel Phönix sich nie wirklich in die Lüfte erheben kann, wenn alles vorher immer begrabbelt werden muß. Das sehe ich jetzt anders. Ich habe mittlerweile – da man auch viele Kollegen kennenlernt und sich von ihnen erklären lassen kann, wie sie die Dinge sehen – ein wesentlich entspannteres Verhältnis zu anderen Arbeitsweisen.

Nun sagt der Wecker, daß er meistens sehr erstaunt vor seinen Liedern steht, weil sie total aus dem Unterbewußtsein kommen und mit ihm oder seinen Erfahrungen zum Teil gar nichts zu tun haben. Erst hinterher stellt er fest: Das ist etwas, das möglicherweise Generationen zuvor irgend jemand geschrieben oder ihm ganz aktuell eingeblasen hat.

Ich glaube schon, daß man sich sein eigenes Schreiben so deuten kann. Es ist zu fragen, ob das auch in jedem Falle stimmt.

Ich frage jetzt ganz konkret dich: Wie empfindest du deinen eigenen Auswurf?

Ich empfinde mein Schreiben nicht als unterbewußt. Was sich im Vorbewußten – um das korrekte Wort aus der Psychoanalyse zu verwenden – abspielt, ist der Anlaß zum Schreiben.

Ich war immer sehr interessiert an meiner eigenen und an fremden Schreibmethoden und habe oft versucht rauszukriegen: Wie ist das eigentlich, wenn ein Lied sich zu Wort meldet bei dir, oder ein Sprechtext. Ich kann meine Arbeitsweise hinterher rekonstruieren. Aber ich kann nie den Moment beschreiben, in dem mir der Anlaß selber eingeleuchtet hat.

Bei keinem deiner Lieder?

Nein, das ist unmöglich. Ich weiß nicht, was mich an einem Wort oder an einem Passanten, der vorbeigeht, oder an einer Schlagzeile reizt. Irgendwann stellt sich aus dem Nichts ein Reiz ein, wirklich aus dem Nichts vor dem berühmten weißen Stück Papier, das vor dir liegt. Dann weiß ich, wie ich damit umgehe, wie ich dann bastele, mir Strophen einteile und eventuell auch mal eine Gitarre in die Hand nehme oder mich ans Klavier hocke und den Ablauf skizziere. Dann weiß ich auch schon mal, daß ein ganz bestimmtes Wort am Ende der dritten Strophe kommen soll, obwohl ich Strophe zwei und drei noch gar nicht geschrieben habe. Das alles kann ich zurückverfolgen. Aber wie es losgegangen ist, weiß ich nicht.

Ich habe mir natürlich in den letzten Tagen deine Platten wieder ganz konzentriert angehört. Als Leitmotiv gibt es da das Bild eines malträtierten Kindes. Beschreib doch dich mal als Kind.

Wenn ich meine Kindheit ausführlich beschreiben würde, würde dabei etwas Ähnliches herauskommen wie in dem berühmten Kindheits-Erinnerungsbuch von Elias Canetti «Die gerettete Zunge», wo sich alles sehr stimmig und schön liest.

Ich habe eine in ihrem finanziellen Rahmen sehr geschützte Kindheit verbracht. Ich bin in der Kindheit zwar oft umgezogen, habe aber nie in einer Großstadt gelebt. Ich habe also viele Dinge, die in Großstädten verschärft ablaufen, nicht so schroff erlebt. Osnabrück war während meiner Schulzeit eine sehr verschlafene Stadt. Wir wohnten in einer immer etwas zu engen Wohnung mit drei Generationen. Meine Großmutter lebte auch noch dabei.

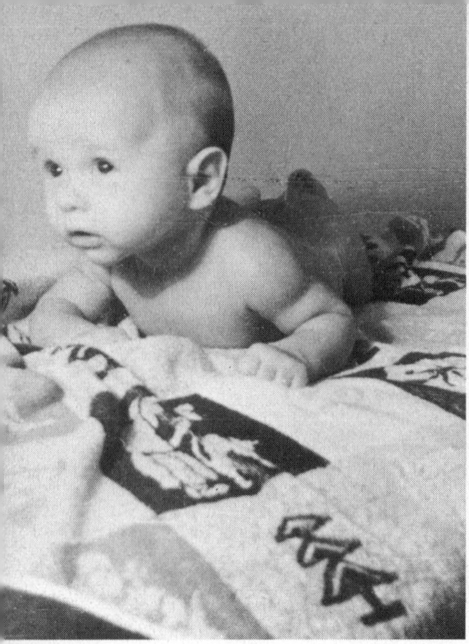

Warst du das einzige Kind?

Ich war lange Zeit das einzige Kind, hab dann ganz spät noch einen Bruder bekommen.

Ich lebte anfangs allerdings unter einem ziemlich großen Druck, denn ich war – wie man mir das erzählt hat – ein verzweifelt erwartetes Wunschkind, das mit unglaublichen Hoffnungen beladen wurde – sehr dezent, raffiniert und subtil beladen. Ich bin nie erpreßt worden. Man hat mir nie mit irgendwelchen Strafen oder massiven Liebensentzügen gedroht. Ich kann mich jedenfalls nicht erinnern. Meinen Eltern war in ihrem Vorleben viel schiefgelaufen. Mein Vater war bei der SS. Meine Mutter war lange Zeit in der DDR Leiterin eines Säuglingsheims und hatte viel mit Kriegselend und elternlosen Babies zu tun. Auch ich stamme eigentlich aus der DDR, bin noch da gezeugt, aber dann im Westen, im Flüchtlingslager, geboren worden.

Meine Eltern hatten ganz stark diesen klassischen Satz im Kopf: Meine ... unsere Kinder sollen es mal besser haben als wir. Ich bin also auf eine ganz gepolsterte, behütete Schiene gesetzt worden. Soviel

war immer klar: Sobald der lesen lernt, wird er Professor – so ungefähr.

Ich wurde nie bestraft, ich wurde nur sehr geschickt belohnt – oder eben nicht belohnt. Ich habe nie um irgendein Buch, irgendeine Platte oder um irgendein Musikinstrument lange betteln müssen. Ich lebte mit ziemlich alten Eltern als Einzelkind, war in der Schule natürlich fürchterlich gut, habe bis Ende der Mittelstufe des Gymnasiums praktisch keine Freunde gehabt, weil man als Primus in der Schule dann doch den Preis zahlen muß: Man wird geschnitten und aus den Einheiten der anderen rausgestoßen.

Dann wurde ich – es ist alles roman- und programmgemäß abgelaufen – natürlich auch krank, und zwar ziemlich schwer. Eine Knochenkrankheit im Bein. Ich bin als Kind lange Zeit an Krücken gelaufen, konnte also am Sportunterricht überhaupt nicht teilnehmen, war wieder mal ausgeschlossen, hatte noch mehr Zeit für Bücher. Das wurde erst am Ende der Schulzeit besser, weil sich auch die Rabauken allmählich Zukunftsperspektiven machten und sich überlegten, daß es ganz gut sein könnte, von irgendwem abzuschreiben und die Noten aufzubessern.

Dann wurdest du für sie attraktiv?

Ja, und dann fing ich auch langsam an, Musik und Texte zu machen und kriegte übers Abschreiben und über die Phantasie allmählich eine Art Freundeskreis. Zusammengefaßt: Ich habe eine abgeschirmte, planmäßige Kindheit mit den voraussehbaren, begrenzten Katastrophen hinter mir, die sich dabei notwendigerweise ereignen.

Rück doch mal deine Eltern ins Bild. Hattest du eine sinnliche Beziehung zu Vater und Mutter, oder waren die unsinnlich?

Als Kind hatte ich schon eine sinnliche Beziehung zu meinen Eltern. Ich empfand das jedenfalls so. Ich glaube, daß meine Eltern mich selbst eher als kühlen Sohn betrachten und sich oft über mich wunderten. Je älter ich wurde, desto mehr habe ich vor zuviel Nähe mit ihnen Angst gehabt, weil ich immer besser mitbekam, was sie alles von mir erwarten und mit welcher berserkerhaften Zuwendung sie immer aufwarten wollten. Ich hatte als Jugendlicher oft das Gefühl, daß sie auf ihr eigenes Leben weitgehend verzichtet haben, um in mich möglichst alles hineinzupumpen, damit ich ihr verlängerter Arm werde.

Ich habe meiner Mutter zum Beispiel heftige Vorwürfe gemacht, daß sie ihren Beruf aufgegeben hat.

Gab es denn Ausbruchsversuche als Kind? Ich möchte bei dem Bild des malträtierten Kindes in deinen Texten bleiben. Warum hast du es so empfunden?

Ich habe nicht gesagt, es wäre so. Ich habe nur gesagt, es könnte sein, daß es jetzt in Liedern gebrochen so auftritt. Wenn da etwas malträtiert, etwas kaputtgemacht wurde, dann geschah es ja nicht dämonisch oder aus böser Absicht, sondern als normale Kleinbürger-Katastrophe, bei der es immer nach Wirsingkohl riecht und sich drei Generationen zanken.

Die Frage ursprünglich war: Gab es Ausbruchsversuche?

Es gab nur einen Ausbruchsversuch – das war das Schreiben.

Also die Flucht wieder über den Kopf.

Ich hatte den klassischen Problemdruck, den Autoren im nachhinein manchmal gern in ihre eigene Biographie hineinschwindeln.

Leidensdruck?

Leidensdruck, genau. Direkte Ausbrüche gab es freilich nicht. Ich bin nie weggelaufen, nie durchgebrannt und hatte sogar soviel Bindung an zu Hause, daß ich mich dazu habe überreden lassen, weitgehend am Ort zu studieren. Ich bin dann, als ich mal woanders studieren wollte, nur in den nächstgelegenen Ort gegangen, nach Münster.

Dort bin ich aber, nachdem ich von zu Hause ausgezogen war, auch gleich wieder eine Bindung eingegangen, bin mit einer Freundin zusammengezogen, hab also nie allein gelebt.

Ich bin ja schon beinahe Lehrer gewesen, als mir diese Laufbahn passiert ist. Das ist eigentlich der ernsthafteste Ausbruchsversuch in meinem Leben gewesen, auch mein folgenschwerster, daß ich – schon mit einem Bein im Lehramt – gesagt habe: Ich mache etwas ganz anderes.

Du hast es gerade ganz passiv ausgedrückt. Du hast gesagt: Als es mir passiert ist. Ist es dir passiert oder hast du es dir passieren lassen?

Ich habe es jedenfalls nicht betrieben, das kann man wirklich nicht sagen. Ich hatte zu dem Zeitpunkt, als ich zum erstenmal Öffentlichkeit gesucht habe, schon unendlich viele Lieder geschrieben; es müssen mehrere Hundert gewesen sein, die ich nie versucht habe, öffentlich durchzusetzen. Ich hatte mal hier und mal da einen Freund, mit dem ich zusammen – ohne Ankündigung, ohne Plakate – in irgendwelchen Clubs gespielt habe. Das Ganze vielleicht fünfmal in meinem Leben.

Und dann habe ich, in der Endphase meines Studiums, mich einmal um Öffentlichkeit bemüht: dieses berühmte Pop-Nachwuchsfestival, das es mittlerweile auch nicht mehr gibt. Dort habe ich vorgespielt und dabei den Mann getroffen, der für mich heute noch eine Gestalt wie Friedrich der Große ist, nämlich Siegfried Loch, den ich hemmungslos und rückhaltlos verehre. Daraus mache ich auch nie einen Hehl, weil er für mich eine Begegnung war, die mir in meinem ganzen trockenen Akademismus nie zugestoßen ist.

Da war ein Mensch, der keine Theorien absonderte, die man nicht sehen und deren Folgen man nicht anfassen kann, sondern ein Typ, der Phantasie mit ganz handfester Macht verband. Das war ein Mann, dessen kreative Entscheidungen, die auch sein Risiko waren, man wenige Wochen später überprüfen konnte. Und der sagte, wie ein aufgeklärter Monarch: Kommen Sie an meinen Hof und spielen Sie Querflöte.

Für die Leute, die es nicht wissen, muß man dazu sagen, daß Siegfried Loch Boss einer in Deutschland wirkenden Schallplattenfirma war, inzwischen ist er es nicht mehr.

Er ist international hinaufgefallen.

Er ist die Karriereleiter hinaufgestiegen, aber er ist nicht mehr in Deutschland. Er war der Kreativste, den wir in dieser Branche hatten.

Er hat sich ganz hemmungslos, wie ein altmodischer, frühkapitalistischer Unternehmer eingeschaltet und sich nicht hinter die Fassade seiner Chefetage zurückgezogen. Sigi Loch wollte eigentlich immer noch Ärmelaufkrempeln und alles selber machen; er war also eine ganz romantische Gestalt, eigentlich. Ich will ihn jetzt nicht übermäßig glorifizieren. Ich weiß, daß er schlimme Seiten und auch sehr despotische Züge hat, wie mir von vielen Kollegen berichtet wurde, aber zu mir hat er sich immer untadelig verhalten. Vor allen Dingen hat er mich aus einem vollständig durchgeplanten Leben rausgeholt – im letzten Moment.

Für einen intellektuellen, jungen, poetischen Sänger ist es ja fast gefährlich, daß die Eltern von einem abgelöst werden und dann ein Mann kommt, der dir wieder eine Leitlinie bietet, an der du dich entlanghangeln kannst.

Eine Leitlinie kann man nicht sagen. Er hat mir eine Tür aufgemacht. Er hat mir gezeigt, daß ich nicht zu den Erniedrigten, Beleidigten und Zukurzgekommenen gehören muß, sondern daß es für mich einen Lebensraum gibt. Er hatte die Klinke in der Hand und hat gesagt: In diesen Raum stelle ich dich rein, und nun sieh zu. Er hat mich ja nicht ästhetisch angeleitet; er hat auch nie Einfluß genommen auf das, was ich singe oder spiele oder spreche. Er gab mir nur die Chance dazu. Er hat mir gezeigt: Man kann mehr erreichen, mehr aus sich machen und mehr riskieren. Man kann mit mehr Wagnis leben, als es mir im Traum vorgekommen wäre.

Was spielt in deinem Leben die größere Rolle, Passivität oder Aktivität?

In meinem privaten Leben sicherlich eher das passive, das abwartende Moment. Aber ich kann das nicht so recht trennen, weil das ja ein Job ist, bei dem man nie richtig privat und nie richtig dienstlich ist. Ich arbeite sehr viel, ich schreibe ja sehr viel, und ich würde schon sagen, daß es eine aktive Funktion ist, die man da ausübt. Es wäre schlimm, aber ich kann es nicht ganz ausschließen, daß ich mein Privat-Ich immer mehr wegschreibe, daß ich also immer mehr aufgehe in der öffentlichen Person, die ich eben auch bin.

Was am Anfang in deinen Texten, in deiner Darstellung – um nicht das Wort Performance zu sagen – viele Leute gestört hat, war das noch etwas verkrampfte Festhalten am Wort, am Dichterwort, auch überlagert von vielen Vorbildern, von denen du dich ja immer mehr gelöst hast, wie ich meine.

Es ist doch logisch, daß man von vielen Vorbildern überlagert ist, wenn man anfängt. Da muß man durch, klar.

Es gab sehr unterschiedliche Kritikermeinungen in diesem Lande, mit denen du dich intensiv auseinandergesetzt hast. Du bist ja nicht einer, der davor die Augen zumacht oder sagt: Es interessiert mich nicht. Es interessierte dich schon.

Natürlich, ich kenne keinen Kollegen, den Kritik nicht interessiert. Es gibt einige, die das fälschlich behaupten. Interessieren tut es jeden.

Was ist für dich dabei rausgekommen unter dem Strich?

Es gibt bis heute eine kleine Fraktion, vier Gestalten, wenn ich es richtig sehe, die mich vehement nicht leiden konnten, und zwar nicht nur einzelne Stücke oder einzelne Aspekte, sondern die gesamte Person und was sie macht. Das ist auf unterschiedlichem Niveau abgehandelt worden: im «Musik-Express» vollkommen rüde, in «Sounds» qualifizierter, eloquenter und darum schmerzhafter. Es gibt heute eine Gruppe von Leuten, die mich ähnlich behandeln wie früher die Mitschüler. Die einfach immer noch glauben, einen Streber wiederzuerkennen, der die Unverschämtheit besitzt, sich ins Musikgeschäft zu wagen, und den wir jetzt mit aller Kraft dahin zurückschreiben, wohin er gehört, nämlich meinetwegen in die Anwaltskanzlei oder in die Arztpraxis oder so.

Was mich an den Artikeln sehr gestört hat, war das Maß an Überlegenheit, das diese Leute für sich selbst beanspruchen, bevor sie überhaupt über populäre Musik schreiben. Ich habe da immer den Hintergedanken mitgelesen: Populäre Musik kann ich nur dann mögen, wenn sie sehr viel dümmer ist als ich. Ich muß immer einen großen Überlegenheitsraum behalten, wo ich drüber thronen und mit dem Finger draufzeigen kann. Wenn jemand versucht, sich im Zusammenhang mit populärer Musik komplex auszudrücken, muß das Scheiße sein. Das muß verfehlt sein, das darf gar nicht gut sein. So kamen mir diese Artikel oft vor. Mehr anfangen konnte ich immer mit Artikeln, die sich auf Einzelheiten einließen: wenn mir also jemand bestimmte Worte als ungekonnt oder bestimmte Musiken als nicht genügend durchdacht angekreidet hat. Damit kann man umgehen, damit kann man sich auseinandersetzen. Ich weiß nicht, wie man sich angemessen auseinandersetzen kann mit einer Kritik, die die ganze Person in den Ausguß kippt. Das ist schwierig, wo soll man da ansetzen?

Auf einer Bühne stehen ist etwas anderes als beschützt in seinem Zimmerchen sitzen und vor seinen Texten brüten. Auf der Bühne geschehen magische Dinge.

Meine Erfahrungen auf der Bühne gehören zum Schönsten, was es im Leben gibt. Ich hatte nie viel Angst in meiner Lebenslaufbahn, wenn ich irgend etwas beweisen mußte. Auch die erste Platte hat mir eigentlich nicht groß angst gemacht. Im Studio fühlte ich mich relativ schnell relativ wohl. Aber wovor ich richtig Angst hatte, war meine erste Tournee. Denn ich konnte mir – obwohl die erste Platte ganz gut lief – einfach nicht vorstellen, was Leute eigentlich direkt von mir wollen. Warum wollen sie ins Konzert kommen und mich sehen? Das konnte ich mir nicht erklären. Und als ich nach der ersten und zweiten Tournee begriffen hatte, daß ich auf einer Bühne stehen und diese Sachen vertreten kann, habe ich mich über meine eigenen Möglichkeiten sehr gefreut. Das heißt, ich genieße es sehr, live zu spielen.

Wir haben viel über deinen Kopf geredet. Auf der Bühne spielt der Kopf nur eine sehr geringe Rolle. Da sind Sinnlichkeit, Ausstrahlung, der Kontakt mit dem Publikum sehr viel wichtiger. Wie hast du Sinnlichkeit auf der Bühne erfahren?

Indem ich ganz ungeschützt mit meinem Klavier oder mit meiner Gitarre zu realisieren versuche, was mir möglich ist. Ich möchte die großen animatorischen Anmachergesten vermeiden, arbeite aber schon mit Händen und Körperbewegung – immer mehr im Laufe der Jahre. Ich gestikuliere, male zu meinen Stücken Sachen in die Luft, wechsle auch oft die Positionen auf der Bühne. Das muß ich ja zwangsläufig, weil ich immer zwischen Gitarre und Klavier pendele. Aber diese Rock 'n' Roll-Pose: Do you feel alright? Wie geht's euch heute? Hallo, Essen! – die habe ich nie gemocht. Es gibt immer mehr Leute, die zu mir kommen und diese Art einer unprätentiösen Ansprache wohl mögen.

Ich habe oft das Gefühl, daß eine sehr innige Verbindung zustande kommen kann, wenn der Sound gut ist, wenn der Abend gut ist, wenn man mit dem richtigen Fuß aufgestanden ist. Es hat für mich – das können sehr viele Leute bestätigen, die da waren – überhaupt keinen Vorlesungscharakter. Das Konzert ist jedenfalls nie akademisch überladen, so daß die Leute unter Inhalten zusammenbrechen, sondern es ist eine Sache, die auch richtig Krach macht und gelegentlich auch die Kniekehlen erreicht.

Das ist nicht immer möglich. Man kann, wenn man – im weitesten Sinne des Wortes – Lieder macht, nicht alle Sachen darauf abstellen, daß sie den Neger in uns ansprechen. Dann könnte man bestimmte Reimformen nicht mehr durchhalten. Man kann nicht alles sagen zu einem starken Rhythmus. Aber wir gönnen uns im Laufe der Jahre immer mehr solcher Stücke, bei denen der Schwerpunkt auf der Musik liegt, durch die auch andere Teile des Menschen erreicht werden sollen als das Hirn. Wir müssen nicht die Band der frustrierten Studenten sein.

Hast du deinen Körper, um von deinem Kopf mal wegzukommen, in der Konfrontation oder Begegnung mit anderen Menschen kennengelernt oder möglicherweise erst richtig auf der Bühne?

Es kann durchaus sein, daß das letztere zutrifft, obwohl Leute, die mich nie gesehen haben, daraus nicht den Schluß ziehen dürfen, daß ich mich sehr stark bewege. Ich bin nicht wie Marius Müller-Westernhagen, der ständig von einem Ende der Bühne zum anderen hetzt. Der macht ja auch eine ganz andere Musik. Aber die Tatsache, daß ich als ganze Person da bin, daß ich schwitze, Atemnot habe und in kleinen Clubs auch schon manchmal an der Grenze des Umfallens bin, weil ich keine Luft mehr kriege – das alles ist ja Körperlichkeit. Es kann sein, daß mir das tatsächlich erst auf der Bühne klargeworden ist.

Wo erlebst du die Resonanz des Publikums? Trifft sie dich zuerst im Kopf, im Unterleib, oder wo sonst?

Ich möchte fast direkt sagen: im Herzen. Beifall ist eines der schönsten Geräusche, das die Natur zu bieten hat.

Auch beim Kopfarbeiter können also Suchterscheinungen entstehen.

Ja, natürlich, und wie! Vor allen Dingen ist der Beifall eine ganz gefährliche Droge, weil man, wenn er zum erstenmal laut gerauscht hat, das nie wieder vergißt. Man hat von diesem Augenblick an, wenn man sich neue Sachen ausdenkt, auch die Unschuld verloren. Man möchte dann, wenn man nach der Tournee wieder am Schreibtisch sitzt, unbedingt wieder Sachen produzieren, bei denen dieses Geräusch als Folge wieder auftritt, möglichst noch heftiger. Das heißt, man schreibt nach der ersten deutlichen Konfrontation mit zustimmenden Menschen nicht mehr ausschließlich für sich, wenn man das je getan hat, sondern man will diese Menschen wiederum gewinnen, eine Rückmeldung von ihnen haben.

Dein Weg von Osnabrück in die Welt brachte dir Konfrontationen, Begegnungen, Situationen, mit denen du dich möglicherweise am Anfang schwergetan hast. Ich weiß nicht, wie du dich heute zum Nachtleben verhältst. Ich habe hier ein Bild, das mir sehr gefällt, weil es einen so ganz anderen Heinz Rudolf Kunze darstellt. In der Bildunterschrift hat der Fotograf von dir ein Dankeschön gekriegt für die Preisgabe deiner Nachtseite. Es gibt mithin eine Tagseite und eine Nachtseite *von Heinz Rudolf Kunze. Die Nachtseite sieht recht abenteuerlich aus: Leopardenhosen, Stiefel, Lederjacke, Sonnenbrille.*

Das sieht aus, wenn ich das noch ergänzen darf, wie ein Pilot, der durch die Decke dieses Wohnzimmers gefallen ist und sich jetzt auf dem Küchentisch wiederfindet – zwischen all dem Saubermach-Gerümpel, das eine Familie so aufzubieten hat.

Diese Maskerade ist nicht rein privat zu sehen, sondern sie soll auch ein optischer Schlüssel zur Platte sein, der diese Broschüre beiliegt. Ich bin heftig konfrontiert mit Nachtleben, weil der Lebensrhythmus in diesem Job acht Stunden verschoben stattfindet gegen den normalen Tag der sogenannten arbeitenden Bevölkerung. Die Konzentration, das Adrenalin nach einem Auftritt, verbietet einem praktisch, sich danach ins Bett zu legen. Man kann nicht, nachdem man drei Stunden gespielt hat, sich ausknipsen und ins leere Hotelzimmer zurückziehen, da wird man verrückt. Das heißt, man muß noch irgendwohin, Leute treffen. Das mache ich auch ausgiebig, das ist mittlerweile Lebensform geworden.

Nun sucht man sich ja die Leute, die man da trifft, nicht gezielt aus, sondern …

Wenn's geht, schon. Es gibt oft Städte, da trifft man Kollegen. Wenn die gerade nicht touren, dann kommen sie zu einem ins Konzert, und dann zieht man zusammen los. Aber oft hat man auch Begegnungen, die man nicht planen kann.

Du hast dich selber beschrieben als einen Piloten, der vom Himmel in ein Wohnzimmer auf einen Tisch gefallen ist. Ich sehe das ganz anders. Ich sehe da einfach einen Freak.

Bin ich nicht, nicht mal auf der Nachtseite. Die Leopardenhose speziell sollte ein Fassbinder-Zitat sein. Und ich glaube, der war auch kein Freak. Der ist nämlich ebenfalls ein Arbeitstier gewesen.

Angesichts der wohlgeordneten Verhältnisse deines Lebens kann doch durchaus eine Sehnsucht nach dem Wahnsinn bestehen.

Das auf jeden Fall, aber ich glaube nicht, daß ich sie einlöse.

Warum nicht? Angst?

Ich neige nicht dazu. Wenn ich zum Beispiel auf Tournee Frauen kennenlerne, dann habe ich keine Affären, sondern sie wollen mich immer gleich heiraten.

Also wieder wohlgeordnet?

Ja, aber von denen aus auch. Ich mache scheinbar diesen Eindruck.

Stört dich das?

Nein, ich stelle es nur fest. Ich komme gar nicht richtig zum Helden der Nacht. Ich bin dann eher Beichtvater oder soll gleich meine Koffer dalassen, meine Zelte zu Hause abbrechen und dahin ziehen.

Laß mich bitte trotzdem penetrant nachfragen: Wärest du denn gern der Held der Nacht?

Ja, schon, aber dann doch nein, denn dann müßte ich in Kauf nehmen, daß ich nicht mehr schreiben könnte.

Das weißt du doch gar nicht.

Ich glaube nicht daran, daß das geht. Die wirklichen Helden der Nacht, die wirklichen Straßentiger, können nicht schreiben. Und darum glaube ich auch, daß der Kollege Wecker zum Beispiel ein bißchen übertreibt. Er erlebt zwar viel, aber wenn er das ist, was ich unter einem Helden der Nacht verstehe, dann könnte er nicht kreativ sein.

Bukowski?

Den finde ich nicht kreativ.

François Villon?

Zu lange tot, von dem weiß ich sehr wenig. Es gibt diese Vagantentypen, aber daran glaube ich nicht so recht. Mir erscheint, wenn man sich Dichterleben klarmacht, doch das Gegenüber von Oscar Wilde oder von Nietzsche einleuchtender. Es gibt eben Menschen, die ein Defizit an Leben haben, die können schreiben. Und es gibt Menschen, die können alles erleben, aber sie schreiben nicht.

Und du meinst nicht, daß eine Mischung aus beidem möglich wäre?

Vielleicht ist der Wecker eine Mischung aus beidem. Aber dann überwiegt doch das Defizit und das Schreibenmüssen.

Wir sprechen von dir und nicht vom Wecker.

Bei mir ist es, würde ich sagen, eindeutig eher der erste Typ: daß man eben defizitär lebt und sich damit einrichtet. Ich leide ja nicht darunter.

Aber den Versuch wäre es doch wert. So einen richtigen, wahrhaftigen Ausbruchsversuch hast du noch nie gemacht.

Nein, stimmt.

Also bleibst du auf deiner Linie, in deinem vorgegebenen Leben?

Wenn niemand kommt, der mich da rausholt, gehe ich davon aus, daß ich so weitermache.

Hast du manchmal Sehnsucht nach jemandem, der dich da rausholt?

Ganz kurz aufflackernde, ja, aber das hält sich nicht lange. Was ich jetzt tue, was ich zu meinem Beruf, zu meiner Lebensform gemacht habe, will ich noch ziemlich lange machen, noch sehr viel darin ausrichten. Ich könnte niemanden dulden, der mich daran hindert.

Die Platte, über die wir auch reden, heißt «Ausnahmezustand». Das ist ein Titel, der einem nicht zufällig einfällt. Empfindest du dich im Mo-

ment in einem Ausnahmezustand – oder seit du aus Osnabrück in die Welt gegangen bist?

Ja, letzteres. Der Titel hat drei Bedeutungen. Einmal diese, daß das Leben, das ich führe, wie es in der «Durchreise» heißt, ein «nicht zu überbietender Skandal» ist. Dann die offensichtliche politische Bedeutung, die man ständig in der Tagesschau oben links als Schlagzeile eingeblendet sieht, wenn irgendein südamerikanischer Verrückter wieder alles an sich gerissen hat. Und als drittes die Bedeutung aus der Mystik, aus der theologischen Philosophie des Mittelalters, wo die gottschauenden Mystiker immer zu dieser Vokabel greifen oder zu sehr ähnlichen. In dem Moment, in dem sie Gottes ansichtig oder von ihm erfüllt werden, befinden sie sich in einem entrückten Ausnahmezustand, der mit nichts vergleichbar ist, was sie sonst erleben und wahrnehmen können.

Diese drei Bedeutungen sollen sich gegenseitig kommentieren in diesem Wort. Ausnahmezustand bedeutet einfach: der Versuch, in einer plärrenden, lärmenden, stinkenden Zeit sich so sehr, wie es eben geht, zu konzentrieren und zur Besinnung zu kommen.

Ich habe auf dieser Platte auch ganz konkrete Andeutungen gefunden, die mich zu der Frage bringen nach deinem sexuellen Verständnis als Mann oder zu deiner Identität als Mann, die sich ja natürlich zu diesem Zeitpunkt, fast am Ende dieses Jahrhunderts, etwas auflöst. Die Erotik spielt eine andere Rolle, weil sie nicht mehr eindeutig bezogen sein muß auf das andere Geschlecht.

Auch diese Lebensseite ist mir nicht fremd.

Eben, und gerade der Song «Lola» ist ein sehr schöner Schlüssel dafür.

«Lola» ist einfach nur ein Spaß.

Nicht nur ein Spaß. Ich finde es eine tolle Nummer, die auch ganz anders ist als deine anderen Nummern, hitverdächtig, finde ich. Hast du übrigens Angst vor einem Hit?

Nein, überhaupt nicht.

Nun interessiert mich also deine Einstellung zur Erotik, zur Sinnlichkeit und zur Sexualität.

Ohne mir da je groß Rechenschaft abgelegt oder entsprechende Magazine und Bücher gelesen zu haben, kann ich sagen, daß mir die eindeutige Trennung meiner Zuneigung zu Männern und Frauen nie eingeleuchtet hat. Ich habe durchaus – im Moment eigentlich nicht – auch Neigungen, auch Erlebnisse gehabt, die über die klare Grenze hinausgewiesen haben.

Bei jemandem wie dir, dessen Abenteuer im Kopf stattfinden, ist auch die Erotik vermutlich nur über den Kopf machbar.

Insofern ja, als ich von einer Person, die ich liebe oder in die ich mich verlieben kann, sehr fasziniert sein muß. Es geht mir auf Tournee oft so, wenn ich sehe, daß irgendeiner aus der Band mit irgendeiner Frau abzieht. Ich stelle dann fest: Soweit du dich überhaupt ehrlich überprüfen kannst, bist du jetzt nicht verärgert, eifersüchtig, neidisch oder sonstwas. Bei mir müßte es unbedingt eine Frau oder meinetwegen auch ein Mann sein, wo ich nicht erschrecke, wenn sie oder er den Mund aufmacht. Es gibt Leute, die genau das Gegenteil brauchen: das schöne, blöde Fleisch. Ich kann das verstehen, aber es geht mir nicht so. Ich könnte mich nie in eine Person verlieben, weil ich sie schön finde, wenn sie blöd ist. Das würde nicht laufen.

Hast du eigentlich in deinem Leben noch immer, trotz des Ausnahmezustands im weitesten Sinne des Wortes, selbstgesteckte Grenzen?

Dinge, die ich nicht tun dürfte?

Die du dir selber auferlegst, nicht zu tun. Und gleich daran anschließend die Frage: Gab es Momente in deinem Leben, wo du weit über deine Grenzen hinausgegangen bist?

Ich bin gelegentlich insofern über Grenzen hinausgegangen, als ich mich wie ein Verräter aufgeführt habe. Ich habe Dinge, die mir privat berichtet wurden, in Liedern und Texten verwertet, weil die Geschichte, die dahintersteckte, mich so interessiert hat. Da habe ich schon einige Male Vertrauen gebrochen. Das ist leider nicht zu vermeiden. Auch ohne Namensnennung erkennen sich dann Leute wieder. Und da muß ich dann sagen, wenn der sensationelle, der Wahrnehmungseffekt einsetzt, wenn bei mir ein rotes Licht aufgeht, während ich eine Geschichte oder eine Mitteilung höre, kenne ich kein Halten mehr. Dann wird die Mitteilung «Streng vertraulich» mir nichts bedeuten, dann schlachte ich es aus. Darum hat André Gide auch gesagt, daß Schreibende so wenig Freunde haben, weil alle skeptisch werden, daß sie irgendwann wieder vorkommen – mit Recht. Da habe ich gelegentlich Grenzen, die eigentlich gelten sollen, überschritten.

Und in anderen Bereichen?

Ich mache mir zum Beispiel ein ziemliches Problem aus Treue. Auf Grund nicht etwa pathetischer, sondern ganz praktischer Überlegungen – ich möchte auch gern, daß meine Frau mir treu ist. Also ist es eine wechselseitige Angelegenheit, nicht irgendwelches italienisches Getue. Ich möchte so was von ihr auch nicht erfahren, weiß es natürlich auch nicht. Ich bin ja lange weg.

Aber du fragst auch nicht.

Nein, ich frage auch nicht, sie auch nicht, und ich versuche, mich daran zu halten. Obwohl ich oft in Situationen komme, wo ich andere Erfahrungen mache.

Das ist natürlich auch eine Mutfrage, nicht nur eine Frage der Treue.

Ich glaube nicht, daß es eine Mutfrage ist. Dazu sind die Gelegenheiten zu häufig und zu naheliegend. Ich habe bei vielen Musikern – ohne das jetzt moralisch bewerten zu wollen, ich kenne den Leidensdruck auf dem Gebiet ja auch, wenn ich unterwegs bin – bei vielen Musikern, die mit einer Frau fest zusammenleben, erlebt, was für fürchterliche, entwürdigende Szenen das gibt. Wenn dann entsprechende Bräute berechtigterweise bei ihm zu Hause anrufen und das nicht für beendet erklärt haben wollen. Was es da für peinliche und gemeine und erniedrigende Sachen gibt, die da passieren können: Das möchte ich mir ersparen. Da habe ich schon so schlimmes Theater gesehen, letzte Schmierentragödien, das muß ich nicht haben. Es würde mir auch zuviel Kraft rauben. Ich könnte nicht mehr schreiben. Ich brauche meine Kraft für was anderes.

Dich hat's erwischt, genau wie alle, die den magischen Raum Bühne betreten haben. Du fühlst dich merkwürdigerweise da am realsten, wo eigentlich Irrealität angesagt ist.

Das ist eindeutig festzustellen. Das geht bei einigen meiner Kollegen, auch bei Leuten aus meiner eigenen Band, ganz schrecklich weit. Einige tun mir privat richtig leid. Ich habe sie ja nun alle ein bißchen kennengelernt, nachdem wir endlich eine Band haben, die seit zwei Jahren ohne personellen Wechsel konstant zusammenspielt, gerade wenn es Leute sind, die keine eigenen Sachen schreiben und nicht für ein eigenes

Projekt unter Schallplattenvertrag sind. Sie sind nur Mietmusiker und warten darauf, daß das Telefon klingelt. Ich habe Freunde und Kollegen, die sitzen am Telefon und machen nichts. Sie lesen Zeitung, vielleicht, wenn es hochkommt. Oder sie hören eine Platte und sitzen neben dem Telefon und warten, daß jemand anruft, sie mietet, und daß es wieder auf die Piste geht. Die sind wirklich nur noch auf der Bühne am Leben, so saugt das aus.

Wie schützt du dich davor?

Durch meine mich schroff und gesund zurückholende Frau, zum Beispiel. Durch andere Tätigkeiten, die davon etwas ablenken, also Schreiben, durch mein Haus, meinen Wohnraum, Bücher, Tiere, hauptsächlich durch etwas andersgeartete Arbeit. Adorno hat einmal gesagt, er mißtraue der Vorstellung, daß Erholung unbedingt bedeuten müßte, nichts zu tun. Ich auch. Ich glaube, Erholung kann auch bedeuten, nur etwas anderes zu tun.

Das ist wahrscheinlich ein ganz wichtiges Denkmodell für unsere Zeit, in der Arbeitslosigkeit eine so große Rolle spielt, daß Leute umdenken müssen.

Die meisten Menschen verstehen Erholung immer noch als Sich-Ausstrecken und Gar-nichts-Tun und wundern sich, wenn ihnen langweilig wird.

Ist dir jemals langweilig?

Nein.

Du hast sicher Erwartungen und Sehnsüchte in die Zukunft gerichtet, die möglicherweise kontrastreich sind zu dem, was bisher mit dir gelaufen ist.

Wenn man einen bestimmten Weg zurückgelegt hat, der markiert ist von Tourneen und Platten, hat man ja ein Stück von sich entäußert, das jetzt dasteht, wie eine öffentliche Mumie. Diese Mumie zeichnet sich in meinem Fall aus durch ein Sammelsurium von sarkastischen Bemerkungen, Bestandsaufnahmen (wie auch ein Stück heißt), bitteren, grimmigen, ironischen Sätzen und Tönen. Ob man will oder nicht, man wird in den Augen der Leute durch dieses Verhalten auf fünf Platten und auf vier Tourneen unglaublich einengend definiert. Das ist jetzt der und der: Die Schublade für mich ist längst fertiggezimmert. Man lebt und arbeitet unter der ständigen Rekordforderung, auf der nächsten Platte, auf der nächsten Tournee noch gemeiner, noch finsterer, noch genauer, noch gescheiter sein zu müssen, sich zu verhalten, sich darstellen zu müssen. Seit zwei Jahren ist mir das aufgefallen mit der Folge, daß immer unabweisbarer – jedes Jahr wieder, wenn es darum geht, eine neue Platte zu machen – der Wunsch sich zu Wort meldet, diese Erwartungen alle ins Leere laufen zu lassen, eine hemmungslos dämliche Platte zu machen. Eine Platte mit ganz blöden, oberflächlichen, nichts über irgend jemanden verratenden Liebesliedern zum Beispiel, die toll abgehen, die musikalisch gut gemacht sind, bei denen jeder mit dem Fuß wippen muß und sich trotzdem fragt: Das kann doch nicht der gleiche Mensch sein. Mir ist, seit ich selbst Ausübender bin, zum Beispiel das Bedürfnis von Bob Dylan, um die Jahrzehntwende 1970 herum mal was ganz anderes zu machen, plötzlich Country-Schnulzen zu singen, vollkommen klargeworden – daß man sich einfach mal erholen möchte von diesem Poeten-Leistungsdruck.

Da sind wir wieder bei den Ausbruchsversuchen, das wäre ja wieder mal einer. Heinz Rudolf Kunze, ganz doof: Was soll passieren?

Ich kann das nur vorsichtig machen, wie ich alles, was ich mache, vorsichtig mache. «Lola» war ein erster Ansatz dazu. Über die Zukunft ist noch nicht entschieden. Ich weiß im Moment noch nicht genau, welche Gestalt die nächste Platte haben wird. Mal sehen, ob ich mir dabei mehr durchgehen lasse.

Eine unvermeidliche Schlußfrage: Gibt es bereits Todesängste in deinem Leben?

Gibt es schon, ja. Einmal ohne konkreten Anlaß die Angst, mit etwas nicht fertig zu werden, also eine Spur zu hinterlassen, die vor ihrer Zeit abbricht – das mehr so im allgemeinen gesagt. Konkret gab es auf der letzten Tournee zwei, eine körperlich bedingte und eine durch meinen Beruf bedingte. Die körperliche: Ich hatte eine Tournee eigentlich zum erstenmal gesundheitlich gut durchgestanden, ohne Grippe, Halsentzündung, Heiserkeit. Da die Tournee sehr anstrengend war – es waren an die 40 Konzerte, fast ohne freie Tage –, lag ich eines Nachts in Hannover im Hotel, und mein Herz wollte nicht mehr so recht. Zwar hatte ich schon als Kind und als Jugendlicher Herzrhythmusstörungen, die, wie jeder Arzt sagen wird, sehr harmlos sind, aber sehr unangenehm. Man kann auch kaum was dagegen tun.

Nach dem Dauerstress von dann schon über 30 Konzerten lag ich plötzlich in der Nacht da, wachte auf, und nichts ging mehr. Ich war wie gelähmt, konnte keinen Finger mehr rühren, kriegte keine Luft mehr und guckte die Decke an, konnte aber noch klar denken. Ich dachte: So ist das also, wenn man stirbt. So stelle ich es mir wenigstens vor. Der Telefonhörer liegt neben dir, und du kommst nicht ran, kannst den Arm nicht bewegen, nicht um Hilfe rufen. Als dieser Anfall vorbei war – zwei, drei Minuten dauerte das nur, aber immerhin –, war mir eigentlich klar, daß das passieren mußte, denn die Anstrengung der Tournee war unglaublich. Unser Programm ist ja nun mal so aufgebaut, daß ich mich nie ausruhen kann. Es gibt ja sehr wenige Soli in unseren Arrangements. Ich muß die ganze Zeit die Sache als Galionsfigur durchziehen, singen, reden, kann mich kaum mal hinter einem anderen Mitmusiker ausruhen oder zurückziehen. Da ist es mir eben so ergangen, wie es den Managern in der Wirtschaft auch geht, daß der Körper sich irgendwann zu Wort meldet und sagt: Einspruch. Da wird man an die Grenze der eigenen Endlichkeit und Beschränktheit verwiesen.

Der andere Fall war komplexer und noch schlimmer. Wir spielten ein Konzert in Marburg, einer nicht einfachen Tournee-Stadt. Das Publikum ist verständlicherweise sehr studentisch geprägt, sehr verhalten. Die Leute machen auf mich den Eindruck, daß sie immer erst zum Nachbarn gucken, ob der auch klatscht, ob man sich das leisten darf, zu klatschen. Gegen Ende des Konzerts war die Stimmung dann in Ordnung, das Eis war gebrochen. Dann spielen wir «Glaubt keinem Sänger», und ein hitzköpfiger, rotgesichtiger Typ kommt quer durch den Saal an die Bühne gelaufen und schreit mich an: Es wäre eine Infamie, so was zu singen, er wäre so bitter enttäuscht von mir. Dann dreht er sich um in den Saal und schreit: Und ihr Arschlöcher klatscht auch noch! Und der ganze Saal voll von diesen reservierten, sich immer etwas besser dünkenden Studenten sagt nichts, hilft mir nicht. Dann habe ich versucht, mit ihm zu reden, versucht, ihm das Stück zu erklären. Er gab sich auch erst mal zufrieden. Dann spielten wir das nächste, ich mußte aber die ganze Zeit an ihn denken, hielt noch mal das Programm an, redete noch mal mit ihm, und dann war es auch gut.

Nach dem Konzert, ich hatte das schon fast vergessen, stand der Junge mit leuchtenden Augen hinter der Bühne und sagte mir: Das hast du völlig mißverstanden, ich habe überhaupt nichts gegen das Stück, auch nicht gegen dich, im Gegenteil, das ist eines meiner Lieblingsstücke. Der Punkt ist nur: Das Stück ist nur für mich, das darf niemand anderes hören. Und obwohl ich nicht Menschen vorverurteilen möchte, habe ich mir gesagt, das ist die Vorstufe, auf Sänger zu schießen. Irgendwann schießt mal einer und sagt mir dann, während ich verblute, ins Ohr: Tut mir leid, ich mußte dich leider erschießen; ich mußte dich nämlich davor bewahren, kommerziell zu werden; bist du mir dankbar? Mit diesem Gedanken im Kopf haben wir am nächsten Tag in Köln gespielt. In der ersten Reihe platzte ein Luftballon. Da ist mir das Herz stehengeblieben.

Klaus Hoffmann

Veränderungen, die uns näherbringen

KLAUS HOFFMANN, am 26. März 1951 als Sohn eines Finanzbeamten in Berlin geboren, begann seine Gesangskarriere 1974 mit von ihm selber eingedeutschten Chansons von Jacques Brel. 1978, als Brel gestorben war, erklärte er: «Ich singe Brel nicht mehr. Was jetzt an Brel-Rummel zwischen Wien und Worms angezettelt wird, da ein Brel-Gehudel, dort ein Brel-Gedenken, verschüttet Jacquel Brel.» Hoffmann hatte sich zu dieser Zeit bereits nachhaltig zu eigenen Texten und Melodien aufgemacht. Im selben Jahr 1978 erhielt er den Deutschen Kleinkunstpreis in der Sparte Chanson vom Mainzer «unterhaus». Sein Debüt als Sänger mit eigenem Gestaltungsanspruch im Berliner Folk-Club «Danny's Pan» lag damals allerdings schon zehn Jahre zurück. Er hatte sich auch während seines Schauspielstudiums am Berliner Max-Reinhardt-Seminar zwischen 1970 und 1974 nebenbei immer musikalisch betätigt, aber die Schauspielerei stand im Vordergrund. Neben dem Studium tritt er mit einer Commedia dell'arte-Gruppe in Kneipen auf, dann holt ihn die Berliner Volksbühne für gute Rollen in «Equus» und «Romeo und Julia». 1976 spielt er unter Regie von Eberhard Itzenplitz die Hauptrolle in der Verfilmung von Ulrich Plenzdorfs «Die neuen Leiden des jungen W.», der im Fernsehen einen Riesenerfolg hat: Hoffmann wird mit einer «Goldenen Kamera» und einem Bambi-Preis ausgezeichnet. Unter den Theater-, Film- und TV-Rollen, die er in der zweiten Hälfte der sechziger Jahre übernimmt, sind besonders Zuckmayers «Fastnachtsbeichte», «Die Soldaten» von Lenz und «Des Doktors Dilemma» (nach Shaws «Der Arzt am Scheidewege») erwähnenswert. Er selbst ist besonders stolz auf eine kleine Nebenrolle in Ingmar Bergmans «Schlangenei». Doch nun wird die zweite Karrierespur, das Singen, für ihn immer wichtiger. «Beim Spielen», sagt er, «kann ich interessante Verhaltensmuster zeigen, Figuren aufreißen, Themen für andere zugänglich machen, die ich mit meiner Person ausfülle. Beim Texten und Singen will ich einfach artikulieren, was in mir vorgeht, und ich nehme an, es ist das, was auch die Leute beschäftigt.» Nach der ersten, noch ganz von Jacques Brel geprägten LP «Klaus Hoffmann» fragt er im Titel der zweiten: «Was bleibt?» und antwortet lyrisch: «Das bleibt – unendlich Licht und Dämmerung, das bleibt, grenzenlose Heiterkeit und tägliche Veränderung.» – «Ich will Gesang, will Spiel und Tanz», deklariert er auf der dritten LP, aber sein Leitmotiv hat er schon damals erkannt: «Veränderungen» – das wird der Titel der siebenten LP. Inzwischen hat er Berlin, seine Heimatstadt, als Thema entdeckt, dokumentiert in den Alben «Was fang ich an in dieser Stadt» und «Westend». Ein Textbuch mit «Liedern aus 15 Jahren», das 1982 bei ElefantenPress erscheint, illustriert er ausschließlich mit Berlin-Fotos, Menschen und Ansichten, von Wolfgang Krolow. In den Jahren 1980 bis 1982 ist er, wie er selbst es bezeichnet, «untergetaucht». Klaus Hoffmann befand sich in einem Selbstfindungsprozeß, aus dem er mit den LPs «Veränderungen» und zuletzt «Ciao bella» wiederauftauchte – unmittelbarer und mit positiverem Ansatz in den Texten, stärker rock- und jazzorientiert in der Musik: «In dieser Pause habe ich ein Stück Traurigkeit durch eine Lebensfreude ablösen können, die sich in der Musik durch Rockelemente äußert. Die Melodien sind munterer und rhythmischer geworden, ein Stück Tschüssagen von einer gewissen nostalgischen Melancholie.» Diese künstlerische Veränderung, Weiterentwicklung, ist ihm gut bekommen. Wenn er auf die Bühne geht, packt er das Publikum. «Er weiß, was ankommt», urteilte im Dezember 1984 die «Berliner Morgenpost»: «Hoffmann ist ein professioneller und charismatischer Entertainer.»

März 1985

Es gibt in deinem Leben, Klaus, eine Menge Fluchtpunkte. Es hat sehr früh angefangen, daß du geflohen bist. Afghanistan war, glaube ich, die erste größere Flucht in deinem Leben. Du warst achtzehn Jahre alt. Oder war das keine Flucht?

Doch, das sehe ich heute schon. Aber Flucht ist für mich immer *wohin*, das heißt, wenn ich irgendwo weggehe, dann gehe ich immer wohin. Früher war der Begriff Flucht für mich etwas Negatives. Du rennst weg vor einer Situation, vielleicht vor einem Menschen – dann hat das einen faden Beigeschmack. Als ich damals mit achtzehn wegging aus Berlin, um diese große Orientreise zu machen, war in mir einfach nur die Lust vorhanden, *weg*zugehen, woandershin, andere Menschen zu sehen. Irgend etwas Metaphysisches: Märchen zu entdecken, Träume zu leben.

Nun war gerade diese Zeit – das Ende der sechziger Jahre – in Berlin außerordentlich aufregend. Es war eine revolutionäre Zeit, eigentlich doch ein Grund, zu diesem Zeitpunkt hierzubleiben und nicht ein Märchen zu suchen. Oder gerade deshalb?

Ich hatte die Bewegung ja mitgemacht, ich bin ja in Marx-Kreisen aufgewachsen – als Lehrling, an der Uni, in den Clubs, in denen ich sang. Dort war ich mit lauter Leuten zusammen, die mehr oder weniger politisch engagiert waren. Aber ich kam ganz woanders her. Ich hab zwar auch Tucholsky gesungen, T. Odemann und Grasshoff und Prévert. Aber mich interessierten eigentlich weniger die aufgesetzten Worte, sondern mehr, wie sich ein Mensch in seinen Texten findet, in seinen Liedern findet. Gleichzeitig zur 68er Straßenbewegung lief aber auch die große Metaphysik, also der Trip nach Indien, der Trip zum Vater, zur Mutter, weit weg in Asien, um zu erfahren, wo es lang geht. Ja, und dann bin ich mit einem Maler zusammengekommen, der hier in der Fasanenstraße ein ganz verrücktes, großes Atelier hatte, Malinowsky-Poburg, aus einer Russenfamilie. Der hat mich dann mehr oder weniger intuitiv an die Hand genommen, und dann sind wir nach Asien gedonnert.

Und hast du das Märchen dort gefunden, das du gesucht hast?

Ich habe ganz harte Realität gesehen.

Beschreib sie doch.

Ich hatte 1968 meine Lehre bei Klöckner als Kaufmann in der Stahl- und Eisenbranche beendet. Mein Stiefvater gab mir damals als Belohnung dafür seinen alten Käfer, und dann haben wir uns da reingepackt und sind erst mal in die Türkei. Dort habe ich das erste starke Erlebnis gehabt. Am Fuße des Ararat, dieses Berges, wo die Arche Noah gestrandet sein soll, haben wir uns überschlagen mit diesem Ding. Wir sind dann mit dem kaputten Wagen weiter bis an die persische Grenze, haben den Wagen stehengelassen und sind zu Fuß durch Persien mit sehr wenig Geld weiter bis nach Kabul.

Ich war nahe an der körperlichen Begrenzung. Ich wog nur noch 40 Kilo und war zum erstenmal sehr weg von Berlin, sehr weit weg und mutterseelenallein. Und alle Romantik brach zusammen, als wir die ersten Schrecken in der Türkei erlebten und in Persien. Damals herrschte die Schah-Regierung. Du wurdest also an jeder Ecke gefilzt. Soldaten um dich rum, viele bewaffnet, und ein ganz komisches Feeling. Du kamst nicht mehr mit deinen Märchen an die Realität ran, du konntest damit nicht mehr weiterleben.

Wir kommen also nach Kabul, und dort traf ich zwei Australier, Kim und Paul, und das war toll. Es waren zwei ältere Typen, die gerade aus dem Vietnamkrieg kamen und ein Begleitschreiben vom afghanischen Gouverneur hatten. Wir durften also hoch ins Himalaja-Gebirge, mit dem letzten Truck noch; und sind von dort aus dann mit einem Steintransport nach Pancho. Da waren wir dann also wirklich in der totalen Finsternis gelandet – ohne Kohle, ohne Essen, die Leute hatten selbst nichts zu fressen. Wir haben dann Pferde gekauft und sind dann einen Monat da oben in der Gegend rumgewandert. Das ist jetzt alles sehr kurz und sehr knapp dargestellt.

In meiner Erinnerung habe ich nur noch sehr starke Bilder, von Übernachtungen im Freien bei Minusgraden; tagsüber hatten wir 40 Grad im Schatten. Ich konnte nicht reiten, wir haben es da gelernt. Mit den Pferden wollten wir uns Kinderträume erfüllen – aber ich wollte nur noch zurück.

Ich hab mich feige gesehen, nicht stark. Aber durch diese beiden Vorbilder, Kim und Paul, wurde das doch erträglich. Also kurzum, ich bin von Herat in Afghanistan dann noch weiter bis nach Istanbul und dann zum Schluß mit einem Militärtransport der Franzosen nach München.

Ich hatte Malaria bekommen, unterwegs Malariaanfälle. Es war eine grauenhafte Reise. Es war ein Stück von Rimbauds «Trunkenem Schiff», aber es war ebensoviel Hoffmann und viel Unbewußtes. Und im Grunde war es ein Stück Aufarbeitung meiner Kindheit – sehr spontan und sehr schnell, sehr spontihaft und sehr kraß.

Was hat es dich gelehrt? Vor allem, bist du dir dabei ein Stück nähergekommen?

Ich hatte mich noch nie so gesehen, noch nie so anders gesehen. Du mußt wissen, ich hab drei Jahre später die Reise noch einmal gemacht, noch mal genau dieselbe Reise mit anderen Freunden, und das war die totale Läuterung, das war sehr gut. Ich ging ran mit Bewußtsein. Ich wußte schon, was da war und hab mich dann wiedergefunden. Vielleicht war es so ein kecker Schritt nach vorn, vielleicht würde ich ihn heute nicht mehr so machen. Aber ich bin mir sicherlich nähergekommen, natürlich. Nur, so habe ich mich noch nie gesehen. Ich war ja vorher – wenn auch in einer Familie, die nicht gerade sehr glücklich für mich war, aber doch aufgehoben. Diese Reise war ein krasses Durchtrennen der Nabelschnur.

Du hast Schwächen in dir entdeckt. Aber normalerweise machen einen ja solche Herausforderungen wie diese, die einem an die Existenz gehen, eigentlich stark.

Ich bin sicherlich dadurch stärker geworden und konnte besser mit mir umgehen, denn in den weiteren Jahren habe ich mutig Situationen bewältigt, wo andere längere Wege haben – aus diesen Reisen heraus. Damals habe ich das nicht als Stärke empfunden. Ich hab mich einfach nur mutterseelenallein, verloren gefühlt und ohne jegliche Werte: Wie lebe ich jetzt weiter. So kam ich auch hier wieder an nach dieser Reise.

Du sagst, daß du später mutig und besser Situationen bewältigen konntest – aus dieser Erfahrung. Kannst du konkret eine Sache nennen, die da anschließt?

Na ja, zum Beispiel hatte ich damals die Aufnahmeprüfung an der Max-Reinhardt-Schule ein bißchen aufgeschoben. Das war eine Prüfung, bei der sich 200 bis 300 Leute um dieses berühmte Stipendium bewarben. Das habe ich mir nicht zugetraut. Dann kam die Reise, und als ich wiederkam, bin ich einfach hingelatscht, hab die Bühne erobert und wurde auch genommen. Da bin ich heute noch unheimlich dankbar.

Du mußt ja eine Weile fallen, damit du laufen lernst. Die Grenzen setzt du dir dann selber – aber Afghanistan war eine sehr weite Fläche. Sicherlich hat mir diese Erfahrung sehr viel geholfen. Ich hab dann Arzneimittel durch die Gegend gefahren, hab in Neukölln gewohnt – also mit der reinen Existenzfrage konnte ich umgehen, sicher aus solchen Reisen heraus.

Laß mich mal kurz nachfühlen, da sind bestimmt noch andere Sachen, die ich jetzt so wegschwatze. Wichtig ist aber vor allen Dingen, daß mein Vater sehr früh gestorben ist. Diesen abrupten Einbruch, diese Todessituation, die hatte ich jahrelang nicht bedacht.

Wann war das und wie war das für dich? Kannst du dich daran erinnern?

Da war ich zehn, mein Vater war ein kranker Mann, jahrelang. Ein großer, stattlicher Mann. Früher war er sehr hübsch und ein Frauentyp, wie man so sagt; er war sehr mutterabhängig. Meine Mutter dagegen war eine disziplinierte und energische Arbeiterin. Er war mehr so ein musischer, sinnlicher Mensch, der die Geige spielte, dann aber beim Finanzamt landete und damit nicht zurechtkam. Er hatte Diabetes, soff und fraß epikureerhaft, war sehr sinnlich und ging mehr oder weniger an diesen Widersprüchen zugrunde.

Es war die Zeit der Adenauer-Ära, die Leute hatten ja die Ärmel hochgekrempelt, und da war er plötzlich so ein Märchenonkel. Und dann dieser Einbruch, als er starb. Ich hab dieses Vorbild Vater eigentlich nur krank und leidend erlebt. Kein strenger Vater, der dir mal eine reinhaut, der dir Grenzen setzt, aber das habe ich nie bedacht. Ich hab nie so an ihn gedacht. Deshalb war wohl diese Empfindung, diese Betroffenheit auch so stark und auch die Traurigkeit.

Meine ersten Lieder – in der Zeit schrieb ich ja schon – waren ja auch immer traurig, metaphysisch verkleistert, kein Mensch hat sie verstanden – ich auch nicht. Aber ich hab sie trotzdem gemacht. Sie waren ein Ventil. Ich konnte dann endlich mal aus mir heraus, aus dem Knast dieser Gefühle, die dich eng machen. Manche Menschen gehen an Herzklabastern zugrunde, ich hatte mein Ventil.

So war die Reise wahrscheinlich auch eine Flucht, herauszukommen aus dieser Empfindlichkeit. Aber das wußte ich alles nicht, damals. Und auf der Schauspielschule fing es dann an. Einfach weil da Lehrer waren, die genau die Adresse benannten. Und jetzt komme ich auch auf den Punkt.

Für mich bedeutet bis heute noch jeder Weg, egal ob nach Afghanistan oder jetzt und hier um die Ecke: Wenn du von irgendwo weggehst, gehst du irgendwo anders hin. Wenn du dich selbst da einbringst, dann nimmst du ja alles mit, und dann klärst du es vielleicht an einem anderen Ort. Aber es ist eine Möglichkeit, mit dir selbst fertig zu werden und dich selbst zu finden, und das ist für mich immer der wichtigste Antrieb gewesen, meiner Identität, was da auch immer zu finden sein mag, näherzukommen.

Auf deiner Reise in Afghanistan hast du dich mutterseelenallein *gefühlt. Vom Vater war die Rede, reden wir von der Mutter. Wie verlief dein Leben mit dieser Frau, deiner ersten sinnlichen Kontaktperson, seit dem Tod des Vaters, den du ja offensichtlich sehr geliebt hast?*

Ja, wir waren dann allein. Ich hatte sie endlich für mich allein. Das ist ja auch so widersprüchlich. Heute weiß ich, daß ich als Knirps sicherlich auch den Alten satt hatte, der immer nur krank in der Gegend rumsaß. Mutter mußte ja sehr viel arbeiten, mußte diesen Mann auch versorgen. Als ich zehn Jahre alt war, war ich dann endlich mit ihr allein und war ihr erster Geliebter. Und sie war meine Erziehungsperson, mein Vorbild und mein Nachbild, und die Nacht und der Tag und der Traum und meine traumatischen Situationen und alles. Wir lebten dann zwei, drei Jahre allein, und sie hat mir sehr viel mehr Aufmerksamkeit als früher gegeben, weil sie es dann endlich konnte, und sicherlich versucht, sehr viele Schuldgefühle zu tilgen. Aber ich war eben doch besetzt durch diese Frau. Es war meine Pubertät. Und ich war nicht offen für die finsteren Spiele im Hausflur, ich blieb bei Muttern. Mutter war meine Liebe, dabei habe ich viele Sachen sicherlich auch versäumt.

Dann lernte sie einen anderen Mann kennen, den Helmut, meinen Stiefvater, und dann haben sie geheiratet. Der brachte noch einen Sohn in die Ehe, da wurde mir wieder ein Platz weggeräumt.

Wie alt warst du da?

Da war ich dann schon zwölf.

Du hattest also nur zwei Jahre mit ihr allein.

Außer den ersten Kindjahren, die müssen auch sehr von ihr besetzt gewesen sein, die Säuglingsjahre, die Kleinkindjahre. Ja, und dann kam diese neue Familie ins Haus. Wir zogen aus dieser alten, großen, schönen, tollen Berliner Wohnung in Charlottenburg aus, gingen nach Zehlendorf in eine ganz kleine Zwei-Zimmer-Wohnung. Heute weiß ich, daß das sehr wichtig war. Dort fing ich auch an, Gitarre zu spielen: auf dem Klo. Das war der einzige Raum für mich, wo ich allein mit mir sein konnte. Dann habe ich die ersten Lieder geschrieben. «Der Feuervogel» war eines der ersten Lieder. Und dann bin ich sehr früh weggegangen von zu Hause.

Laß mich noch kurz bei dieser Situation bleiben: Der Vater ist tot, die Mutter mit dir allein. Es gibt also zum erstenmal Freiraum für dich auch im Liebesbezug zu dieser Frau. Dann kommt sie plötzlich mit einem anderen, fremden Menschen. Was war bei dir die erste Reaktion? Haß?

Haß nicht. Aber auf jeden Fall Konkurrenz und Eifersucht kamen hoch. Ich hab nie meinen Stiefvater als meinen Vater angenommen in dieser Zeit, weil ja mein eigener Vater innerlich noch eine so große Rolle spielte, die mir gar nicht bewußt war. Ich war noch besetzt durch den Alten. Alle Vorbilder gingen da zusammen, dadurch war ich nicht frei für diesen Menschen, der an sich sehr aufmerksam und zartfühlend – so er konnte –, mit mir umging. Er hatte aber seine Probleme mit seinem eigenen Kind. Er suchte für den auch eine Mutter. Ich weiß noch ekelhafte Situationen, wo ich meinen Stiefvater anbrüllte: Was willst du hier, was machst du hier. Was nimmst du mir den Raum! Und der war auch nicht fähig, dieser Machotyp zu sein, der mir dann eine reinhaut. Wir standen uns dann bloß gegenüber und haben uns nicht wiedergefunden – wußten nicht damit umzugehen.

Für Kraft und Durchsetzungsvermögen war meine Mutter da, immer. Meine Mutter war immer der Vater. Meine Mütter waren immer sehr gerade, sehr moralische, deutsch erzogene Frauen, die sich immer durchboxten. Die du an jede Werkbank stellen kannst und die dann zehn Stunden durchziehen und danach noch in die Betriebsversammlung gehen. Sehr bescheidene Menschen und mit einer starken ethischen Moral, mit Schuldgefühlen auch. Die lassen keinen Menschen im Stich. Und so bin ich aufgewachsen, durch die Gesetze meiner Mutter. Das hat mich leider auch gehindert, meinen Alten in den Orkus zu schicken. Begreifst du? Einen kranken Menschen läßt du ja nicht liegen. Das habe ich dann später alles gewußt. Ist das jetzt zu detailliert?

Nein, aber du sagst jetzt gerade ein Wort, an dem ich zwangsläufig hängenbleiben muß. Du hast gesagt: meine Mütter. Du hast dir also später immer wieder Mütter, Ersatzmütter gesucht?

Auf jeden Fall. Als ich von zu Hause wegging, hab ich mir keine Mutter gesucht – leider. Ich hab mir einen Vater gesucht in einer Frau. Das sollte man nicht unterschätzen. Das habe ich auch sehr spät erst entdeckt. Also eine Frau, die auf mich wirkte, wie mein Vater wirkte. Die im Grunde sehr warmherzig war und sehr viel Nestwärme gab, sehr viel Sinnlichkeit, aber eben auch sehr viel von mir brauchte, weil ich da die Mutterstellung einnahm. Ich mußte für sie sorgen und hab mich da auch weitgehend überfordert. Aber Mütter habe ich mir dann in anderen Frauen gesucht. In Frauen, wo ich mehr vom Schwanz her angesprochen wurde, mit deinem Vater und deiner Mutter kannst du ja nicht schlafen, das ist ja das Problem.

Du sagst, daß dein erster sinnlicher Kontakt außerhalb des Elternhauses jemand war, der sehr männlich, eigentlich väterlich war, also eine Frau, die eher ein Vater oder ein Mann war und dich dadurch fast zwangsläufig zur Frau gemacht hat.

Auf den ersten Blick nicht. Es war eine Frau, die eine Frau, schlechthin mit allen Mutteridealen und auch allen Forderungen dahin besetzt. Aber diese Strömungen, die da rüberkamen, die ich auch bediente und

die mir gefielen, die waren sehr orientiert an meinem Vaterbild. Und heute noch, wenn ich Probleme von anderen Menschen höre, die gerade die ersten Ehen hinter sich haben – die ersten Scheidungen sind gelaufen und die Kinder haben darunter gelitten –, dann reden wir oft über diese ersten Bilder. Was verbindest du mit dem Begriff «Liebhaber»? Da ist man ganz schnell bei diesen ersten Adressen: Na, das ähnelt ja meinem Alten, das ähnelt ja meiner Mutter.

Damals war das alles unbewußt. Das war nicht so hochgestochener Käse, wie ich ihn jetzt erzähle, sondern es war alles aus der Tüte gelebt. Fluchtpunkt war das auch. Fluchtpunkt von zu Hause weg in ein Nest hinein, nach einer Geborgenheit suchen, nach Wärme. Deswegen auch das Asiatische, immer wieder. Und auch die Gefahr, im Göttlichen, in der Religion, etwas zu finden, das Vater- und Mutterersatz ist. Aber das hat mir auch sehr viel Gutes gegeben. Ich konnte mich ja ausleben in meiner Kreativität, mit der Gitarre, am Klavier, in der Musik.

Wir leben in einem Jahrhundert, in dem sich eine Menge Tabus, Gott sei Dank, langsam aufheben; speziell auch das vom eindeutigen Mann- und Frausein. In einem selber stecken ja die verschiedensten Dinge. Und irgendwann muß man rauskriegen, wohin man mehr tendiert. Aber man kann ja eigentlich, wenn man will, in beide Rollen springen, warum nicht? Hast du dich, bei dir innerlich, entscheiden können zwischen Mann und Frau?

Meinst du, ob ich schwul bin?

Nein, so eindeutig würde ich das nicht sagen.

Nein, also ich entscheide mich immer wieder. Ich lese zum Beispiel ein Buch, und dann merke ich, wie viele Entscheidungsprozesse noch nicht gelaufen sind. Ich suche immer noch ein Stück. Hoffentlich wird das bis an mein Lebensende dauern. Aber entschieden habe ich mich, immer mehr zu klären, was in meiner Kindheit, in meiner Jugend passierte – was mich heute ausmacht. Ich möchte mich annehmen können. Das fällt mir in unserer Gesellschaft sehr schwer.

Du hast von den Tabus geredet, mich mit meinem Selbst anderen Leuten, die ich gut finde, zu öffnen. Ich bin einfach da. Ich versuche meine Seele auf den Tisch zu tun, merke aber oft auch die Enttäuschungen, die mich daran hindern, offen zu sein, und dann zieh ich mich zurück. Wieviel Mut ich wirklich letztendlich aufbringe, um diese Tabus zu überwinden und mich dann auszuleben, sowohl mit einem Mann als auch mit einer Frau, das weiß ich noch nicht. Das mach ich jeden Tag mal mehr, mal weniger.

In letzter Zeit merke ich, daß die Tabus dieser Gesellschaft – die Form der Kleinfamilie, des «So hast du zu sein», das Geld, die bestimmte Moral – sehr drückend sind, um sich selbst zu erleben. Da merke ich immer mehr Grenzen und such dann meine Fluchtpunkte in der Kunst. Ich such dann meine Fluchtpunkte in meiner Familie im weitesten Sinne, bei meinen Freunden.

Es braucht sehr viel Mut, aufzustehen, das Lederkorsett anzuziehen, loszuziehen und zu sagen: Ich bin jetzt Professor Unrat. Das ist eine sehr heftige und schwere Sache, und wenn wir uns an Fassbinder erinnern, dann hat dieser Mensch das sicherlich immer wieder probiert. Ich hab auch gelernt, mich ein Stück mehr anzunehmen, indem ich mich schütze, gewisse Grenzen nicht zu schnell überspringe.

Zum Beispiel?

Na ja, Moral. Ich hab Lust, heute nacht mit einer Frau zusammenzusein, die ich nicht kenne, die ich mir aufreißen will, wie man so sagt. Und dann passieren die ersten Hemmnisse, die Erfahrungen von früher: Was passiert am nächsten Morgen? Wie wachst du auf? Wie gehst du fort? Was suchst du da eigentlich? Es braucht Mut.

Heißt das, daß du nicht wirklich zur Spontaneität bereit bist?

Das bin ich schon. Aber ich hab in den letzten Jahren Erfahrungen gemacht. Auf der einen Seite gehe ich immer noch sehr frei und offen auf Menschen zu, von denen ich ahne, daß sie mir selbst ähnlich sind. Aber ich bin sehr vorsichtig geworden – aus Enttäuschung auch, muß ich zugeben.

Hast du jemals Lust gehabt zu heiraten?

Ja, die krieg ich immer mehr.

Tatsächlich?

Ich gesteh es mir ein. Na, logisch! Aber vielleicht brauch ich das eines Tages nicht mehr, weil es dann auch so läuft. Ich bin jetzt mit einer Frau zusammen, bei der es nicht nötig ist, daß wir uns diese Sachen auf den Finger stecken. Aber mein altes Idealbild ist, mit Frau und Kindern zu leben. Ob ich das kann, trau ich mir jetzt nicht zu, zu beurteilen. Aber es ist immer mein Idealbild, gewesen – wie Adriano Celentano in einem großen Park. Am Wochenende geht er Wachteln schießen für den heimischen Herd, und dann sitzt die Großfamilie mit wunderbaren Opas und Omas, mit wunderbaren Tanten und Onkels bei Tisch. Nach diesen Bildern hab ich zu leben gelernt. Aber je mehr ich lebe, desto mehr merke ich, daß das nicht das Leben ausmacht. Die Hoffnung habe ich aber immer noch, daß es irgendwann dahin kommt.

Wahrscheinlich reden wir gar nicht von Heiraten und Familie gründen, sondern wir reden davon, daß du dich geborgen fühlen, Wohlbefinden um dich herum haben willst. Also, zurück in den Mutterschoß.

Den laß ich nicht so gelten, der ist behaftet mit negativen Vorzeichen.

Ich spreche jetzt nur vom Mutterschoß als Symbol für Wärme, keine Ecken und Kanten, weich und gemütlich.

Ich nenn ihn mal Buddha-Schoß: Fall jetzt in den Schoß des Buddha, in deinen eigenen Schoß. Da bin ich sehr vorsichtig geworden. Ich kriech nicht mehr so schnell rein, ohne zu wissen, daß ich auch wieder rauskomme. Das tue ich nicht. Aber Schoß finde ich in Ordnung.

Wieder rauskommen scheint sehr, sehr wichtig zu sein.

Absolut. Kommen und gehen. Das ist sehr wichtig. Du mußt ein freches Kind sein. Du darfst bei mir klingeln, und wenn ich Lust hab, mit dir zu reden, können wir was zusammen machen oder spielen. Aber du mußt gehen können, wann immer du willst.

Aber ich muß auch gehen, wenn du willst, daß ich gehe?

Nein, das liegt bei dir. Guck, du hast doch das gleiche Ding laufen. Und das liegt bei dir. Ich muß aber die Freiheit haben, dir zu sagen, ich möchte jetzt ohne dich sein. Dann kann ich nicht von dir erwarten, daß du gehst. Sondern dann muß ich gehen.

Freches Kind, hast du gesagt. Warst du ein freches Kind oder wärst du gern eins gewesen? Ich kann es mir eigentlich nicht vorstellen, daß du es warst.

Ich war ein freches Kind. Ich hatte eine Pfadfinderzeit. Immer in Gruppen habe ich das freche Kind gefunden. In Gruppen von Leuten, die sich durch die Wälder bewegten und dann auch Straßenkämpfe veranstalteten, Trümmer erkundeten hier in Berlin und so. Da war ich freches Kind. Und auf der Bühne, da bin ich auch freches Kind.

Was verstehst du darunter?

Unbesonnen sein, spontan. Den ganzen Komödianten rauslassen, ohne mir gleich wieder Grenzen zu stecken: Das darfst du nicht, da hast du vernünftig zu sein und so weiter, da hast du aufzupassen und so. Freches Kind bin ich in der Liebe, mit einer Frau im Bett, zu Haus in der Küche beim Kochen, wo ich Vertrauen habe, daß ich auch angenommen werde.

Ich möchte noch was sagen, zu der anderen Frage. Da war noch was offen, finde ich – mit dem Schoß. Ich glaub, daß wir alle den Wunsch haben, Geborgenheit zu finden, eigentlich in der ganzen Welt. Ich will ja nicht immer als Flüchtling oder als Fremder – Richard Kimble, mit einem halben Arm – durch die Gegend rennen. Sondern ich will doch hier zu Hause sein. Heimatgefühle, wie immer dieser Begriff jetzt hochgeschminkt wird, will ich empfinden, mit meinen Gesetzen. Aber das, glaube ich, hängt sehr viel damit zusammen, wie frei du sein kannst. Frei von «Du mußt hier bleiben», frei von «Bitte renn weg», frei von Geboten. Und da hat jeder seine eigenen Gesetze.

Wenn du eine Sehnsucht hast, dann wird die immer dahin gerichtet sein, wo du dich einfach wohl fühlst, wo du deine Träume verwirklichen kannst, wo du DU SELBST sein darfst. Und was ich falsch oder ohne Vorwissen gemacht habe, war, das in einem anderen Menschen zu suchen. Für die Partikel, die er mir davon gab – ein Stück Wärme, ein bißchen Aufgehobensein –, mußte ich mit Verlusten an anderen Sachen bezahlen, die ich mitbrachte in dieses Nest.

Ich mußte zum Beispiel immer bleiben, oder ich mußte nach den Gesetzen leben, die der andere wollte. Und ich glaube, daß wir alle nach so was streben, daß wir uns, ob in einer politischen Arbeit oder auf einem sogenannten Selbstfindungsweg, immer nach diesem Schoß in uns selbst sehnen. Das wollte ich eben noch mal sagen. Das ist für mich der Unterschied: den Schoß besser in dir selbst als woanders zu finden.

Bist du eigentlich, wenn du dich jetzt selber analysieren solltest, eher ein Voyeur, der von außen zuguckt, oder ein Macher, der mitten in der Aktion ist?

Ich bin einer, der wirklich reinguckt, weil ich das unheimlich geil finde. Ich guck mir gern was von außen an. Und dann muß ich natürlich auch die Tür aufmachen und mitmachen.

Wie lange wartest du, bis du die Tür aufmachst?

So lange, wie ich brauch.

Um Ängste abzubauen?

Natürlich, wir haben unsere Grenzen, um Ängste abzubauen, Vertrauen zu finden und dann reinzugehen. Na klar, aber letztendlich muß ich doch immer wieder reingehen. Ich muß mitmachen, weil ich daraus die Erfahrung nehme, die für mich interessant ist. Das Nur-Zugucken ist für mich nicht so befriedigend. Ich muß dann doch hin, das dauert vielleicht bei mir, weil ich ein starker Kopfmensch bin, ein bißchen lange. Mir dauert es manchmal zu lange. Aber ich bin auch nicht mehr dieses animalische Pferd, das durchs Fenster springt und sagt: Jetzt toben wir uns aus.

Wenn du zurückblickst, 34 Jahre alt gerade jetzt: Wie sind die lebendigsten Augenblicke in deinem Leben gewesen?

Die Schauspielschule.

Ich meinte das eigentlich ein bißchen anders.

Aber das war jetzt spontan. Nein, das Lebendigste ist immer, was ich im Moment erlebe. Ich denke, manchmal hab ich gar keinen Atem dafür. Lebendige Zeit hatte für mich immer viel mit Spiel zu tun, viel mit Theater, viel mit Ohne-Kopf-Sein und Reisen.

Du bist mir das erste Mal bewußt in den Kopf gekommen nicht durch ein Lied, sondern durch einen Film, den ein ostdeutscher Schriftsteller geschrieben hat.

Uli Plenzdorf.

Uli Plenzdorfs «Die neuen Leiden des jungen W.». Das war, glaube ich, ein wichtiger Film, weil deine ganze schauspielerische Ausdruckskraft, die sehr stark ist, zum Ausdruck gekommen ist. Wie auf der Bühne, wenn du singst. War das auch für dich ein wichtiger Film?

Der Wichtigste, natürlich. Ich hab da den Schoß gefunden, den ich vorhin meinte. Die Rolle ist gar nicht so besonders. Es waren viele Partikel von mir, aber nicht alle; dennoch habe ich versucht, eine ganze Figur zu zeigen. Ich war nicht der Tierarzt, ich bin nicht der junge W.: Es ist eine Hälfte von mir. Aber ich war sehr aufgehoben mit dem Uli Plenzdorf, der für mich einer der wahnsinnigsten Drehbuchautoren ist. Daran hapert's ja in Deutschland: an guten Stoffen. Er war ein toller Begleiter, und das ganze Team war wunderbar, da hab ich gar nichts zu meckern. Es war ein Auslöser. Es war eine glückliche Zeit. Ich war zur richtigen Zeit an der richtigen Stelle und konnte sie auch ausfüllen, konnte ein Stück meiner eigenen Tiefe mit reinbringen.

Ein quälerischer, selbstquälerischer Mensch, von dem Liv Ullmann mal gesagt hat, er habe sie künstlerisch vergewaltigt, er habe aus ihr immer eine tragische Figur gemacht, die sie gar nicht sei, ist Ingmar Bergman: ein Regisseur, mit dem du auch zu tun hattest.

Das war auch toll. Ich kenne ihn hinter den Kulissen natürlich nicht so sehr, wie sie ihn kennt. Ich hatte einfach Bock, Bergman kennenzulernen, weil er in Deutschland arbeitete, und dann bin ich hin. Das ist auch so meine Eigenart, wenn ich jemanden so auf Entfernung liebe, da ras ich auch hin. Und wenn ich hier nur einen Eimer Wasser über die Bühne trage, hab ich mir gesagt, hier muß ich mitarbeiten. Dann hatte ich ein paar Gespräche mit Bergman und dann wuchs ich da rein. Das war eine ganz kurze Zeit in München. Aber die war sehr gut, weil ich nämlich merkte – das Gegenteil von dem, was du gerade zitiert hast –, daß er *kein* Mensch ist, der vergewaltigt. Da hat Liv Ullmann eben andere Erfahrungen. Der Regisseur ist in meinen Augen immer ein Liebhaber gewesen, also einer, der seine Schauspieler in irgendeiner Form liebt, ihnen natürlich auch irgendwann mal auf die Schnauze haut, wenn er anderer Meinung ist.

Das fehlt mir an so vielen jungen, unbedarften Typen – die können auch 60 sein –, daß diese Vokabel Liebe einfach nicht einfließt, sondern daß du nur gebraucht wirst. Und an der Schauspielerei interessiert mich in erster Linie – ich bin soweit auch selbständig geworden –, daß ich immer mehr auch von meinem Selbst einfließen lassen kann. Ich mach das nicht nur für Kohle, ich will auch Befriedigung haben … oder Auf-risse. Ich muß Fragezeichen setzen dürfen, ich möchte damit zu tun haben. Ich möchte die Rolle erleben. Dafür im Regisseur einen Partner zu finden ist sehr selten. Damals war's mit Itzenplitz so, der war sicherlich auch eine Vatergestalt. Er hat mich geführt, und dann hat er mich losgelassen, und ich konnte so sein, und ich konnte ausprobieren. Bei Bergman war es ähnlich.

Da du ja, sozusagen im Wiederholungszwang, immer auf der Suche nach Müttern und Vätern bist, war Ingmar Bergman also auch einer. Wie viele Väter und Mütter hast du eigentlich so gefunden in deinem Leben?

Was du eben sagtest, gilt nicht unbedingt für jetzt und morgen, aber in der Vergangenheit galt es. Das muß ich erst mal richtigstellen. Nun zur Frage. Alle wichtigen Menschen waren für mich in Teilen auch Vater und Mutter. Wie viele das waren, weiß ich nicht. Aber alle wichtigen eben, mit denen ich arbeitete. Ja klar, überall da, wo ich unsicher bin, suche ich, zum Beispiel in dir, ein Stück Kraft, das du sicherlich nur durchs Geben finden kannst. Wir haben so viele Mosaiksteinchen in uns: väterliche, mütterliche, frauliche, männliche Gefühle, freundschaftliche, brüderliche, schwesterliche, und diese Ebenen wechseln sehr schnell. Aber ich scheue mich nicht davor zu sagen: Ich möchte gern etwas von dir als Mutter, ich geb dir ein bißchen was als Vater, aber ich geb dir *auch* was als Mutter. Wo du ein Defizit hast, kannst du was als Bruder von mir haben. Und irgend so was im Sammelsurium macht dann, glaube ich, Liebe aus.

Zu deinem jetzigen Zustand, 1985, gefragt. Was ist dir heute eigentlich lieber: diese gefundenen Mütter/Väter oder die Spielgefährten, die frechen anderen Kinder?

Die Freunde, der Bruder, die Schwester, absolut. Meine Lieben im Moment sind auch brüderlich, da muß ich mich retten, daß ich nicht zum Vater werde. Der Buddelkasten ist mir im Moment das richtige. Deswegen kann ich auch soviel drüber labern, weil ich inwendig wahrscheinlich Abschied nehme von Vater und Mutter. Hinter diesen Beziehungen steht nicht das feste Korsett der Moral oder der Erziehung, sondern wir buddeln in einem Kasten, und irgendwann hau ich dir auf die Schnauze, weil du mir mein Schiff kaputtgemacht hast. Und das interessiert mich im Moment sehr.

Wir haben vor diesem Gespräch Kinderbilder von dir angeguckt. Da gibt es auch eins von Klaus mit der Schultüte in der Hand, ein ganz braves Foto. Und du sagst, du warst einmal das bravste Kind.

So habe ich mich empfunden, deshalb konnte ich dir auch gut mit ja antworten, als du mich fragtest, ob ich auch frech war. Beide Sachen liegen nebeneinander, Dr. Jekyll und Mr. Hyde sind da sehr nah. Ja, ich war pflegeleicht und sehr begabt, sehr schnell zu trösten. Ich verbarg sehr schnell meine ganzen Traurigkeiten, weil ich gefallen wollte. Dafür habe ich alles getan. Das macht man, bis man an den Punkt kommt, wo man merkt, daß es einem eigentlich das Rückgrat bricht.

Für meine Mutter war das sicherlich eine Erleichterung in der Zeit, in der wir zusammen waren. Aber heute denke ich manchmal mit Enttäuschung: Verdammt, warum habe ich das nicht bekommen, was ich damals so vermißte? Warum hab ich das nicht bekommen? Ich war auch ein Schreihals. Warum hab ich immer geschrien? Wenn ich singe wie Grönemeyer, kotz ich ja auch wie eine Sau. Und daß so phantastische Menschen wie Joe Cocker und jetzt die phantastische Tina Turner immer noch da sind, liegt daran, weil das Kind in ihnen immer noch schreit. Ganz unpathetisch. Es ist aber so.

Irgendwann wirst du als Erwachsener heiser, dann hast du keinen Grund mehr, die Eierstöcke zu beklingeln. Oh, das war jetzt gemein. Trotzdem liegt das beides nebeneinander. Und beides habe ich erfahren. Und der Brave von beiden, der hängt mir oft nach. Der Brave ist natürlich auch ein sehr Liebevoller und ein sehr Zärtlicher. Es fahren viele Frauen drauf ab. Nach der «Ciao bella»-LP nicht mehr so viele Frauen, aber solche, die dann gern die Mutter sein wollen für das brave Männchen.

Noch mal zurück zu dir, zwölf Jahre alt, auf dem Klo mit der Gitarre. Umbruchsituation in der Familie, neuer Vater und ein Bruder. Hattest du da bereits einen Entwurf von dir?

Da habe ich angefangen, Wäsche auszufahren. Das Wichtigste war in der Zeit nämlich für mich, unabhängig zu sein und Geld zu verdienen. Das war der Entwurf: möglichst viel Power zu bringen, diszipliniert – wo auch immer – Geld zu verdienen, so schnell wie möglich. Ich wollte nicht arm sein. Geld war die Macht, daß ich mir viele Dinge kaufen konnte – was ich auch heute noch nicht kann. Habe immer noch große Probleme damit, mir das Recht zu geben, das verdiente Geld auch auszugeben.

Aber in erster Linie war ja dieser Entwurf da, unabhängig sein zu wollen, zu sagen: Mutter, Vater, ich zeig euch mal, daß ich in einem Job da bin, den ihr alle vielleicht ... den großen Spruch haben sie mir nicht abgeschminkt, ein Glück. Und das finde ich toll. Aber sie haben natürlich genauso daran gezweifelt wie ich vielleicht, wenn mein Kind sagen würde, ich will Schauspieler werden. Mein Kind, «mein»: blöde Formel. *Das* Kind. Es war also ein Entwurf da: Ich werde es euch zeigen. Ich werde ein ganz großer Star. Ich werde ganz berühmt werden, und so. Das war der Entwurf, und den habe ich auch durchgezogen.

Und wie sieht der Entwurf heute aus? Hat er möglicherweise mit einem Fernziel oder einem großen Traum zu tun?

Ich hab mich ja nun vor zwei oder drei Jahren in mir zu meinem Sängerberuf bekannt.

Erst so spät?

Ja, ja, erst da. Das war plötzlich so. Ich hab mir auf einmal geglaubt, daß ich das kann, daß ich wichtig genug bin, den Leuten was zu erzählen. Das soll man gar nicht glauben, das ist aber bei vielen Menschen so. Heute ist der Entwurf vielleicht der, daß ich immer mehr KH sein möchte, immer mehr. Ich möchte viel arbeiten, möchte mich in einer Arbeit verwirklichen und dadurch auch immer mehr Freiräume finden, mir selber näherkommen. Geld spielt nicht mehr so eine große Rolle. Aber viel mehr glücklich werden, glücklich sein, befriedigt sein. Das spielt eine große Rolle – in meiner Arbeit, in meinem Leben überhaupt. Und die Arbeit nimmt den größten Teil meines Lebens ein.

Da wir von dem Mutterschoß so ganz nicht losgekommen sind in diesem Gespräch, noch mal eine ganz andere Frage. Bühne kann ja auch so was sein. Da ist es warm, nicht nur vom Licht, sondern auch von dem – im günstigsten Falle –, was von unten kommt. Ist es so?

Das ist zweischneidig. Wie gesagt, du kannst mit der Mutter nicht schlafen. Du gehst von der Bühne, und der alte Satz gilt: Erfolg macht wirklich einsam. Ist egal, ob ich bei IBM bin oder als Künstler arbeite. Es ist wahr, daß es mich sehr befriedigt auf der Bühne, wenn zwischen den Leuten und mir, zwischen uns 2001 oder 3001 Menschen etwas passiert, das uns zusammenführt. Das befriedigt mich unendlich. Aus diesem Grund singe ich immer noch.

Aber wenn ich dann allein bin, dann wünsche ich mir immer mehr noch eine andere, eigentliche Familie, Zusammengehörigkeit unter Spielkameraden, Brüdern, Schwestern, Müttern, Vätern. Also, du gehst da raus, du gehst auf die Bühne und fällst nachher genau diesen Weg, den du raufgegangen bist, wieder runter. Damit fertig zu werden ist immens schwierig, finde ich, als Sänger sehr schwierig. Denn dieser Erfolg, oder diese Befriedigung, daß ein anderer dir zuklatscht, damit kann ich ja letztendlich nichts anfangen. Es tut mir gut, weil ich mich stärker und besser fühle, aber das hält nur kurz an. Danach bin ich wieder mir selbst ausgeliefert und muß damit fertig werden.

Deswegen lege ich soviel Wert auf mein Privatleben, sehr viel Wert auf diese Kraft, von der ich erst in den letzten Jahren entdeckt habe, was sie überhaupt bedeutet. Das muß noch mehr eine Symbiose werden. Wenn mir selbstverständlich wird, daß es nichts Besonderes ist, wenn ich auf eine Bühne gehe, und daß ich nicht deswegen weniger werde, weil ich dann wieder woanders bin, sondern daß beides wie Yin und Yang zusammenkommt: Das ist toll.

Der große Widerspruch in dir, Klaus, kannst du den auf eine Formel bringen?

Vielleicht ist der Widerspruch der, daß ich mir oft nicht die Zeit lasse zu entdecken, daß der jetzige Moment ganz toll ist, weil ich ihn so empfinde, sondern sofort Zweifel daran habe – auf Grund von Erfahrungen, Enttäuschungen, und da schneller aussteigen will. Deswegen kann ich Glück auch so schlecht festhalten. Wenn's uns beiden jetzt toll geht, dann will ich am liebsten gleich wieder aussteigen und woanders reinlaufen. Also Glück auch ertragen, das ist für mich ein Widerspruch. Und immer wieder, immer noch die kleinen Afghanistan-Reisen.

Die müssen sein?

Die müssen immer noch sein.

Was fehlt dir noch, damit du, Klaus Hoffmann, ganz rund bist?

... rund und satt. Viel Nahrung, viel Liebe und viel Nähe. Jeder andere würde das vielleicht anders sagen. Aber ich bekenne mich mal dazu. Mir fehlt Leben immer mehr. Immer mehr Leben. Das meinte ich jetzt so, wie Konstantin Wecker mal sagte: Ich nehme mir das Leben, um es nicht wieder herzugeben, ich laß es nicht mehr los. Das ist ein toller Satz. Sehen lernen, nicht nur angucken, und beurteilen und weglegen und wieder vorkramen, sondern richtig sehen lernen.

Mir vertrauen, ja, das fehlt mir auch. Ich meine, in einem anderen Gespräch würde ich das jetzt nicht so pointieren, aber du hast mich solche Sachen gefragt. Und ich möchte immer mehr Selbstbewußtsein, ich möchte zu mir stehen und sagen: «Genau das habe ich zu sagen! Auch wenn du einer anderen Meinung bist – ich sag's immer noch.» Und dann streiten wir uns, dann hauen wir uns den Schädel nicht ein, aber wir kratzen uns an. Wir geraten, wie Fritz Rau sagt, aneinander. Das ist toll. Und dann gehen wir auseinander und grübeln und machen, und dann kommen wir wieder zusammen, und dann gehen wir ein Stück Weg, und dann lassen wir uns los und gehen wieder mit anderen Menschen. Das möchte ich. Immer mehr.

Das heißt mit anderen Worten, es fehlt dir immer noch ein Stückchen Mut?

Stimmt. Woraus nimmst *du* Mut in solchen Situationen, wenn du zweifelst? Was gibt dir letztendlich den Antrieb, es dennoch zu tun? Eine Aktivität, eine Idee?

Die Erfahrung, daß ich immer stärker aus risikoreichen Situationen hervorgegangen bin, vor denen mich alle gewarnt hatten, wenn ich die Dinge, die ich tun wollte, auch entgegen fremdem Rat gemacht habe.

So habe ich das an sich immer gemacht. Eine Erinnerung daran, daß das auch für mich immer wesentlich war. Stimmt. Sollte ich mich häufiger daran erinnern.

Dann kommt nämlich der Punkt, wo du dir selber so sehr vertraust, daß du dir sagst, was auch immer passiert, dir kann nichts passieren.

Ich glaube, ich bin jetzt auch wieder in einer Ablösungsphase. Ich war ja mal ausgestiegen aus diesen Berufen. Vier, fünf Jahre lang habe ich sehr viel erlebt, aber anderer Art, mehr als Beschauer. Und jetzt, seit ein, zwei Jahren, bewege ich mich wieder. Es ist wie ein neuer Weg – wieder vor Publikum, wieder auf die Bühne. Und jetzt merke ich auch, was mir noch mangelt; gerade wenn du das so konkret sagst. Also ruhig noch eine Portion Mut dazu.

Und damit machen wir jetzt auch Schluß. So, jetzt sag noch mal …

Ich denke manchmal, auch nach diesem Gespräch, daß ich gewisse Sachen dir lieber privat sagen sollte. Das gehört nicht an die Öffentlichkeit, weil die Öffentlichkeit von jedem Künstler ein Bild hat. Wenn ich über Angst rede, von Mutlosigkeiten spreche, sind das sicherlich Sachen, die uns alle angehen, die wir alle auch haben. Aber ich denke, die Leute sollen mich nicht ängstlich sehen, sie sollen das nicht lesen.

Warum nicht?

Ich hab einen Pickel in dieser Branche erwischt. Und die Branche will Berechenbarkeit und lebt auch damit. Sie leben mit Entwürfen von dir. Sie leben mit Abbildern und Adjektiven aus der Schublade, die sie von dir haben. Und auch das Publikum, wenn es das gibt, lebt mit einem Image von dir. Ich versuche mich manchmal zu schützen und den Leuten nicht zuviel Seele zu geben.

Auf der anderen Seite weiß ich, daß es genau das ist, was uns überhaupt zusammenhält, daß wir darüber reden. Aber auch die Angst ist da, daß sie mich wiederum in eine Schublade tun und als den Ewigkeitsgrübler hinstellen, verstehst du? Man ist ja sehr schnell dabei. Ich hab in meinem Leben genug Kritiken gelesen; auch sehr berühmte Leute haben drunter gelitten.

Die wirklich Großen, die wirklich Guten haben diese Angst längst überwunden. Das hat genau was mit dir und deinem Widerspruch zu tun. Wenn du hundertprozentig zu dem stehst, der du bist, mit all dei-

nen Facetten, dann hast du nicht immer nur ein Gesicht, du hast ja viele Gesichter. Und die Promotionslüge, glaube ich, haben die Leute satt. Sie wollen wissen, wer ist der Hoffmann wirklich? Und wenn du es ihnen erzählst, wer der Hoffmann wirklich ist, dann nehmen sie ihn auch so, wie er ist.

Es ist erstaunlich, in letzter Zeit habe ich sehr viele gute Gespräche wie dieses, und ich hab früher jahrelang dafür gekämpft. Ich stieß auf Protest, Verwirrung entstand, und ich war früher nicht so stark, wie ich heute bin. Ich war viel zerbrechlicher, aber ich wollte immer, daß wir über diese Dinge reden, weil sie uns alle angehen. Dann entstand eine Pause. Und plötzlich rutscht das alles nach. Manchmal denke ich, jetzt können wir über Mutterprobleme reden. Wir können über Vaterprobleme reden, was ja andere Leute sicherlich schon vor Jahren getan haben. Plötzlich wird das «in», und ich will nicht, daß es «in» wird. Ich möchte fast schon wieder sagen: Komm, laß uns das mal wieder auf den Boden bringen.

Was hättest du am liebsten von der Öffentlichmachung des Klaus Hoffmann, nach einem solchen Gespräch beispielsweise? Was soll für die Leute übrigbleiben, ein klares Bild von dir oder Verwirrung?

Beides gar nicht. Wir hatten jetzt die Möglichkeit, auch über die Dinge zu reden, die widersprüchlich sind, so was ist schön, weil es erlaubt, auch die Widersprüche zu zeigen. Wenn diese Voraussetzung nicht besteht, muß ein klares Bild rüberkommen. Und ein klares Bild kann auch die totale Verwirrung sein.

Bildquellen

Georg Danzer

S. 22, 36, 185 Deutsche Grammophon Gesellschaft, S. 27, 43 m-records, S. 176, 191 Archiv Siegfried Schmidt-Joos

Klaus Hoffmann

S. 228 Archiv Siegfried Schmidt-Joos, S. 238 Jim Rakete, S. 242 Privatfotos des Künstlers, S. 249 RCA

Peter Horton

S. 84, 97 Amaton, S. 88, 102 Privatfotos des Künstlers (veröffentlicht in «Wer andern nie ein Feuer macht», Kindler Verlag), S. 91 Deutsche Grammophon

Heinz Rudolf Kunze

S. 66, 82, 198, 203, 223 WEA, S. 73 Bodo Dretzke/Fox Reportagen, S. 77 (mit Mick Franke), 206, 207 Privatfotos des Künstlers, S. 216/217 Christian von Alvensleben

Reinhard Mey

S. 106 ORF, S. 112, 115, 119 Intercord, S. 123 Privatfoto des Künstlers, S. 126 dpa/Horst Ossinger

Erika Pluhar

S. 46, 50, 61, 64 Christine de Grancy

Hans Scheibner

S. 154 Hamburger Abendblatt/Kiesel, S. 160, 171 (mit Berry Sarluis) phonogram, S. 174 NDR, S. 166 Hamburger Abendblatt/Brumshagen, S. 172 Privatfoto des Künstlers

Stephan Sulke

S. 128, 133, 136, 142, 145, 151 Intercord